Tu seras président mon fils

W0226529

Jean-Michel Gaillard

Tu seras président mon fils

Anatomie des grandes écoles et malformations des élites

Éditions Ramsay
9, rue du Cherche-Midi
75006 Paris

© Éditions Ramsay, 1987
ISBN 2-85956-565-5

Introduction

Est-ce une fatalité, une malédiction ? Voici qu'à nouveau, à l'automne 1986, les eaux calmes de la « cohabitation » ont été troublées par le tumulte des lycéens et des étudiants. Comme en 1968, 1976, 1984, l'école a envahi la rue, ses usagers ont manifesté. Elle, à qui l'on reproche si souvent d'être un milieu clos, coupé des réalités de la vie, s'aventurait ainsi bruyamment sur l'asphalte de nos villes, cortèges interminables de potaches criant leur joyeuse angoisse du lendemain.

Malade, oui, notre système de formation, second cycle des lycées et surtout universités, est malade alors que chacun s'accorde à reconnaître que notre matière grise est aujourd'hui la seule vraie richesse dont nous disposons. Cette maladie, on la connaît bien, elle s'appelle la « sélection par l'échec ». C'est elle qui rejette, sans formation, sur le marché du travail des milliers de jeunes qui ne parviennent pas à obtenir le baccalauréat, le DEUG, la licence, la maîtrise ou les concours administratifs de tous niveaux. Quel gâchis pour une énorme machine qui engloutit 185 milliards de francs, soit 18 % du budget de l'État, emploie plus d'un million de personnes, accueille plus de 14 millions de jeunes, du pré-élémentaire jusqu'au second cycle des universités dans 7900 établissements scolaires et 72 établissements d'enseignement supérieur.

Qu'il faille donner du muscle à cette énorme machine engourdie par les ans, nul n'en doute. Chacun peut faire sien l'objectif, proclamé il y a peu, de mener jusqu'au baccalauréat 80 % d'une classe d'âge et comment ne pas admettre la nécessaire élévation du niveau de qualification des personnels des entreprises. Cela dit, comment faire, alors que chaque réforme semble vouée à se casser les dents sur la résistance active des consommateurs d'éducation ? Pourtant, il faudra bien en finir un jour avec cette triste situation de nos universités. Ainsi, sur 422000 étudiants inscrits en première ou deuxième année (sur un total de 969000 en 1985), un sur quatre seulement, 100000, atteignent le DEUG et les autres, trois sur quatre, viennent grossir les rangs déjà fort garnis de l'ANPE. Ce gaspillage de moyens et d'énergie résulte de ce que, à partir des années 60, les universités ont accueilli un nombre croissant d'étudiants (inférieur toutefois à ce qu'il est aux États-Unis et au Japon). Or, la vocation de l'enseignement supérieur n'a pas changé pour autant : il continuait à fabriquer des enseignants et des chercheurs, dont les besoins ne sont pas extensibles à l'infini. De là cette sélection « naturelle », par l'échec, très importante dès ce premier cycle, à cause du décalage entre l'offre et la demande. Pour y faire face, il n'est d'autre issue que la professionnalisation des formations, sans perdre de vue pour autant la culture générale nécessaire à tout citoyen. Mais, une telle professionnalisation ne suppose pas, comme on le croit souvent, une sélection à l'entrée des universités et ce pour deux raisons :

— Dans une décennie, les entreprises devront avoir dans leur personnel 60 % de diplômés de l'université, ce qui exige une démocratisation de l'accès à l'enseignement supérieur, donc un nombre croissant de bacheliers ; là, il ne s'agit pas de sélectionner, mais d'orienter en offrant sur l'ensemble du territoire un enseignement de qualité.

— Nous disposons déjà de filières très sélectives, après le baccalauréat. Ce sont les grandes écoles, dont le nombre n'a cessé de croître depuis trente ans et qui recrutent leurs étudiants sur concours d'entrée. Là se situe la vraie sélection des bacheliers, et elle est sévère. Là se trouvent les filières professionnelles.

Loin des tremblements périodiques qui secouent nos universités, des eaux agitées où se débattent, tels des naufragés acharnés à survivre, des milliers d'adolescents angoissés par leur avenir, à l'abri des polémiques sur tel ou tel projet de loi, dans un lagon bleu, aux eaux calmes et transparentes, s'épanouit l'archipel des grandes écoles. Ceux qui y vivent ne connaissent pas les files d'attentes pour les inscriptions, le tri sournois et clandestin, les éliminations successives au petit bonheur la chance, la quête fébrile d'un emploi, la dévalorisation des diplômes. Au cœur des tempêtes universitaires, sans faire de bruit, de peur d'attirer l'attention, l'archipel des grandes écoles affiche lui une belle santé et, parmi les îles qui le composent, il en est certaines qui attirent et font rêver bien des candidats au voyage. Quelques destinations sont en effet plus prisées que d'autres et cela n'est pas étonnant lorsque l'on connaît leurs charmes.

Ainsi en est-il de l'ENA, quadragénaire qui se porte bien. Notre Jane Fonda à nous, qui a su conserver tous ses attraits, malgré le poids des ans, c'est la dame de la rue des Saints-Pères, aujourd'hui installée dans les locaux modernes, résolument modernes, forcément modernes, de la rue de l'Université. Certes, à en croire certains, elle a pris, ces dernières années, quelques kilos de trop (gonflement des promotions, création d'une « troisième voie »), mais ce léger embonpoint n'a pas altéré ses attraits et il ne sera que passager puisque les réformes proposées après mars 1986 (réduction des postes offerts au concours, suppression de la troisième voie) ont été adoptées depuis. Pour le reste, merci, tout va très bien !

Aujourd'hui comme hier, pour reprendre la formule favorite de ceux qui n'ont pas l'estampille maison, « il y a des énarques partout ». Dans la haute administration, bien sûr. Il ne peut en être autrement puisque l'ENA dispose soi-disant du monopole de recrutement des cadres supérieurs de la fonction publique. Dans les cabinets ministériels aussi, ce qui est plus étonnant puisqu'ici le recrutement est à la discrétion du ministre et que le gouvernement affiche une orientation libérale. Ainsi, selon Jean-François Doumic[1], 36 % des postes de cabinet sont tenus par des énarques contre 29 % sous le gouvernement Fabius, record absolu sous la Ve République, qui prolonge une tendance continue depuis 1958, légèrement inversée en 1981. Dans ce même ouvrage, examinant la composition de l'Assemblée, Jean-François Doumic montre un type répandu de carrière pour l'énarque : l'école se fait en cheminant vers la trentaine, un peu d'administration pour se muscler avant l'expérience des cabinets ministériels autour de la quarantaine, et, fort de ces expériences, en route pour le Palais-Bourbon, véritable annexe de l'École, où se côtoient, la cinquantaine épanouie, tant d'anciens de la rue des Saints-Pères. Cette carte du tendre de l'énarchie triomphante ne serait pas complète si l'on oubliait le secteur des entreprises nationalisées. Le récent renouvellement de leurs responsables le confirme : qu'il s'agisse de gérer des banques d'État, de nationaliser des empires industriels ou financiers, de privatiser les plus beaux fleurons de notre système bancaire, les inspecteurs des finances, c'est le *nec plus ultra* du goût d'État permanent. Dans l'énarchie, ils ont le palais le plus sensible et rares sont, parmi les mets les plus recherchés, ceux qui leur échappent. Oui, quel que soit l'air du temps, jacobin ou décentralisateur, interventionniste ou libéral, dans la continuité ou l'alternance, les énarques sont toujours présents, à l'aise

1. *Le guide du nouveau pouvoir, les mille figures de la cohabitation*, Éd. Communication, Paris, 1986.

comme des poissons dans l'eau, véritables mutants de la France contemporaine, toujours adaptés, branchés, *in*, traversant les modes parce que toujours à la mode.

Dans ce système bien français, à nul autre comparable, qu'est celui de nos grandes écoles, l'ENA est plus que jamais le *must*. Devenue aujourd'hui la Grande École des grandes écoles, elle accueille, soit par accès privilégié — aujourd'hui supprimé —, soit par concours, un nombre sans cesse croissant d'anciens élèves de Polytechnique, d'HEC et des ENS de Saint-Cloud-Fontenay ou Ulm-Sèvres. Ceci donne l'exacte mesure de l'attrait, de la séduction, voire de la fascination qu'elle exerce, sur les meilleurs de nos diplômés comme sur l'ensemble de la société française, dont elle est, au-dedans comme au-dehors, un symbole. La belle santé affichée par notre célèbre quadragénaire ne fait ainsi que refléter le succès d'un concept, celui de grande école, mot magique, synonyme de réussite sociale : métier gratifiant, salaire confortable, emploi stable, positionnement social enviable.

Parler des grandes écoles aujourd'hui, c'est évoquer toute une galaxie d'institutions plus ou moins prestigieuses, de création ancienne ou récente, dans les domaines les plus variés (sciences, technique, droit, économie, lettres, etc.), à Paris comme en province, publiques ou privées. S'il faut trouver une caractéristique commune à cet ensemble dont les contours sont, au fil du temps, devenus de plus en plus flous, au fur et à mesure que s'amplifiait leur nombre sous l'effet d'une inflation mal maîtrisée, c'est la sélection des élèves, pour dégager « les élites de la nation », celles qui occuperont plus tard, dans le public ou le privé, l'industrie ou l'administration, les postes de responsabilité, aux sommets des hiérarchies. A l'université, le tout-venant des bacheliers de niveaux hétéroclites ; aux grandes écoles, via les khâgnes, les classes préparatoires de toute obédience, le gratin de nos lycées. Notre enseignement supérieur voit donc coexister, d'une part, un secteur ouvert, l'Université, qui accueille en théorie tous les étudiants, sans exclusive ni sélection (même si les formes occultes de sélection se sont multipliées ces dernières années), et d'autre part, un secteur fermé, qui sélectionne et contrôle ses flux d'entrée, les « grandes écoles », qui choisissent, par concours ou sur dossiers, ceux qui pourront demain se prévaloir, sur le marché du travail comme dans les dîners en ville, du titre envié d'ancien de l'une ou l'autre de ces éminentes institutions.

Dès l'entrée en seconde, souvent par parents interposés, les élèves les plus motivés des lycées se préoccupent de choisir les filières et trajectoires adaptées afin d'appartenir demain au premier cercle, celui des Grandes Écoles. Certes, leur niveau est très variable et une hiérarchie, non officielle, existe entre elles, mais, au bout du compte, chacun est bien persuadé qu'une petite « grande école » vaut mieux qu'une bonne université et quand on sait qu'il y a plus de 150 écoles d'ingénieurs, on imagine toute la distance qui sépare les plus prestigieuses d'entre elles des plus anonymes. Qu'importe, ce qui compte, c'est le label et, dans ce système unique au monde, la « qualité France » ne se discute pas : il faut en être, même si c'est par la plus petite porte, le plus petit soupirail, car nos grandes écoles sont un monde à part. Elles accueillent en leur sein la noblesse des temps modernes, le groupe restreint des preux chevaliers, fer de lance de nos entreprises, force de frappe de notre administration et, *last but not least*, elles sont un critère essentiel de notre hiérarchie sociale.

L'Université, parent pauvre de notre enseignement supérieur, s'est ainsi peu à peu vue dépouillée de ses prérogatives de formation des élites, au bénéfice des grandes écoles. Il semble, disait en 1981 le rapport Schwartz, « que l'Université ait assisté avec une indifférence totale à ce *kidnapping* des meilleurs étudiants par ces écoles, qui allait tant affecter sa destinée ; il semble aussi que jamais ni l'opinion publique ni les ministères n'aient pensé que l'université elle-même pourrait être capable de former des ingénieurs, et de fait, elle ne l'était sans doute pas ». On ne peut imaginer constat plus sévère, mais d'un réalisme sans faille, sur l'Université française. C'est pour elle que sonne le glas. Sur ses défaillances, déjà anciennes, ont ainsi fleuri toutes les grandes écoles qui attirent aujourd'hui les meilleurs étudiants.

Depuis la fin du XVIIIe siècle, c'est pour combler les lacunes de l'Université que furent décidées les créations des grandes écoles, notamment des plus prestigieuses d'entre elles. L'Université ne formait pas d'ingénieurs, alors qu'émergeait la France moderne, avec son cortège de grands travaux, sous les lambris dorés de l'Ancien Régime finissant. Qu'à cela ne tienne, l'État, le roi décident la création de l'École royale des ponts et chaussées (1776), puis de l'École royale des mines, de l'École normale supérieure et de l'École polytechnique (1794). Le mouvement ainsi lancé n'allait pas s'interrompre : désormais, les hauts cadres de l'État, qu'il s'agisse d'ingénieurs, de professeurs ou d'administrateurs seront formés dans les grandes écoles, qui s'ajoutent les unes aux autres. A côté des grands ancêtres, dont l'X et la rue d'Ulm, sont venues les autres Écoles normales supérieures (Saint-Cloud-Sèvres-Fontenay-enseignement technique), l'ENA, en 1945, l'École nationale d'exportation (1985) — aujourd'hui défunte —, l'Université technologique de Compiègne, près de 200 écoles techniques ou d'ingénieurs qui ont essaimé à Paris et dans les régions, sans oublier HEC, créée en 1881 par la Chambre de commerce de Paris pour faire face aux besoins de l'industrie en cadres supérieurs spécialisés dans la vente et la gestion.

Ainsi, le privé comme le public disposent aujourd'hui, grâce à la galaxie des grandes écoles, d'une pépinière de jeunes diplômés, de formations et de niveaux suffisamment diversifiés pour postuler aux emplois d'encadrement qu'ils offrent, sans avoir à se tourner vers l'Université. Celle-ci ne parvient à placer, au niveau supérieur, que quelques-uns de ses plus brillants éléments, surtout dans la recherche, et pourvoit ensuite aux postes de cadres moyens, particulièrement grâce aux filières de maîtrise sciences et techniques ou d'administration économique et sociale, mises en place dans les années 70. Quant aux cadres plus modestes, ils sont désormais principalement recrutés au niveau Bac + 2 à la sortie des Instituts universitaires de technologie dont le succès, justifié, ne se dément pas, depuis qu'ils ont atteint leur rythme de croisière.

La défiance, ancienne, à l'égard de l'Université, à la fois technique — elle forme mal ou pas assez — et politique — elle pense mal —, a donc conduit la France à adopter un système unique au monde pour la sélection, la formation et le recrutement de ses cadres supérieurs, publics ou privés. Ce système est né sous l'Ancien Régime. Ni les révolutions du XIXe siècle, ni les Républiques qui se sont succédé ne l'ont remis en cause. Mieux, celles-ci en ont renforcé les structures, étendu le champ, conforté les privilèges. Dix années de crise, donc d'emploi difficile et d'âpre concurrence sur le marché du travail ont, à leur tour, accentué le phénomène : déclin accéléré du rôle de l'Université, attrait sans cesse croissant des bacheliers pour les grandes écoles, des employeurs pour leurs diplômés. C'est donc triomphantes, sûres d'elles-mêmes et dominatrices que nos grandes écoles abordent la fin de ce siècle, l'aube du IIIe millénaire : valeurs refuges dans un paysage en pleine transformation, elles assurent la plus grande sécurité, quand il s'agit de trouver un emploi, la meilleure rémunération, si l'on considère le triptyque salaire-responsabilité-position sociale. Tiré vers le haut par les grandes écoles phares que sont l'ENA, Polytechnique, HEC, les ENS, c'est l'ensemble du système qui est aujourd'hui au zénith, sans doute à son apogée depuis qu'elles existent et, tel Fouquet dans ses meilleurs jours, lorsqu'il faisait construire Vaux-le-Vicomte, chacune peut prendre pour devise : *Quo non ascendam.*

Il est difficile de s'y retrouver, dans l'extraordinaire maquis aux contours mal définis qu'elles forment aujourd'hui, d'autant plus que beaucoup d'entre elles sont privées, donc difficiles à recenser. Mais qu'importe puisque quelques-unes d'entre elles, les plus prestigieuses, symbolisent l'ensemble, font rêver la multitude des prétendants, attirent les convoitises des entreprises. Vouloir entrer dans une grande école, c'est d'abord tourner ses regards vers l'ENA, l'X, HEC, ou les ENS, et ce n'est que par défaut, échec au concours ou niveau insuffisant pour les préparer, que les meilleurs de nos bacheliers se résignent à fréquenter les autres, à l'exception de ceux qui ont des vocations bien précises et s'orientent vers l'École des chartes ou l'École vétérinaire.

C'est donc à une réflexion sur ce carré d'as de nos grandes écoles que prétend cet essai car, et ce n'est pas le moindre paradoxe, elles légitiment l'ensemble du système, alors qu'elles en ignorent chaque jour davantage les finalités. Elles se portent d'autant mieux qu'elles ne remplissent plus guère leur mission : créées à l'origine pour répondre à des besoins techniques et professionnels bien précis et former des cadres supérieurs spécialisés pour l'administration, l'enseignement, l'entreprise, elles sont aujourd'hui des machines — au demeurant assez bien huilées — à sélectionner des élites polyvalentes, ouvrant toutes grandes les portes du pouvoir bien davantage que celles des bureaux des ministères ou des ateliers d'usines.

Mon ambition sera donc de montrer, à partir des finalités initiales, les raisons d'une dérive, que chacun constate, sans vouloir jamais en tirer les conséquences et les effets de ce détournement sur la technostructure de notre pays. Je préciserai ensuite, par un regard sur les mécanismes de sélection, le contenu des scolarités, le suivi des itinéraires individuels, qui sont les élèves de ces grandes écoles, ce qu'ils y apprennent et quel est leur destin une fois sorti du cocon prestigieux et protecteur. Cet essai me conduira enfin à réfléchir sur le poids des grandes écoles et de leurs réseaux d'anciens élèves comme élément du système de castes et de corporations qui alourdit toute tentative de modernisation : comment, en effet, obtenir le nécessaire renouvellement des élites de la France de l'an 2000, leur donner plus de mobilité, de souplesse, de capacité d'innovation, sans toucher à l'hégémonie monopolistique des plus prestigieuses de nos grandes écoles, qui sont indubitablement en situation d'abus de position dominante ?

CHAPITRE PREMIER

De la formation « d'hommes de l'art » à la sélection « d'hommes à tout faire » : la dérive des grandes écoles

« France ton commerce fout le camp. » Au début de l'an de grâce 1983, comme à bien d'autres occasions — j'allais écrire comme de coutume — retentit la sonnette d'alarme du déficit du commerce extérieur. On connaît bien le problème, surtout depuis 1945, et les meilleurs experts se sont penchés sur ce cercle vicieux, sans pour autant avoir trouvé à ce mal français le remède miracle, la potion magique attendue de tous, et surtout des gouvernants, comptables devant le pays de la bonne tenue des indices. Faible compétitivité sur les marchés étrangers, déficit du commerce extérieur, dévaluation, quelques mois, ou, dans le meilleur des cas, quelques années de répit et la mécanique infernale se remet en route jusqu'à la future dévaluation. Personne, ni sous la IVe ni sous la Ve République, n'a réussi à rompre durablement cette spirale de tous les dangers qui érode au fil du temps notre puissance économique et financière. Pour cela, il faudrait tordre le cou à l'inflation, ce qui fut entrepris dès mars 1983, mais aussi donner du muscle aux produits *made in France* : qualité de fabrication, adaptation stricte aux besoins des consommateurs, excellence du service après vente, agressivité commerciale. Avoir le bon vendeur, formé à la vente à l'exportation, possédant sur le bout des doigts les langues étrangères et les techniques de base du commerce international, apparaît chaque jour davantage comme une nécessité. La France en manque, chacun le sait. Il est urgent de s'atteler à la tâche, chacun le reconnaît. Alors, que fait-on, en ce printemps 1983 ? On demande à Daniel Houri, président de la Banque Parisienne de Crédit et à Christian Babusiaux, ancien directeur-adjoint de cabinet de J.-P. Chevènement, un rapport qui fut remis en août de la même année à Laurent Fabius, alors ministre de l'Industrie et de la Recherche. Ce rapport innove, dans la mesure où il ne propose pas de créer une commission pour étudier la question avec l'ensemble des parties concernées. Non, il refuse cette solution de facilité et s'engage hardiment dans une autre voie porteuse d'avenir : créer une grande école, appelée « École nationale d'exportation », afin de répondre aux besoins des entreprises en fournissant aux cadres supérieurs et aux cadres moyens dont les fonctions touchent directement aux questions d'exportation, une formation complémentaire axée sur la capacité à vendre, l'aptitude à dialoguer avec des partenaires étrangers, l'apprentissage des langues, en liaison étroite avec les entreprises.

Évidemment, cela pourrait prêter à rire si la création de cette école ne mettait en lumière une situation qui, elle, ne peut engendrer que la mélancolie. L'exportation, c'est l'affaire des entreprises. Mais, puisqu'il s'est avéré, de longue date, qu'elles n'y réussissent guère seules, un dispositif de soutien public a été mis en œuvre depuis plusieurs décennies. Ce dispositif n'a cessé de croître et d'embellir jusqu'à devenir pléthorique, sans que pour autant ne se redresse notre commerce extérieur. Ce n'est sans doute pas en multipliant les béquilles — aides de l'État sous diverses formes — que l'on fera de nos entreprises des sprinters de l'exportation, mais au moins ont-elles le mérite d'éviter le pire. Chacun sait, depuis longtemps, que le succès à l'exportation dépend d'abord du produit, du dynamisme commercial, de l'enthousiasme d'une équipe. Personne, pas même l'État, ne peut susciter cela et se substituer aux exportateurs. Il n'empêche que les aides de l'État sont utiles, ainsi que la DREE (Direction des relations économiques extérieures du ministère des Finances) ou le CFCE (Centre français du commerce extérieur), notamment pour les PME, et qu'à l'étranger, le dispositif de nos ambassades et de nos postes d'expansion économique, malgré ses carences (et elles sont nombreuses), n'a pas à rougir des reproches qui lui sont faits quant on connaît la sclérose, la pusillanimité de la majorité de nos chambres de commerce à l'étranger, qui brillent surtout par les dîners mondains qu'elles organisent pour des adhérents plus soucieux de cultiver leur statut de notable que de défricher les terres arides de la réussite commerciale. Que l'État, par la création d'une école destinée à former des exportateurs, apporte une fois de plus sa pierre à l'édifice, dans un domaine essentiel, celui de l'acquisition des connaissances et des techniques nécessaires à la vente à l'étranger, n'aurait donc rien de surprenant, compte tenu de nos contraintes nationales, si une telle création ne mettait en relief de graves carences. Ce nouvel instrument de formation au commerce international vient s'ajouter aux 200 organismes déjà existants qui dispensent plus de 600 formations traitant, à un titre ou à un autre, d'exportation, notamment ceux des chambres de commerce et d'industrie. On croit rêver ! De plus, cette école a vocation d'accueillir des cadres supérieurs (directeur des ventes à l'exportation) issus... des grandes écoles telles l'ENA, Polytechnique, HEC et autres grandes écoles de commerce ainsi que d'autres cadres dirigeants issus... des mêmes écoles !

Qu'après six ans de lycée, deux ans de prépa, trois ou quatre ans d'école et des années de pratique professionnelle, les meilleurs de nos diplômés aient besoin de se « perfectionner dans les langues étrangères », d'apprendre « à dialoguer avec des partenaires étrangers » laisse pantois.

Serait-ce que nos grandes écoles, destinées à former des « hommes de l'art » en fonction de finalités professionnelles bien précises, ne produiraient plus que des « hommes à tout faire » ayant une culture trop générale pour occuper efficacement des fonctions particulières ? Tel est bien en effet le problème de nos grandes écoles aujourd'hui et ce n'est pas en supprimant cette toute nouvelle « École nationale d'exportation » que l'on portera remède à la carence à laquelle elle était censée pallier. Au jeu de l'oie de la formation des exportateurs, on est revenu à la case départ, sans pour autant entrevoir la solution qu'il faudra bien trouver pour aller de l'avant.

Cet épisode que fut la création de l'École nationale d'exportation m'a semblé, à bien des égards, révélateur car il met en lumière les défaillances de notre système de formation, tant initiale que continue, dans un domaine où nos grandes écoles devraient exceller, notamment celles qui ont une vocation expressément commerciale : les langues, le dialogue et la négociation avec les étrangers, le droit international, les techniques de vente. Un tel constat permet de mesurer la dérive des plus prestigieuses d'entre elles, dérive qui s'est accentuée ces vingt dernières années. On oublie, en effet, que de la fondation de Polytechnique en 1784 à celle de l'ENA en 1945, la ligne de conduite qui a inspiré les pouvoirs publics n'a pas varié. Il s'agissait de combler les lacunes de l'Université, de pallier ses « déviances idéologiques » en créant, hors d'elle, avec des modes de recrutement spécifiques (classes préparatoires) et de sélection draconiens (concours de haut niveau), des « grandes écoles » à finalités techniques et professionnelles pour former les « hommes de l'art », cadres supérieurs, dont avaient besoin l'État et les entreprises. On attendait d'eux qu'ils assurent, par leur niveau culturel, leurs compétences techniques, leur rayonnement personnel, les performances du système dans lequel ils viendraient s'insérer au terme de leur scolarité. Cette mission a bien été remplie et l'est encore, partiellement, mais de moins en moins.

Quelle que soit leur raison sociale ou leur vocation supposée, elles sont devenues des institutions sans contenu, des machines à sélectionner des élites polyvalentes, formant des hommes à tout faire. De là résulte d'ailleurs en partie l'éclatement, en une nébuleuse inflationniste et incontrôlable, du système des grandes écoles, afin d'essayer de satisfaire, en d'autres lieux, baptisés du même nom générique, des besoins qui ne sont plus ou si rarement satisfaits par les plus prestigieuses d'entre elles.

A — Former les cadres professionnels de la nation

A l'origine, ce fut en effet le but assigné à l'ensemble des grandes écoles dont la création s'égrène sur près de deux siècles, de la fin de l'Ancien Régime à la Libération. Il suffit, pour s'en convaincre, de retracer très brièvement l'historique de chacune d'entre elles.

1. Polytechnique : les fils du colbertisme

La loi du 25 frimaire an VIII assignait à l'École polytechnique la vocation de « répandre l'instruction des sciences mathématiques, physiques, chimiques et des arts graphiques et particulièrement à former des élèves pour les écoles d'application des services publics ». Créée en 1794, l'École inaugure ses enseignements le 1er nivôse an III (10 décembre 1794) dans les dépendances du Palais-Bourbon (écuries-remises-orangerie-hôtel de Lassay) avec 400 étudiants. De ces premières promotions, au demeurant fort turbulentes et prenant part aux événements révolutionnaires parisiens, sont issus quelques-uns des plus grands savants de leur génération : Brot, Malus, Poisson, Dupin, Arago, Fresnel, Gay-

Lussac. L'originalité de l'École résulte de ce qu'elle associe à un enseignement scientifique un statut militaire. Dès l'origine, dans les guerres de la Révolution et de l'Empire, les polytechniciens se firent remarquer par leur héroïsme sur tous les champs de bataille de l'Europe.

De la Restauration au milieu des années 1950, le nombre d'élèves admis variera en fonction des besoins exprimés par les divers services publics recrutant à la sortie de l'École, services civils (mines et ponts), génie militaire, artillerie. L'influence de la révolution industrielle a pour effet de gonfler les effectifs, de même que les besoins conjoncturels de la défense nationale, par exemple après la défaite de 1870, lorsque s'impose la nécessité de restaurer l'armée. Au total, les promotions ont donc eu tendance à se gonfler progressivement, par palliers, avec des chiffres de l'ordre de 120-130 jusqu'en 1870, de 250 jusqu'en 1957 avec de fortes dents de scie dues aux fluctuations de la demande économique ou militaire. En 1957 se produit un changement important. Désormais, avec la disparition des oscillations dans le recrutement, les promotions s'installent sur un effectif quasi constant de 300 élèves environ. Ce changement, comme le souligne Emmanuel Grison[1], « correspond à une mutation profonde dans l'histoire de l'École ; c'est en quelque sorte le début des temps modernes ». En effet, l'École change sous l'effet de trois phénomènes :

— Le refus des élèves d'embrasser la carrière des armes à la sortie et la démission de nombre d'entre eux qui trouvent ensuite des emplois dans des services nationaux ou des entreprises nationalisées comme le CEA.

— La publication d'un nouveau décret d'organisation, le 28 janvier 1957, qui redonne à l'École sa vocation initiale de formation en vue du service de la nation et non plus seulement des services publics de l'État : « Destinée à former des hommes aptes à devenir, après spécialisation, des cadres

1. *La Jaune et la Rouge*, janvier 1986.

supérieurs de la nation, et plus spécialement des corps de l'État. » Cette formulation sera reprise en ces termes par la loi de 1970 qui affirme la vocation de Polytechnique à former des hommes destinés à « l'ensemble des activités de la nation ».

— La prise de conscience des pesanteurs accumulées au fil du temps : « Immobilité de tous ses enseignants nommés à vie ; inefficacité de son Conseil de perfectionnement ; retard de ses méthodes pédagogiques qui n'encouragent pas le travail personnel. »

Ainsi, une série de réformes, engagées entre 1954 et 1956, la nomination de Louis Armand à la tête d'un Conseil de perfectionnement rénové et à effectif réduit, l'augmentation du nombre d'élèves par promotion et la stabilisation annuelle du recrutement (300 élèves), désormais déconnecté du nombre de places offertes à la sortie par les services publics, ont donné à l'École polytechnique son visage actuel, visage double d'ailleurs puisque depuis 1972, l'X s'est ouverte à la mixité et accueille aujourd'hui une trentaine de jeunes femmes qui côtoient leurs mâles collègues jusques et y compris lors du défilé du 14 Juillet.

Le cursus à l'X est de trois ans. Le statut de l'École n'a pas empêché la désaffectation croissante des élèves envers la carrière des armes et le seul moment vraiment militaire est le service national qui se fait dès l'intégration : une PMS (Préparation militaire spéciale), une école d'armes et le grade d'aspirant. La scolarité proprement dite dure donc deux ans, sur le plateau de Palaiseau où l'École a élu domicile en 1973 après avoir quitté la Montagne-Sainte-Geneviève. Internes, les élèves touchent un salaire de 6500 francs, assorti des avantages traditionnels des militaires, dans le domaine des transports par exemple. 300 élèves français, 20 élèves étrangers, donc 640 élèves pour les deux ans d'école, suivent un enseignement de tronc commun (mathématiques pures et appliquées, mécanique, physique, chimie, économie, sciences humaines, informatique), une formation sportive intensive et nombre d'options très libres. Au terme de la scolarité est délivré à tous le diplôme d'ingénieur de l'École polytechnique, mais chaque promotion connaît en fait une affectation différenciée qui résulte du rang de classement obtenu en additionnant les points récoltés au fil des contrôles portant sur les matières du tronc commun. C'est ce classement, instauré dès les origines de l'École, qui détermine l'avenir des élèves. Selon les années, il y a entre 130 et 180 places dans les grands corps techniques de l'État (Mines, Ponts, ENA, Télécommunication, ingénieurs de l'armement, du génie rural, de l'aviation civile, des instruments de mesure, de la météorologie, contrôle des assurances, INSEE, officiers des troupes de marine) et chaque élève, selon son rang, choisit le corps qu'il préfère ou que lui dicte le prestige et la renommée de ces corps dont les trois plus cotés sont les Mines, les Ponts et Chaussées, les Télécommunications. L'élève qui entre dans un corps se nomme un « corpsard », et appartient à la fonction publique. Un corpsard entre en deuxième année de l'école correspondante et aura le titre d'ingénieur du corps des Mines ou des Ponts alors que ses camarades seront des ingénieurs civils des Mines ou des Ponts et n'appartiendront pas à la fonction publique. A côté de ces X de catégorie A, de ces turbo-polytechniciens mis par leur rang de classement sur l'orbite des grandes carrières de l'État, les autres, une moitié de chaque promotion environ, polytechniciens de catégorie B, « simples » ingénieurs de l'École polytechnique, devront soit démissionner pour « pantoufler » dans le privé (contre remboursement des frais de scolarité), soit préparer une thèse de doctorat, une thèse d'ingénieur-docteur ou entrer dans une autre école d'ingénieurs sur dossier.

Polytechnique est la seule des grandes écoles à disposer d'un véritable corps enseignant permanent, de l'ordre de 250 personnes, maîtres de conférences à plein temps ou à temps partiel, ce qui donne un excellent taux d'encadrement.

On est loin des multitudes universitaires entassées dans

des amphithéâtres plus ou moins confortables et, comme dans les autres grandes Écoles, ceci est un atout pédagogique considérable pour les élèves. La qualité de ce corps enseignant est excellente et le prestige de l'école contribue à y attirer les universitaires les plus brillants. Malgré des efforts constants pour s'attacher les services d'enseignants à plein-temps, ce sont les professeurs d'université, contractuels à temps partiel à l'X, qui fournissent l'essentiel du corps professoral. Ils cumulent ainsi deux fonctions, avec comme handicap essentiel une intégration approximative à la vie de l'École.

L'autre originalité de l'X est le nombre et la qualité des laboratoires, associés au CNRS (Centre national de la recherche scientifique), dont la responsabilité est confiée à des enseignants-chercheurs, le plus souvent à plein-temps, ce qui fait de l'École polytechnique un véritable établissement scientifique de renommée internationale. Toujours rattachée au ministère de la Défense (depuis la monarchie de Juillet, après avoir été une école civile de 1794 à 1804, puis militaire de 1804 à 1815), l'X ne fournit plus qu'un officier de temps en temps. On peut alors se demander pourquoi s'exerce encore sur l'X la tutelle, au demeurant bienveillante, de la rue Saint-Dominique ? Le respect des traditions et l'attachement à l'histoire prestigieuse de l'École y sont pour beaucoup : sans le célèbre bicorne, le défilé du 14 Juillet et le bal annuel à l'opéra en grande tenue, l'X ne serait sans doute plus elle-même. Le prestige de l'uniforme, même s'il n'est revêtu que dans les grandes occasions, fait rêver les jeunes filles. L'on ne peut reprocher à ces jeunes et brillants garçons de ne rien négliger pour faciliter leurs conquêtes. Mais la raison essentielle de cet indéfectible attachement est d'ordre financier. Le ministère de la Défense n'a en effet jamais lésiné sur les moyens et l'X reçoit de généreuses dotations qu'elle emploie avec toute la liberté nécessaire. On comprend alors que toute idée de rattachement au ministère de l'Éducation nationale ne suscite que réprobation et

Bernard Esambert, président du conseil d'administration, affirmait encore catégoriquement, il y a peu, qu'il n'était pas question de toucher au statut militaire de l'École, sans toutefois pouvoir justifier ce statu quo. Quant au ministère de la Défense, il ne veut pas se séparer d'un si prestigieux escadron !

2. L'ENS d'Ulm et Sèvres : les dignitaires du secondaire et de l'Université

La création de l'École normale supérieure de la rue d'Ulm procède, comme celle de Polytechnique et d'autres grandes écoles, de la défiance envers les universités : « Les 32 Universités qui restaient avant 1789 furent fermées sous la Révolution. La décadence et la corruption avaient fait d'elles de pâles reflets de leurs ancêtres médiévales. La plupart ne dispensaient plus d'enseignement universitaire. Les facultés supérieures de théologie, de droit et de médecine étaient censées donner une formation professionnelle, mais leur niveau avait chuté vertigineusement, de même que le nombre d'étudiants. Beaucoup de professeurs avaient complètement cessé de faire des cours magistraux et se contentaient de la tâche lucrative d'attribuer des diplômes [1] ». Aussi confia-t-on la tâche de former des professeurs agrégés à l'École normale supérieure, fondée en 1794, comme on l'avait fait pour les ingénieurs des Ponts et Chaussées, des Mines et, avec Polytechnique, pour les ingénieurs civils et militaires des grands corps de l'État. On y entrait aussi par concours, alors que l'Université était ouverte à tout bachelier et, comme l'ENS offrit des bourses bien avant les universités, elle attira vite à elle les meilleurs étudiants du pays, cause et conséquence d'un prestige qui devint vite exceptionnel. Son internat était particulièrement sévère. Les élèves vivaient en dortoirs, se

1. Théodore Zeldin, *Histoire des Passions françaises*, T. II, Éd. du Seuil, Paris, 1980.

levaient à cinq heures du matin et consacraient de longues heures aux études surveillées, dans le plus complet silence. Cela ne fut pas pour rien dans l'esprit de corps exceptionnel qui, très vite, la caractérisa. Ainsi, ce collège de formation des enseignants qu'était à l'origine Normale Sup devint très vite une éminente institution, ayant ses propres méthodes d'enseignement. Elle offrait à ses anciens les meilleurs postes dans les lycées et, de plus en plus, dans les universités. Déviant de ses finalités initiales, elle devint une rivale de la Sorbonne, un corps d'élite, désormais installé rue d'Ulm, sur les hauteurs de la Montagne-Sainte-Geneviève, loin des quartiers insalubres du temps où elle n'était qu'une annexe de Louis-le-Grand. Pépinière de grands hommes, de Pasteur qui en dirigea le département scientifique et lui donna ses lettres de noblesse en matière de recherche scientifique, à Jaurès ou Bergson, elle suscita critiques et jalousies. Zola brocarda les normaliens et leur « odeur fade et moisie », dénonça leurs « sourdes envies impuissantes de vieux garçons qui ont raté la femme », tandis que les universités l'accusaient de leur voler les meilleurs étudiants et ne pas remplir ce pour quoi elle avait été créée, donner une formation, notamment pédagogique, aux futurs professeurs du secondaire. Comment ne pas jalouser la rue d'Ulm en effet, lorsqu'au tournant du siècle, en 1903, « ses six candidats furent reçus à l'agrégation d'histoire, contre seulement trois des quarante présentés par la Sorbonne et un des trente présentés par les universités de Province[1] ». Débordant sans cesse du cadre qui lui avait été fixé, elle était devenue, de simple école normale pour professeurs, une machine à produire les classes dirigeantes de la République et le revendiquait avec son directeur, qui écrivait en 1895 : « La démocratie a besoin d'une élite qui représente la seule supériorité qu'elle reconnaisse, celle de l'esprit. C'est à nous de recruter cette élite, ou, pour parler plus modestement, de travail-

1. Théodore Zeldin, *op. cit.*

ler à lui fournir quelques-uns des éléments qui serviront à la constituer. »

Quelle modestie que de s'assigner un tel rôle. Elle faillit éclater, grenouille voulant se faire aussi grosse que le bœuf, de cette boulimie de pouvoir. Lavisse, qui en fut le directeur de 1904 à 1919, s'employa à la remettre à sa place, souhaitant revaloriser l'Université en général et la Sorbonne en particulier, jusqu'à s'interroger sur son existence et envisager sa suppression. Elle survécut grâce à l'héroïsme de ses étudiants entre 1914 et 1918 (50 % d'entre eux y perdirent la vie et l'École fut décorée de la Croix de guerre) et en modérant ses ambitions : enseignement secondaire et recherche devinrent à nouveau ses principaux débouchés, en conformité avec sa vocation initiale. Elle continua cependant à compter nombre d'anciens dans la littérature et la politique, tout en colonisant les postes les plus intéressants et les plus prestigieux des universités et des lycées et en plaçant les siens dans les classes préparatoires, l'inspection générale et les institutions haut de gamme telles la Sorbonne, le Collège de France ou l'Institut, mais avec une certaine discrétion. Aux lendemains de la guerre, la rue d'Ulm s'affirme pour ce qu'elle est, une vénérable institution, brocardée par les uns, adulée par les autres, mais pilier essentiel du système des grandes écoles dont elle est indiscutablement un des plus beaux fleurons.

Malgré les philippiques haineuses d'un Nizan qui la qualifiait de « prétendue normale et dite supérieure » et décriait « cette institution que les nations envient à la République » alors qu'il y « règne l'esprit de corps des séminaires et des régiments » (*Aden Arabie*), la rue d'Ulm poursuivait son chemin, non sans un certain dandysme, fait d'un mélange subtil de respect des traditions et d'excentricité maîtrisée. Depuis les années 60, elle connaît pourtant une crise d'identité due à la conjugaison de divers facteurs : troubles pré et post soixante-huitards qui ne l'ont pas épargnée et ont fait à certains moments de la rue d'Ulm le foyer de la contestation étudiante ; montée de la concurrence des autres grandes écoles, Saint-Cloud, mais aussi Polytechnique épargnée par les troubles universitaires ; apparition de nouvelles étoiles, HEC et surtout l'ENA ; crise du système scolaire et universitaire. Témoins de ces difficultés, les vagues d'échecs aux agrégations, surtout littéraires, dans les années 70 et la tendance croissante des candidats reçus simultanément à Polytechnique et à l'ENS à préférer Palaiseau à la rue d'Ulm. La fusion en cours avec Sèvres et les interrogations qu'elle suscite n'est pas faite pour redonner à cette maison bientôt bicentenaire la sérénité perdue depuis la contestation gauchiste qui en exprima le malaise autant qu'elle l'accentua.

Sèvres a pour sa part une plus brève existence. Elle est née en effet en 1889 du long processus de mise en place d'un enseignement secondaire féminin en France. C'est en 1867 que Victor Duruy, alors ministre de l'Instruction publique, ouvrit à la Sorbonne le premier cours d'enseignement secondaire féminin pour des jeunes filles de 14 à 18 ans issues de la moyenne bourgeoisie. Il s'agissait alors, non de les préparer à un métier, mais de leur donner la culture générale nécessaire à la bonne éducation de leurs enfants. Bien que modestes, ces objectifs déchaînèrent l'ire vengeresse de l'insatiable Mgr Dupanloup : les jeunes filles y perdirent leurs après-midi culturels et Duruy son poste de ministre (1869). C'est donc à nouveau aux républicains, majoritaires dès 1878, que les jeunes filles doivent la mise en place d'un enseignement secondaire féminin. Trois noms sont réunis dans la loi du 21 décembre 1880 portant création des lycées et collèges de jeunes filles : Camille Sée — il déposa la proposition de loi —, Paul Bert — il l'amenda et en endossa la philosophie —, Jules Ferry — il la fit voter sous son ministère. Les établissements devaient être dirigés par des femmes et animés par un personnel enseignant féminin muni des diplômes nécessaires. Plus facile à dire qu'à faire. Il n'y avait que très peu de femmes diplômées capables d'enseigner dans de tels lycées. Ce personnel, il fallait donc le créer.

Logique avec lui-même, Camille Sée déposa une nouvelle proposition de loi portant création par l'État d'une École normale. Il emporta la conviction de ses amis politiques et surmonta l'obstacle du Sénat malgré les interrogations restées célèbres de la Haute Assemblée sur ce « séminaire laïque de jeunes filles, qu'on appelle des professeurs femmes : je ne connais pas ce monstre ». La loi créant l'École fut promulguée le 26 juillet 1881. Elle se vit attribuer les locaux de l'ancienne manufacture de Sèvres désormais installée dans de nouveaux bâtiments en bordure de Seine.

La première promotion sortit en 1883 et alla occuper, comme il se devait, les postes de professeurs des lycées de jeunes filles. La scolarité durait deux ans, puis trois dès 1884. L'École évolua ensuite très régulièrement jusqu'à la guerre de 1914. Elle fut conduite à s'adapter au mouvement qui portait sans cesse davantage de jeunes filles vers l'enseignement supérieur. Elles souhaitaient ainsi acquérir en lycée, non plus seulement une culture générale, mais une formation professionnelle. C'est en 1924 que l'enseignement secondaire féminin fut assimilé à celui des garçons et en 1936, l'École de Sèvres, jusqu'ici sous tutelle de la Direction des enseignements secondaires, était rattachée à l'enseignement supérieur sous la nouvelle appellation d'École normale supérieure de jeunes filles. Son statut était désormais semblable à celui de la rue d'Ulm. Il en résulta une augmentation des crédits et des postes. Par décret du 8 octobre 1937, les concours d'entrée à l'une et à l'autre furent harmonisés pour les littéraires, puis en 1940 pour les scientifiques. Occupés par les troupes allemandes dès 1940, les bâtiments de Sèvres furent alors abandonnés et, après maintes tribulations dans Paris (rue de Chevreuse, Boulevard Raspail, rue d'Ulm), les « sévriennes » trouvèrent enfin leur nouveau point fixe, en 1949, au 48 du boulevard Jourdan, vite insuffisant pour accueillir les étudiantes d'une école en pleine mutation. Elle dispose aujourd'hui, à l'heure de la fusion, de 9000 m² au boulevard Jourdan (pour les littéraires et l'intendance) et de 11 000 m² à Montrouge (pour les scientifiques et la direction). « Sèvres » s'est, en effet, depuis la fin des années 30, ouverte à l'enseignement supérieur et à la recherche, sous l'impulsion de Marie Curie, sortie en 1936, et de sa directrice, docteur d'État en physique, Eugénie Cotton, dont l'œuvre fut ensuite poursuivie par Lucie Prenant et Marie-Jeanne Durry qui fut à sa tête de 1956 à 1974. Comme leurs collègues de la rue d'Ulm, les « sévriennes » ne se limitent donc plus à enseigner en lycée : le CNRS et l'Université, les classes préparatoires, en accueillent un nombre de plus en plus important dans les années 50 et 60. Depuis lors, Sèvres connaît les mêmes problèmes de débouchés qu'Ulm et les deux écoles sont désormais suffisamment sur le même plan pour qu'ait été prise la décision de les fusionner. Depuis le 1er janvier 1986, il n'y a plus qu'une « École normale supérieure » mixte : belle victoire posthume pour Sée, Bert et Ferry que d'avoir réussi, en un siècle, à rattraper la bicentaine de la rue d'Ulm jusqu'à ne plus faire qu'une avec elle.

3. Les ENS Saint-Cloud et Fontenay : encadrer les « hussards noirs » de la République

Filles de la défaite de 1870 et de la victoire républicaine aux élections de 1877 et 1879, les ENS de Saint-Cloud et Fontenay ont été créées en 1880 et 1882. Entre autres choses, l'on attribua, en effet, à la faiblesse de l'instruction populaire et à la piètre qualité des maîtres la défaite devant la Prusse. Les Républicains, désireux de régénérer le pays après l'humiliation de 1870, ont été impressionnés par le système scolaire prussien, fondé sur l'obligation, et par le rôle des enseignants dans la vigueur du patriotisme allemand, au regard d'un système éducatif français dominé par l'influence cléricale, considérée comme réactionnaire, et marqué par une scolarisation incomplète des enfants malgré les progrès accomplis grâce à Guizot et Victor Duruy. Quant aux conservateurs, ils attribuaient au recul de la foi et à l'école laïque la faiblesse du patriotisme français et voulaient eux aussi régénérer le pays en développant l'enseignement, sous l'autorité de l'Église, seule à même d'insuffler aux enfants les valeurs morales nécessaires aux sacrifices qu'exige l'amour de la patrie. Quelles que soient leurs divergences, les uns et les autres s'accordent sur la nécessité de réformer le recrutement et la formation des maîtres. Le pays tranchera entre laïques et cléricaux en portant les républicains au pouvoir à la fin de la décennie 1870. Ainsi, la loi Paul Bert du 9 août 1879, sous le ministère Jules Ferry, décida que tout département serait obligé d'ouvrir, dans un délai de quatre ans, une EN de filles et une EN de garçons pour former les instituteurs des écoles primaires publiques bientôt gratuites (1881), puis obligatoires (1882) pour tous les enfants de 6 à 13 ans. Des écoles normales, des « hussards noirs » qui en sortaient, dépendait l'issue de la bataille de l'éducation populaire, et avec elle, l'avenir de la République et de la nation. Le niveau des concours d'entrée aux EN est alors relevé, les programmes enrichis. Le problème du recrutement des formateurs se pose alors, c'est-à-dire d'un corps spécial et homogène d'enseignants, sélectionnés par un concours donnant accès à une école spécialisée dans la formation des professeurs d'écoles normales primaires.

Par décret du 13 juillet 1880 est ainsi créée l'École normale supérieure d'institutrices qui s'installe à Fontenay en octobre de la même année et accueille sa première promotion en décembre 1880. Fait sans précédent, innovation dont on mesure mal aujourd'hui la portée révolutionnaire : pour la première fois, le féminin l'emporte sur le masculin et, au mépris paradoxal de la grammaire, l'enseignement féminin précède l'enseignement masculin. Mieux encore, c'est aussi la première fois que l'État se mêle de l'éducation supérieure des filles. De quoi faire enrager les libéraux de tous poils et de tous temps ! Devant la pression des faits, l'ouverture de dizaines d'EN d'institutrices, les républicains, obligés de recruter rapidement du personnel qualifié, ont donc transgressé les tabous de la société de leur temps. Il faudra attendre un décret du 30 décembre 1882 pour que soit fondée l'École normale supérieure d'enseignement primaire de Saint-Cloud, dans la dépendance de l'ancien palais, où les premières promotions d'élèves étaient apostrophées par ces mâles accents : « Enfants du peuple et choisis dans son élite, parmi les meilleurs, vous allez être accueillis dans les restes du palais de nos rois pour y recevoir une éducation princière. » Saint-Cloud et Fontenay, symboles de la promotion sociale par l'instruction chère à la République, « sont le produit du hasard et de la nécessité. Filles de la conjoncture, elles n'auraient pas vu le jour sans la victoire républicaine de la fin de la décennie 1870. Filles du besoin, elles naissent d'une politique scolaire qui conduit, une fois posé l'objectif de rénovation de l'enseignement populaire, à en chercher les moyens à l'intérieur de ses frontières »[1] Ainsi vont arriver dans ces ENS des enfants des milieux modestes, après avoir parcouru l'ensemble du cursus : école primaire élémentaire, écoles primaires supérieures (pour former les employés subalternes et les cadres moyens), écoles normales (pour les meilleurs des Écoles primaires supérieures (EPS) avec à la clé le brevet supérieur), ENS enfin pour les meilleurs des élèves-maîtres : « Dispensé par des guides éclairés, professeurs de lycée ou de faculté chargés de cours à Saint-Cloud et Fontenay, le savoir descend sur le peuple par individus interposés; les enseignants des écoles normales d'abord, les instituteurs enfin[2]. »

Avec les ENS se termine la longue chaîne du savoir. Depuis les élites bourgeoises, qui seules ont accès au baccalauréat et aux facultés pour devenir professeurs du secondaire ou du supérieur, jusqu'aux plus crottées des écoles primaires de ce que l'on ne nommait pas encore la France profonde,

---

1. Jean-Noël Luc, Alain Barbé, *Des normaliens*, Fondation nationale des sciences politiques, Paris, 1982.
2. *Op. cit.*

parce que c'était tout simplement la France, s'achève le processus séculaire de scolarisation des classes populaires, s'affirme la volonté de promotion des enfants du peuple qui pourront désormais devenir professeurs, mais aussi directeurs des écoles normales et des EPS et inspecteurs primaires. *Le Temps* voyait alors dans ces ENS « peut-être l'œuvre la plus féconde de M. Ferry ». Voici désormais sur les rails ces ateliers de formation des « hommes de l'art » , cadres de l'enseignement populaire dont ils doivent assurer la qualité pédagogique, culturelle et... politique dans le combat pour la promotion sociale par la connaissance, et la cohésion sociale par la substitution d'une idéologie laïque et républicaine au cléricalisme monarchique.

Considérées comme des chefs-d'œuvre de l'enseignement démocratique, les deux ENS vont connaître peu de transformations entre leur création et la fin de la Seconde Guerre mondiale. Le recrutement restera modeste et provincial. L'enseignement se limite aux matières nécessaires au professorat avec un tronc commun aux deux sections (lettres et sciences) qui comprend langues vivantes, psychologie, morale, dessin artistique, chant, cours de littérature et composition française, lecture expliquée, grammaire, histoire et géographie pour les littéraires ; mathématiques, physique, chimie, sciences naturelles, topographie, dessin géométrique, modelage et travail manuel pour les scientifiques. La scolarité est limitée à deux ans. Elle est assurée par des professeurs de lycée et de facultés extérieurs aux écoles, qui sont appelés à donner « un enseignement vraiment populaire par la simplicité, la sobriété, le souci des nécessités pratiques, vraiment primaire dans le bon sens du mot et cependant restant en communication avec les sources les plus hautes de l'inspiration intellectuelle et morale[1] ». Limité dans son programme et dans son esprit, l'enseignement y est strictement utilitaire, adapté à la destinée profession-

1. Ferdinand Buisson in *Des normaliens, op. cit.*

nelle d'enseignants des écoles normales, loin des citadelles savantes protégées par le rempart du baccalauréat que sont les universités. Cette formation professionnelle, au sens strict du terme, reste d'ailleurs théorique et ne se double pas d'une formation pratique pour apprendre à enseigner. La question essentielle, qui est encore aujourd'hui celle que l'on doit se poser à propos des ENS — ces « savants sont-ils des éducateurs ? » —, bien qu'abordée de temps à autre, n'est ni vraiment prise en compte ni évidemment résolue. Avec l'ardeur qui sied aux apôtres, les élèves étudient avec acharnement et leur réputation de bourreaux de travail, de tâcherons du savoir n'est plus à faire, avec ce que cela peut avoir de péjoratif dans la bouche des élèves d'Ulm, souvent brillants, parfois dilettantes au regard de ces cloutiers studieux et besogneux. Parce que l'origine de leurs élèves est modeste, mais aussi parce qu'elles sont uniquement des écoles de formation professionnelle, Saint-Cloud et Fontenay ne fournissent alors que l'enseignement primaire : le taux d'évasion est très faible (6 % sur le secondaire et 3 % sur le supérieur, quelques isolés parvenant à des postes élevés dans l'administration scolaire, 2,7 % font carrière dans l'administration extra-scolaire, le privé ou la politique). Sans que rien de fondamental ne change, les prémices des mutations contemporaines sont déjà perceptibles dans l'entre-deux-guerres. Depuis 1912, la porte de l'Université s'est entrouverte pour ces professeurs modestes, résolument modestes, avec l'autorisation qui leur est donnée, dès lors qu'ils ont obtenu les « professorats » par concours à la sortie de l'ENS, de s'inscrire en licence. La dispense automatique du baccalauréat leur sera accordée en 1925 par la « République des professeurs » : ils ont désormais « le droit d'être ambitieux[1]. » Dès lors, ils n'auront de cesse de faire céder les barrières qui les séparent encore du secondaire et du supérieur, de cette agrégation, qui est pour eux l'ultime échelon

1. Jean-Noël Luc, Alain Barbé, *op. cit.*

de la promotion sociale. Voici l'avant-garde du peuple cinglant, toutes voiles dehors, vers les îles lointaines du savoir bourgeois. La Libération satisfait leurs appétits : Saint-Cloud et Fontenay deviennent Écoles normales supérieures du second degré, tandis que le décret de 1956, qui portera à quatre ans la scolarité, leur assigne pour tâche de préparer l'agrégation et le CAPES. La réforme de 1966 porte à deux ans la préparation au concours d'entrée comme les autres grandes écoles : la parité statutaire avec Ulm est désormais atteinte.

A l'occasion du centenaire de Saint-Cloud, en 1982, Roger Cans posait dans *Le Monde* la question : « Qu'est-ce qui distingue aujourd'hui "un cloutier" d'un "ulmien" ? Rien, sinon un concours d'entrée qui, dans le premier cas, sélectionne sur un programme précis et limité, donc plus accessible aux candidats "bûcheurs" et, dans le second cas choisit des élèves capables de briller dans toutes les disciplines de leur spécialité, sans le filet de sécurité du programme. » Saint-Cloud-Fontenay est à Ulm-Sèvres ce que le Canada Dry est à l'alcool et, dans les années 60, les cloutiers nourrissent le complexe de la rue d'Ulm. Conscients d'appartenir à une « sous-rue d'Ulm », issus encore largement des « classes populaires » (42 %) et des « classes moyennes » (45 %), cloutiers et fontenaisiennes, remarquablement préparés par un corps enseignant de grande qualité et d'un infini dévouement, n'ont désormais d'autre but que de montrer leur valeur à l'agrégation en faisant aussi bien, voire mieux que les ulmiens et les sévriennes. Ils vont y réussir dès la décennie 1970 alors que, parallèlement, s'opère une transformation sociologique du recrutement. Par les Collèges d'enseignement général (CEG) et les Écoles normales, Saint-Cloud était en effet restée, jusqu'au milieu des années 60, le sommet d'une filière populaire dont l'attrait s'était accru du fait du raccordement à l'enseignement supérieur. Dès 1965, s'opère la « revanche des héritiers » (Luc-Barbé) : « La comparaison des promotions 1942-1945 et 1966-1979 révèle l'ampleur des transformations. Toutes les catégories populaires et certaines fractions des couches moyennes (artisans, petits commerçants, instituteurs) perdent du terrain. En fin de période, elles sont deux à trois fois moins représentées parmi les élèves. Les grands gagnants de la redistribution des cartes d'entrée à Saint-Cloud sont les cadres supérieurs et les professions libérales, les industriels et gros commerçants, les professeurs et, dans une moindre mesure, les cadres moyens. Entre 1966 et 1979, un cloutier sur deux est issu des « classes supérieures ». Il en est de même pour Fontenay et, depuis lors, cette évolution ne cesse de s'accentuer. Alors que toutes les autres grandes écoles se démocratisent, Saint-Cloud-Fontenay s'embourgeoise et leur composition sociologique est désormais comparable à celles des autres établissements du même type. »

Saint-Cloud et Fontenay sont maintenant entrées dans le rang. Ce sont des must, au même titre qu'Ulm-Sèvres, pour obtenir l'agrégation, comme en témoigne la considération nouvelle dont les ulmiens font preuve à leur égard : les cloutiers sont « une forme particulière d'exo qu'on ne rencontre pas avant l'agrégation où ils montrent leur virulence ». Les cloutiers mettent un point d'honneur à devancer les ulmiens au classement de l'agrégation, non sans succès d'ailleurs. Je me souviens de la fierté qui fut la nôtre, agrégatifs d'histoire et agrégatifs de géographie de la promotion 1970 lorsque, sous les lambris de l'amphithéâtre Richelieu, à la Sorbonne, ce temple du savoir, si proche de la rue d'Ulm, au cœur de ce quartier Latin qui, depuis le Moyen Age, tient le haut du pavé dans le monde de la connaissance, furent proclamés les résultats : nous avions le majorat en histoire et en géographie et l'essentiel des nôtres dans les vingt premiers. Mes pensées allaient à mes parents, instituteurs de province et, par devers eux, à mes grands-parents ouvriers, à mes maîtres aussi dont le dévouement et les compétences nous avaient portés vers un tel succès ; à ces locaux exigus et inconfortables de banlieue où nous venions de passer quatre ans de notre vie, si proches de Paris mais loin de l'esprit qui y régnait, venus de province, cantonnés aux portes de la capitale et désormais couronnés, en son cœur, dans l'un de ses plus hauts lieux intellectuels. Cela peut paraître dérisoire et injustifié aujourd'hui et c'est pourtant comme cela que je l'ai vécu, avec d'autres, mes amis de la classe préparatoire du lycée Claude-Fauriel de Saint-Etienne, entrés avec moi et eux aussi maintenant agrégés, reçus à ce concours mythique et mieux reçus que les brillants ulmiens ! Notre promotion n'avait pourtant rien d'exceptionnel : avant et après nous, 9 cloutiers sur 10 ont réussi à l'agrégation, beaucoup ont devancé les ulmiens, surtout dans nos secteurs d'excellence, histoire, géographie, langues pour les littéraires, biologie, géologie et chimie pour les scientifiques.

Ainsi était arrivé à son terme « l'irrésistible ascension des primaires d'élite »[1]. Elle valait, je crois, la peine d'être contée car, de toutes nos grandes écoles, Saint-Cloud et Fontenay ont eu l'histoire la plus originale. En un siècle, leurs missions se sont transformées et leur recrutement social modifié : les primaires sont devenus supérieurs, les enfants de la bourgeoisie ont chassé les fils du peuple. Un symbole a disparu, une grande école est née.

4. *Les ENS en fusion*

Lentement élaboré au fil des siècles, le paysage des écoles normales supérieures vient de subir, ces dernières années, des modifications qui dessinent un nouveau décor. Une nouvelle grande école scientifique, dont Jean-Pierre Chevènement a posé la première pierre en 1985, est créée à Lyon et ouvrira ses portes l'année prochaine. Dernier avatar d'un projet ancien de transfert à Lyon de l'ENS de Saint-Cloud, il s'agit d'ouvrir une école occupant des créneaux peu assurés par les autres ENS et les universités, avec des moyens provenant pour partie des sections scientifiques de Fonte-

1. Roger Cans, *Le Monde*, 24 novembre 1982.

nay, de Saint-Cloud et de Cachan (École normale supérieure de l'enseignement technique). De plus, la fusion des ENS Saint-Cloud-Fontenay d'une part et Ulm-Sèvres d'autre part a été décidée. Le premier établissement aura une vocation à dominante de sciences humaines et sociales, le second dénommé « École normale supérieure », conservera une double vocation littéraire et scientifique. Leur mission reste de former des enseignants et des enseignants chercheurs, mais l'accent est mis sur la diversification des débouchés offerts aux élèves, dans la recherche, l'administration, l'industrie. D'ailleurs, l'engagement décennal des élèves se fera désormais au service « de l'État » et non plus de la seule « Éducation nationale ». Le concours d'entrée (Bac + 2) est ouvert aux élèves des classes préparatoires et du premier cycle des universités, auquel s'ajoute un recrutement sur dossier au niveau de la maîtrise pour accueillir les meilleurs éléments formés par les universités.

L'un des objectifs de la réforme est aussi de renforcer les liens entre les ENS et l'université. Cette fusion des ENS, notamment celle d'Ulm et Sèvres, est l'aboutissement d'une longue épopée puisque l'idée émise pour la première fois en 1937 fut reprise près de quarante ans plus tard par Mme Saunier-Seïté. Il a encore fallu dix ans pour qu'elle aboutisse. Évidemment, un tel bouleversement n'était pas facile à réaliser car, au bout du compte, qu'est-ce que la fusion, sinon un grand problème de société : accepter la mixité d'élèves adultes, majeurs et vaccinés, dans la France des années 70. La mixité progressait alors partout, à l'X comme pour les agrégations mais, dans leurs couvents respectifs, ulmiens et sévriens s'obstinaient à persévérer dans leur être. La peur des jeunes filles à l'idée de se mesurer intellectuellement à leurs mâles collègues y était sans doute pour beaucoup. Comme souvent lorsqu'il s'agit de changement, là est la clef. Comment pouvait-il en être autrement quand on connaît ces tendres jeunes filles, souvent venues de leurs provinces, nourrissant de légitimes complexes vis-à-vis des glorieux intellectuels de la rue d'Ulm. Dans le nid douillet de leur couvent de Sèvres, à quoi rêvaient ces jeunes filles, si ce n'est d'entretenir l'illusion d'être des normaliennes à part entière. Moins résistantes, moins logiques, n'était-ce pas trop leur demander que d'affronter leurs concurrents dans les mêmes épreuves ? Certes, depuis le Concile de Trente, il est communément admis que les femmes ont une âme. Certes, depuis Camille Sée, elles ont accès à l'enseignement primaire, depuis Victor Duruy à l'enseignement secondaire et elles fréquentent désormais les lycées mixtes — c'était dans les années 70 — et les universités mixtes — c'était il y a longtemps, avant la guerre. Mais fusionner les ENS, cela est une autre affaire. D'ailleurs, l'âme et le corps, le libre jeu des passions humaines, ne confirmaient-ils pas l'identité de chacun : l'endogamie Ulm-Sèvres restait très limitée et chacun connaissait le penchant des ulmiens pour leurs consœurs des écoles de commerce, celui des sévriennes pour les polytechniciens, les uns attirés davantage par le concret que par les théorisations philosophiques, les autres davantage par le prestige de l'uniforme que par les subtilités de l'esprit. Qui se ressemble ne s'assemble pas, telle était la devise partagée des ulmiens et des sévriennes. Enterré donc le projet de Mme Saunier-Seïté, soupçonnée par ailleurs, non sans raisons, de profiter de la fusion pour réduire les effectifs !

Enfin 1981 vint. L'année de tous les projets. Le changement à la une. Et revoilà la mixité à l'ordre du jour. Mais allez donc effacer d'un trait de plume la peur des sévriennes et les préjugés des ulmiens, persuadés que toute profession qui se féminise se dévalorise. Comment surmonter ces résistances ontologiques, sinon en promettant des crédits supplémentaires : on additionne, puis on ajoute. Qui résisterait à une telle arithmétique. La voie glorieuse de la gémination était enfin ouverte. Le décret du 28 juillet 1985 en fut l'aboutissement. Le concours d'entrée de 1986 a, pour la première fois, été commun. Ainsi finit le geste et seule reste cette angoissante interrogation à laquelle répondra l'avenir : est-ce que la mixité de cette communauté de travail, d'étude et de recherche sera propice à la créativité et à la productivité intellectuelles ? En attendant ce verdict de l'histoire, le premier concours commun a été largement remporté par les garçons, surtout en sciences : 3 filles pour 45 garçons en math-physique ; 4 pour 22 en physique-chimie ; 5 pour 15 en chimie-biologie ; 33 pour 46 en lettres et 6 pour 13 en sciences humaines. Mais Saint-Cloud-Fontenay permet de nous rassurer car là, le concours est commun depuis 1981 et les résultats des filles sont bien meilleurs, y compris en sciences. Alors, par où le bât blesse-t-il ? La tradition — qui veut que les filles se destinent davantage aux lettres et les garçons aux sciences dès le secondaire ; la biologie — la bosse des maths serait plus petite chez les filles que chez les garçons ; l'intendance — les internats mixtes des prépas sont rares ? Tout cela sans doute à la fois mais chacun se rassure et fait confiance au temps pour gommer des différences. La rue d'Ulm a accueilli à la rentrée 1986 ses premières jeunes filles, sous les regards agacés — si l'on en croit *Le Monde* du 12 août 1986 — des ulmiens pour lesquels la mixité « n'amènera que du trouble », et, pire encore, un « esprit de sérieux attaché aux sévriennes plus scolaires » que les romantiques locataires de la seule École normale qui vaille en fin de compte. Jusqu'où le rejet des autres va-t-il se nicher !

5. *HEC : les as de la gestion d'entreprise*

Le 4 novembre 1881, HEC accueillait sa première promotion, 62 élèves installés dans les locaux en pierre de taille de la rue de Tocqueville, dans la plaine Monceau. Sa création répond à un double constat : l'insuffisance du système scolaire, jugé par la chambre de commerce de Paris, à l'origine de la fondation de l'école, inadapté, insuffisant et rétrograde ; les besoins des entreprises pour assurer leur développement en France et à l'étranger dans un contexte de croissance et de concurrence. On retrouve donc, dans le cas d'HEC, les deux caractéristiques essentielles qui ont présidé à la création de nos grandes écoles : carences du système éducatif et nécessité de former des spécialistes. Les préoccupations qui ont conduit la chambre de commerce de Paris à fonder l'École rejoignent celles d'Émile Boutmy, fondateur de l'École libre des sciences politiques, qui déplorait, en 1875, le poids des « humanités » dans l'éducation des enfants de la bourgeoisie : « L'éducation de nos collèges et de nos écoles supérieures nous laisse dans l'ignorance de presque tous les éléments de la vie contemporaine. C'est une immense et déplorable lacune. Le moins qu'on puisse attendre d'un homme cultivé, c'est qu'il connaisse son temps. Nos collèges enseignent beaucoup de choses excellentes, mais ils n'enseignent pas cela. Or, il importe que chaque génération nouvelle entre dans la vie moderne sans étonnement, qu'elle sache s'y reconnaître et s'y mouvoir. » Seuls les enseignements de préparation à Polytechnique, Navale ou Saint-Cyr intègrent une part appréciable de sciences exactes mais ils forment des fonctionnaires, des officiers, des ingénieurs et non des hommes d'affaires. Or, comment s'adapter à un monde en perpétuel mouvement sans recevoir une formation spécifique, adaptée aux besoins particuliers des entreprises, avant de prétendre aux postes de responsabilité dans les domaines commercial, industriel ou bancaire ? Tel est le but assigné à la nouvelle école, qu'expose Gustave Rey dans un mémoire du 18 septembre 1876 : « L'École des hautes études commerciales est destinée à fournir à notre commerce intérieur et extérieur une pépinière de jeunes gens qui, après avoir acquis par des fortes études toutes les sciences nécessaires, seront, après quelques années de pratique, en état, ou de continuer en faisant progresser nos grandes maisons déjà existantes en France et à l'étranger, ou d'en fonder de nouvelles et, par suite, de procurer à nos produits agricoles, artistiques et manufacturiers, ces larges débouchés extérieurs qui font la fortune des nations assez avancées en sciences pour soutenir, sur les marchés étrangers, la concurrence de tous les produits similaires. » Sortie de la tourmente de la défaite et de la Commune, des incertitudes institutionnelles qui en ont résulté, désormais républicaine, presque par inadvertance, pensant à l'Alsace-Lorraine, donc à la revanche, sans en parler, la bourgeoisie française, autant par nostalgie des riches heures du Second Empire que par volonté de gagner d'autres batailles que celles des armes, érige donc le commerce en science et en fait matière à enseignement supérieur.

Peu après, Jules Ferry, incitant à la colonisation ne fera pas autre chose. Après le recueillement, la reconstruction, l'heure est à l'expansion économique, au-dedans comme au-dehors. Finis les apprentis patrons, terminée la « formation » sur le tas, voici venu le temps des spécialistes. La rue de Tocqueville va accueillir une clientèle bien précise, fils de bourgeois disposant du baccalauréat ou d'un niveau équivalent, dont les parents sont prêts à payer des frais de scolarité de l'ordre de 2800 francs par an. Elle va leur donner en trois ans une formation de qualité en comptabilité générale, langues, géographie commerciale, histoire du commerce, économie politique, législation, étude des marchandises. A noter la place réduite accordée, seulement en troisième année, à la chimie, la physique, la technologie et la mécanique. A ces enfants de la bourgeoisie industrielle et commerçante, mais aussi de la bourgeoisie rentière ou celle des professions libérales et de la fonction publique, l'École ouvre un large éventail de carrières commerciales, industrielles, bancaires, juridiques ou administratives : « La voie du commerce est libre et ouverte, présentant à l'activité un grand intérêt et promettant à l'homme la fortune, en même temps qu'elle lui assurera toute son indépendance » (Gustave Roy). Il s'agit donc, en recrutant des bacheliers, de s'assurer de l'origine sociale des élèves et d'attirer ainsi vers le commerce et l'industrie l'élite intellectuelle et sociale du pays jusqu'alors trop exclusivement orientée vers la fonction publique ou les professions libérales, pour faire face aux transformations des structures économiques et notamment à l'internationalisation des échanges. Ainsi, HEC vient répondre aux besoins d'une économie en pleine évolution, où l'importance des fonctions de gestion et de commercialisation ne cesse de croître : la baisse des prix et des profits oblige à tenir les comptes au plus près ; la concurrence aiguë, sur le marché intérieur comme à l'étranger, montre qu'il ne suffit plus de produire pour vendre, qu'il n'y a pas de marchés captifs et qu'il est temps de « rendre l'industrie commerçante » (Henry Louriot, professeur à HEC, 1889).

Les préoccupations, projets et ambitions des membres éminents de la chambre de commerce de Paris et, plus généralement, des milieux d'affaires, sont partagées par les hautes sphères de l'État, tenues alors par les républicains opportunistes. Trois soucis majeurs les préoccupent : créer un enseignement nouveau, auquel Jules Ferry attachera son nom ; prendre une revanche économique pour oublier la défaite militaire ; étendre et mettre en valeur l'empire colonial français. Pour ces trois raisons, les ministères concernés, Instruction publique, Agriculture et Commerce, puis Commerce et Colonies, ont soutenu l'initiative de la chambre de commerce de Paris. C'est à la bénédiction de l'État, tout comme à l'adhésion des milieux d'affaires, qu'HEC doit sa naissance. Lors de l'inauguration de l'École, le 4 décembre 1881, Maurice Rouvier, alors ministre du Commerce et des Colonies et Léon Say, président du Sénat, orléaniste rallié à la République, directeur du *Journal des Débats*, libre-échangiste convaincu, symbolisent ce double patronage. C'est la France dynamique, qui veut conjuguer industrialisation, exportation, colonisation, ouverture sur le monde avec grandeur du pays, patriotisme, prestige du drapeau, qui est là, considérant HEC comme l'instrument dont auront besoin les hommes d'affaires de demain. La foi libérale plus l'aptitude à gérer et à vendre, telle est la devise non écrite de la nouvelle école, le credo de ses fondateurs comme des républicains au pouvoir. Il est d'ailleurs intéressant de noter que les plus fervents soutiens d'HEC ont été ceux de l'École libre des sciences politiques : mieux former et en plus grand nombre ces « capacités » chères à Gambetta pour doper la machine France, au-dedans comme au-dehors, non avec du sang neuf — car le recrutement des élites ne s'en trouve guère élargi — mais avec des formations nouvelles, plus adaptées au monde contemporain.

Désormais, avec les hauts et les bas propres à l'histoire des institutions comme des individus, HEC va s'installer comme l'une des grandes écoles les plus prestigieuses. C'est chose faite lorsque le général de Gaulle en inaugure les nouveaux locaux, le 9 juillet 1964, blocs d'acier et de verre disséminés sur les 110 hectares de verdure du campus de Jouy-en-Josas. Les promotions, de 50 élèves d'abord, puis d'une centaine avant 1914, atteignent ensuite les 250 dans les années 20, chiffres qui seront dépassés dans les années 60 (331 en 1964), pour se stabiliser aujourd'hui autour de 270. La sélection à l'entrée, après l'avoir été sur examen, l'est désormais sur concours après deux années préparatoires dispensées dans une centaine de lycées, ce qui a permis d'élargir le recrutement, tant au plan géographique qu'au plan social. En outre, l'École est devenue mixte en 1973 par la disparition d'HEC jeunes filles dont la création remontait à 1916, à un moment où la mobilisation provoquait une pénurie de cadres supérieurs. Enfin, son environnement s'est modifié puisque les écoles commerciales publiques et privées se sont multipliées depuis sa création, surtout après la Libération : l'enseignement commercial supérieur a en effet acquis ses lettres de noblesse mais HEC reste le *nec plus ultra* en ce domaine et si le succès de l'ESSEC (École supérieure des sciences économiques et commerciales de l'Institut catholique) lui cause quelques soucis, elle est rassurée sur sa notoriété en constatant qu'admis aux deux écoles, les heureux élus choisissent toujours d'opter pour Jouy-en-Josas. Plus que centenaire, l'École des hautes études commerciales a donc conservé tous ses attraits.

6. L'ENA : le corporatisme monopoliste d'État

La dernière née des grandes écoles a vu le jour dans le contexte particulier de la Libération. Il s'agissait alors, après la débâcle et la guerre, « de reconstruire l'État républicain, de restaurer une Administration digne de ce nom » (Pierre Racine), en s'inspirant de l'évolution déjà ancienne du système français de sélection et de formation des hauts fonctionnaires. J. F. Kessler souligne à juste titre que « l'État avait créé des écoles spéciales pour former ses officiers, ses ingénieurs, ses professeurs et même ses administrateurs d'outre-mer ; il en créa une nouvelle pour former ses administrateurs métropolitains »[1]. En ce sens, l'ENA est la sœur jumelle des autres grandes écoles. Elle achève un processus entamé deux siècles plus tôt et ressemble par ses modes de recrutement, de scolarité et de sortie, à ses illustres compagnes. Pourtant, le moment de sa naissance, la nature du système auquel elle se substitue, son évolution depuis quarante ans, lui ont donné des traits particuliers qui en font aujourd'hui le symbole de toute la nébuleuse des grandes écoles : modèle et repoussoir, elle entretient avec la société française une relation d'amour-répulsion qui lui vaut tantôt un excès d'honneur, tantôt un excès de reproches, souvent les deux à la fois, tant elle éveille, chez ceux qui la connaissent comme chez ceux qui l'ignorent, des sentiments mêlés.

C'est le gouvernement provisoire de la République française, présidé par le général de Gaulle et soutenu par la SFIO, le MRP et le PC qui a institué l'ENA par l'ordonnance n° 45-2283 du 9 octobre 1945 relative à la formation, au recrutement et au statut de certaines catégories de fonctionnaires. Dans cette France de la Libération, profondément divisée, la mystique de l'État retrouve toute sa force : il s'agit

1. *L'ENA, la société, l'État*, Berger Levrault, Paris, 1985.

de reconstruire le pays, de lui redonner cohérence et unité, après les abandons qui ont conduit à la défaite de 1940 et à la trahison du vichysme, de lui insuffler un sang neuf qui l'ouvre à la modernité et la sorte de l'engourdissement des bourgades somnolentes d'une IIIe République finissante, essouflée, sans imagination ni volonté. Qui peut faire cela sinon l'État, alors que l'on nationalise et planifie, que chacun, gaullistes et communistes, socialistes et chrétiens démocrates, s'accordent pour mener vite et bien cette reprise en main du destin de la nation, effacer les traumatismes de la débâcle et les retards accumulés dans tous les domaines avant et après la guerre. L'État central, car plus que jamais l'heure est à la centralisation, doit être le moteur de cette renaissance et de cette unité retrouvée. L'État central, donc le gouvernement, mais aussi ses bras séculiers, à Paris comme en province, en France comme à l'étranger, les fonctionnaires auxquels il convient de donner une formation commune et moderne, tout en démocratisant l'accès de la haute fonction publique. Or, le système ancien de recrutement ne répond à aucune de ces nécessités d'unité, de modernisation et de démocratisation.

Il est éclaté, puisque l'on accédait jusqu'alors aux grands corps de l'État et aux ministères par des concours particuliers, avec beaucoup d'inégalités dans le niveau exigé et des cloisonnements entre corps, liés à une spécialisation excessive, nuisibles au bon fonctionnement de l'Administration. A cela s'ajoute la cooptation, donc le népotisme, un cercle de recrutement étroit, parisien, qui ne déborde guère les milieux aisés de la capitale. Il est archaïque, eu égard aux besoins de formation des fonctionnaires, puisqu'il privilégie la sélection au détriment de l'apprentissage du métier et que cette sélection ne s'opère pas sur des connaissances qu'exige désormais la haute administration (spécialisation excessive, culture générale trop littéraire et trop marquée par les idées du XIXe siècle). Il est enfin antidémocratique puisque l'essentiel de ceux qui passent avec succès ces concours spécialisés sont issus de l'École libre des sciences politiques, qui concentre alors les critiques pour la ségrégation sociale qu'elle incarne et l'orientation passéiste et conservatrice de ses enseignements. Cette École va d'ailleurs être nationalisée, parallèlement à la création de l'ENA. Là encore, indirectement, c'est le procès de l'Université qui est instruit puisque le quasi-monopole de l'École des sciences politiques, dans le recrutement des administrateurs généraux et des diplomates, résulte des défaillances de celle-ci. Pour être moins élitiste, l'Université n'est pas un modèle de démocratie quant à la composition sociologique des étudiants. L'enseignement qu'elle dispense ne permet pas non plus de lui décerner un brevet de modernité : les sciences politiques et sociales y sont réduites à la portion congrue, dans les facultés de lettres comme dans les facultés de droit, et le droit public reste très théorique, sans lien avec les réalités économiques et sociales.

Ainsi, « la triple volonté de démocratiser la haute administration, de l'adapter à ses nouvelles missions nées de la révolution industrielle et de la reconstruction économique, de l'unifier enfin par l'homogénéisation de son recrutement, conduisait donc à une réforme du système en vigueur », (J. F. Kessler). De là résulte la création de l'École nationale d'administration. Son recrutement s'effectue selon les modèles classiques de sélection à l'entrée des grandes écoles, c'est-à-dire par un concours dont l'originalité tient à sa dualité : l'un ouvert aux diplômés de l'Université provenant des formations les plus diverses, l'autre aux fonctionnaires de l'État et des collectivités locales afin d'améliorer, par promotion interne, la démocratisation de la haute administration et de valoriser l'expérience acquise à d'autres niveaux de l'administration. Cette dualité de concours ne sera pas remise en cause par la suite. Avec l'ENA, les femmes, à qui l'on vient d'attribuer le droit de vote, vont aussi trouver droit de cité dans la haute fonction publique : le texte de l'ordonnance du 9 octobre 1945 stipule : « Les femmes ont accès à l'ENA, sous réserve de règles spéciales d'admission à certains emplois » (il faudra attendre près de trente ans pour qu'elles puissent entrer à l'Inspection des finances et dans le corps préfectoral, dernières bastilles du « machisme » en manches de lustrine).

La scolarité, d'une durée de trois ans, combine enseignements et stages, formation théorique et formation pratique. École qui se veut d'application, l'ENA disperse donc ses élèves dès leur entrée, pendant un an, en province, outre-mer et à l'étranger, auprès des fonctionnaires d'autorité pour prendre contact avec les réalités de l'administration, avant de compléter leur formation générale et de leur apprendre les techniques nécessaires à l'exercice de leur futur métier. L'esprit de cette scolarité a perduré depuis la création de l'École et peu de changements sont intervenus sur le fond, malgré quelques évolutions. Ainsi, les stages se font aussi aujourd'hui auprès des collectivités locales décentralisées, et, pour une période plus brève, dans une entreprise. Quant à la scolarité proprement dite, elle fut d'abord organisée autour de quatre sections (administration générale, économique et financière, sociale, affaires extérieures) qui cherchaient à concilier la diversité des origines, formations, goûts des élèves avec une certaine spécialisation des études (enseignements de fond pour chaque section et conférences générales pour donner à chacun les connaissances de base dans les autres). Ce système fut abandonné en 1958 au nom de la polyvalence. Tout alors devint commun, à tous les sens du terme : les épreuves des concours et la formation, avec les inconvénients classiques de toute prétention à l'encyclopédisme que sont le saupoudrage et la superficialité. De générale, la culture des énarques devenait très générale, ce qui favorisait à la sortie les étudiants (plus aptes au maniement des concepts) au détriment des fonctionnaires (mieux armés pour les matières plus concrètes et plus spécialisées) et niait toute vocation autre que celle induite par le classement. Devant les tensions qui en résultaient, le nouveau directeur, Pierre Racine, décida de revenir à un système mixte, avec deux voies, administration générale et administration économique, au début des années 70 : « Ces deux voies correspondaient aux deux grands groupes d'administrateurs dont un état moderne a besoin et leur mise en œuvre a été faite avec le souci de maintenir l'unité de l'École grâce, notamment, aux stages et à un régime d'options très variées, communes à tous les élèves, que chacun choisissait librement » (Pierre Racine). En 1982 enfin, on est revenu au système de l'École unique avec options au concours d'entrée comme dans l'enseignement, parallèlement à l'ouverture d'un troisième concours destiné aux personnes ayant exercé pendant dix ans au moins certaines responsabilités électives, soit dans les collectivités territoriales, soit dans les instances de direction des organisations syndicales de salariés et de non salariés ou des instances dirigeantes des associations reconnues d'utilité publique et des organismes mutualistes ou sociaux. Par ailleurs, le caractère d'école d'application de l'ENA a été accentué en développant les enseignements de gestion administrative (passation de marchés, gestion de personnel, gestion budgétaire) et en construisant toute une partie de la pédagogie sur l'expérience des stages (thèmes à étudier en stage, conclusions communes des expériences faites en stage).

Afin de diversifier, géographiquement et socialement, le recrutement de la haute fonction publique, l'ordonnance de 1945 créait aussi des instituts d'études politiques rattachés aux universités pour compléter les enseignements des facultés de droit et de lettres dans les sciences sociales, économiques et politiques et donner à leurs étudiants une culture politique et administrative générale et permettre ainsi aux diplômés des universités de passer le concours d'entrée à l'ENA avec des chances de succès raisonnables par rapport aux étudiants de Sciences Po. Que le recrutement de l'ENA, donc de la haute fonction publique, se soit élargi, est une réalité dont nous aurons à apprécier l'importance par la suite. Il est en tout cas perceptible au niveau de l'ampleur des promotions qui ont oscillé autour de la cinquantaine jusqu'à la fin des années 60 pour se gonfler ensuite de façon permanente pour atteindre 150 à 160 élèves au début des années 80. Une décision vient d'être prise par le ministre de tutelle, Hervé de Charette qui, outre la suppression de la troisième voie d'accès à l'École, a décidé de ne mettre que 132 places au concours en 1986 et 80 en 1987, soit une réduction de moitié des promotions. Cela réduira la population en cours de scolarité à l'École puisque la rue de l'Université, outre les promotions de l'ENA, accueille depuis 1978 les administrateurs de la ville de Paris, formés par l'école après avoir réussi un concours spécifique, les élèves de l'ENS-PTT et une trentaine d'élèves du « cycle spécial étrangers » créé en 1964 pour des fonctionnaires déjà en activité dans leur pays d'origine. Le succès appelant le succès, l'ENA en 1986 s'apparente davantage à une ruche en activité permanente, à une fourmilière bigarrée, qu'à la sage et discrète maison de la rue des Saint-Pères, adossée à son annexe de la rue Saint-Guillaume, voulue par ses pères fondateurs. Michel Debré, lui, quarante ans après, comme Edith Piaf, ne regrette rien : « Oui, je recommencerais. Plus que jamais, l'État a besoin de serviteurs bien recrutés, bien formés. Plus que jamais la République a besoin d'orienter, d'encadrer les aspirations personnelles vers le bien de la Patrie. » ENA quand tu nous tiens !

B — Satisfaire, à la perfection, des demandes limitées dans une France peu ouverte

Au cours des deux siècles précédents, la création des grandes écoles s'est déroulée selon un processus identique. L'État, directement ou indirectement, a identifié un certain nombre de besoins précis et, pour y répondre, décidé l'ouverture d'une institution adaptée à ces besoins. Ainsi, le système des grandes écoles procède très directement de l'omniprésence et de l'omnipotence de l'État, si caractéristiques de notre pays depuis Colbert, qui font de la France, parmi les démocraties occidentales, le pays où le rôle régulateur de l'Etat est le plus développé. L'État observe, décide, contrôle, dans le domaine des grandes écoles comme dans beaucoup d'autres. Il dit ce qui est bon pour la nation et se donne les moyens de répondre aux problèmes qu'il identifie. Il y a donc un modèle, spécifique à la France, de régulation des mécanismes économiques et sociaux par l'État. Il a fonctionné continûment, depuis la Révolution de 1789 jusqu'aux lendemains de la Libération. Il résulte très directement du déroulement même de la révolution bourgeoise et de ses prolongements jusqu'à la Commune de 1871. Dès l'origine, en effet, la bourgeoisie française a été confrontée au débordement par les classes populaires. La démocratisation politique, l'ouverture démocratique de la société se sont toujours traduites, de 1789 à 1871, par une agitation populaire et sociale, souvent violente, qui déstabilisait et menaçait le nouvel ordre que la bourgeoisie essayait de substituer à l'Ancien Régime depuis 1789, nouvel ordre nécessaire à la prise du pouvoir politique et à l'épanouissement de ses affaires économiques, financières, commerciales. Pour elle, les classes populaires, les classes salariées sont vite devenues des classes dangereuses. Toute la stratégie de la bourgeoisie fut alors élaborée à partir d'un raisonnement simple qui, pour n'avoir jamais été formulé de façon si laconique et si explicite, n'en a pas moins guidé toutes ses décisions pendant plus d'un siècle et demi : les ouvriers ont vocation à devenir socialistes et révolutionnaires, donc à menacer l'ordre et la stabilité de la société, soit par la rue, soit par le suffrage, dès lors qu'il devient universel ; pour éviter une telle déstabilisation, il faut donc à la fois conforter les catégories sociales par nature attachées à l'ordre et à la conservation que sont la petite bourgeoisie, le commerce et l'artisanat, la paysannerie, et freiner l'éclosion des grandes cohortes ouvrières engendrées partout ailleurs par la révolution industrielle. La régulation des mécanismes économiques et sociaux fut orientée dans ce sens, sous la houlette de l'État, de façon à ce que la France ait le moins d'ouvriers possible et le plus possible de paysans, de petits artisans et commerçants, de professions libérales.

Le salariat, voilà l'ennemi, telle était la devise implicite régissant notre développement économique et social. Ce que l'on a appelé le malthusianisme français n'était donc pas inéluctable mais procédait d'un choix précis, fait par l'État et savamment mis en œuvre sous son égide, pour freiner l'industrialisation et préserver les catégories sociales conservatrices. De là tous les « retards » français qui ne sont point inaptitude à la modernité, au développement industriel ou financier, à l'aventure capitaliste, mais stratégie de préservation sociale, gestion très élaborée des équilibres économiques et sociaux du pays par une bourgeoisie peu sûre d'elle-même pour avoir raté sa « Révolution » et n'avoir pas su en maîtriser le cours. Évidemment, avec le recul du temps, ce choix peut paraître stupide. On sait bien aujourd'hui que l'on peut mener de front démocratisation et industrialisation, que les salariés, par leurs revendications, cherchent à s'intégrer à la société bien plus qu'à la détruire, que, mieux rémunérés, mieux respectés, mieux intégrés dans une société industrielle et démocratique, ils deviennent à leur tour des petits bourgeois attachés à la stabilité politique et sociale, que le réformisme supplante vite l'aspiration révolutionnaire. Nul n'ignore non plus les avantages d'une telle stratégie en termes de production, de productivité et de compétitivité industrielle. Pourtant, aussi déraisonnable qu'il puisse apparaître, c'est bien ce choix qui a été fait, choix sur lequel aucun régime n'est vraiment revenu jusqu'à ce que ses effets pervers deviennent plus graves que ses mérites et que l'évolution de notre environnement international rende inéluctable l'adoption d'une autre stratégie dont on perçoit les premiers signes dans les années 50 et qui sera mise en œuvre, non sans atermoiements et contradictions d'ailleurs, par la Vᵉ République, celle de l'industrialisation et de la modernisation. Alors, à « l'État stabilisateur des archaïsmes »[1] succédera la version française de « l'État-Providence », organisateur de l'expansion économique et de la redistribution sociale, faisant croître et multiplier les salariés tout en se prémunissant des risques de débordement politique par des transferts sociaux de tous ordres.

Ce mode de régulation, inauguré au milieu des années 50 dans un contexte de croissance, a connu son apogée en 1981-1982 avec l'arrivée de la gauche au pouvoir suprême et c'est sa remise en cause par la crise, le chômage, la réduction des surplus, qui rend compte de nos débats contemporains sur la gestion économique et sociale de la maison France.

Le bref panorama des deux derniers siècles de notre histoire permet de comprendre le pourquoi de la création des grandes écoles, les raisons de leur succès d'hier et de leur dérive d'aujourd'hui. La « France au bois dormant », malthusienne et conservatrice du XIXᵉ siècle et de la première moitié du XXᵉ siècle, trouve dans les grandes écoles le moyen le plus adapté pour répondre, à la perfection, à des demandes limitées, puisque telle est la finalité de ce système. Les demandes sont, en effet, limitées en ingénieurs, comme en professeurs du secondaire ou du supérieur, en spécialistes de la gestion d'entreprise ou de la vente à l'étranger, en administrateurs généraux. L'État, régulateur de l'ensemble, a une vue panoramique. Il est le mieux placé pour ouvrir les vannes quand le besoin s'en fait sentir et en contrôler le débit d'autant plus facilement que la pression est faible et que c'est d'abord à ses besoins à lui, État entrepreneur, administrateur, éducateur, qu'il doit répondre.

Dans cette France peu ouverte, vivant surtout au rythme

1. Simon Nora, *Le Débat*, n° 40.

imprimé par ses petits commerçants, petits artisans, petits industriels des petites villes, et petits paysans des campagnes somnolentes, les grandes écoles, au sommet de la pyramide d'un système scolaire et universitaire qui assure la conformité sociale et idéologique de ses diplômes, distillent avec parcimonie, après une rigoureuse sélection, ses prestigieuses « peaux d'âne » à une élite réduite. Elles forment alors des « hommes de l'art », des techniciens au sens plein du terme. On attend d'eux, une fois sortis de l'École, qu'ils apportent, dans la structure qui les emploie (administration, entreprise, enseignement, corps technique de l'État), leurs connaissances techniques de pointe, leur capacité à faire ce à quoi ils ont été formés, leur pouvoir de rayonnement et donc d'entraînement sur le milieu au sein duquel ils s'intègrent. Ainsi, le système des corps techniques (Mines, Ponts et Chaussées, Télécommunication, armement, génie rural et Eaux et Forêts, etc.) était organisé de manière à fournir à l'État des fonctionnaires de toute première qualité, compétents, intelligents, dévoués à son service et parfaitement adaptés au rôle qu'il jouait en ces divers domaines. Les polytechniciens, parmi les mieux classés, les « corpsards », représentaient l'élite de chacun de ces corps au sein desquels ils rejoignaient ceux qui les avaient intégré par les concours spécifiques une année auparavant. Les autres, « simples ingénieurs de l'École polytechnique », fournissaient aux entreprises publiques ou privées des cadres de qualité dont elles attendaient les mêmes avantages.

Il en allait de même pour les anciens élèves de la rue d'Ulm, agrégés des lycées et enseignants chercheurs des universités. Ces dignitaires du secondaire et du supérieur, peu nombreux, étaient les fers de lance d'un enseignement luimême très élitiste et réservé à une minorité. Dans un autre contexte, Saint-Cloud produisait les mêmes effets : l'enseignement y était dispensé par des guides éclairés — professeurs de lycée ou de faculté — et le savoir ainsi acquis par les élèves descendait jusqu'au peuple par individus interposés, des enseignants des écoles normales, anciens cloutiers, d'abord vers les instituteurs et ensuite de ceux-ci à leurs élèves jusqu'aux écoles les plus reculées de nos campagnes. Dépositaires d'un savoir et de méthodes pédagogiques, les cloutiers étaient ainsi à même d'élever le niveau de l'enseignement primaire et de tirer vers le haut l'ensemble des personnels de cet enseignement (rayonnement des écoles dans chaque département, promotion interne des instituteurs auxquels est donnée la possibilité d'accéder à des postes d'enseignants dans les écoles normales). Dans l'administration, ce fut la grande réussite de l'ENA que de fournir à l'État la haute fonction publique dont il avait besoin dans les années qui ont suivi la Libération. Alliant compétence et dynamisme, les énarques d'alors ont joué, toutes choses égales par ailleurs, un rôle comparable aux instituteurs de la IIIe République, ces « hussards noirs », fantassins déterminés du projet éducatif de Jules Ferry. Sur un mode ironique, mais qui traduit bien le climat d'alors, Simon Nora, énarque lui-même et récemment encore directeur de l'ENA, déclarait il y a peu dans la revue *Le Débat* : « A la Libération, je suis passé à peu près directement du maquis à l'ENA et je dois dire que je ne me suis pas senti dépaysé. J'ai fait certes sauter moins de trains rue Saint-Guillaume qu'autour du Vercors mais, déontologiquement, l'esprit n'était pas très différent. Nous étions dans les deux cas, le petit nombre qui savions mieux que les autres ce qui était bien pour le pays — et ce n'était pas complètement faux. Nous étions les plus beaux, les plus honnêtes, les plus intelligents et les détenteurs de la légitimité. » On ne saurait mieux dire, décrire plus précisément la mystique des grandes écoles, ce qui a fait leur succès, leur prestige et ce qui justifiait leur réaction. L'État, grand maître de l'ordre économique et social, régulateur suprême, avait trouvé, dans le système des grandes écoles, la recette miracle pour répondre quand il le souhaitait, comme il le souhaitait, à des besoins définis dont il assurait et contrôlait la satisfaction par la formation d'une élite réduite, prestigieuse et performante de techniciens de très haut niveau. Mais, ce système, parfaitement adapté à la France d'alors, devait imploser sous l'effet de l'industrialisation et de la modernisation accélérée du pays.

L'explosion des « Trente Glorieuses » : les grandes écoles noyées dans la masse

C'est la transformation rapide du pays qui va en effet mettre progressivement les grandes écoles en porte à faux par rapport aux réalités de la nation. Après la phase de reconstruction des Plans Monnet où l'on retroussait les manches pour satisfaire les besoins physiques, charbons, acier, ciment, etc., la France est en effet entrée dans une phase différente, celle dite des « Trente Glorieuses », au cours de laquelle, malgré le poids des guerres coloniales, le paysage de notre pays a été profondément bouleversé, en même temps que les mentalités de ses citoyens se transformaient. Entraînée par la croissance de l'économie mondiale, le volontarisme gaullien et l'ouverture des frontières, la France de Méline cède sous les coups de boutoirs de l'industrialisation, de l'urbanisation, de la prolifération des produits de consommation de masse, des grands ensembles suburbains, des autoroutes et des supermarchés. Parallèlement, l'équilibre socio-culturel maintenu contre vents et marées depuis près d'un siècle éclate sous les effets conjugués de l'exode rural, de l'extension massive du salariat, du développement des services, de la démocratisation de l'enseignement et de la culture de masse importée dans chaque foyer par les « étranges lucarnes » de la télévision et les iconoclastes radios périphériques.

Partout, dans tous les domaines, la demande de cadres supérieurs explose. Partout, il s'agit de satisfaire des besoins en croissance exponentielle et tant pis si ces besoins sont satisfaits approximativement, l'essentiel est, tant bien que mal, de faire face. Il se produit alors, pour les cadres supérieurs de la nation, ce qui se passe pour le logement. Dans ce domaine, l'impact conjugué de l'exode rural et du *baby boom* engendre un besoin de logements si urgent et si massif qu'il n'y avait sans doute pas d'autres solutions que de construire à la hâte, en parant au plus pressé, ces grands ensembles qui sont aujourd'hui, dans les villes et les banlieues, les nids à problèmes que l'on sait. Les cloisons étaient minces, les façades interminables et monotones, les pièces petites, les étages trop nombreux, les espaces verts réduits, les équipements sociaux insuffisants, mais qu'importe, il fallait loger, on a logé et il est facile de jeter la pierre, vingt-cinq ans après, aux bétonneurs en tous genre d'alors. Souvenons-nous qu'en ce temps-là, l'urgence commandait.

Pour satisfaire la demande, là aussi en croissance exponentielle, en cadres supérieurs techniques, en professionnels, dans le public comme dans le privé, dans l'administration, l'enseignement secondaire et supérieur, les entreprises publiques ou non, pour satisfaire les besoins de l'État et des collectivités locales en infrastructures de toutes sortes, il a fallu, en quelques décennies, trouver les hommes. Dans un premier temps, cela fut pain béni pour les anciens des grandes écoles car on s'adressa d'abord à ceux que l'on avait sous la main, avec la réputation de professionnalisme qui était la leur : tout normalien agrégé d'Ulm-Sèvres ou Saint-Cloud-Fontenay trouvait alors, sans difficulté aucune, un poste dans une classe préparatoire ou dans les universités (à Paris comme en province se multipliaient les campus); tout ingénieur de Polytechnique, même s'il n'était pas corpsard, avait à choisir entre de nombreuses et alléchantes propositions dans les entreprises et l'on se disputait de la même manière les anciens d'HEC. Quant aux énarques, que ce soit dans l'administration classique ou dans les nombreuses protubérances qui apparaissaient alors au niveau central, régional ou départemental, ils trouvaient aisément les postes susceptibles de valoriser leurs compétences et de satisfaire leurs ambitions. Sous l'effet d'une génération spontanée, des portes s'ouvraient partout. Nos chevaliers des temps modernes, conquérants, sûrs d'eux, dominateurs, dépositaires de la légitimité acquise dans leurs grandes écoles, s'emparaient de tous ces terrains d'aventure avec enthousiasme, efficacité et sérénité. Le degré de responsabilité, le niveau de salaire, le pouvoir de décision, le statut social, tout concourait à faire de l'ancien d'une grande école le roi du moment. Riches heures que celles des années 60 : dans cette France qui bouge enfin, après les drames de la décolonisation, sous l'heureuse synthèse gaullienne entre la modernité du mendésisme, la mystique national-colbertiste du chef de la France libre et l'ouverture sur le monde chère aux libéraux, les diplômés des grandes écoles trouvent un terrain à leur mesure. Ils disposent des connaissances et des méthodes d'analyse, acquises avant et pendant leur passage dans la noble maison et voilà qu'on leur donne des instruments pour agir : muscler les entreprises dans la tourmente naissante de la compétition internationale ; transformer le paysage national en construisant des ZUP, des routes à quatre voies, des autoroutes, des barrages, des adductions d'eau, des lignes électriques, des tout-à-l'égout, des bordures de trottoirs ; former dans les lycées et les universités, dont les effectifs se gonflent, les cadres de demain ; gérer une administration dont les missions ne cessent de s'étendre dans les domaines économique et social, avec la mise en place de l'État-Providence à la française, aménager le territoire, orienter l'industrie, moderniser l'agriculture, redistribuer les revenus. L'« État-Providence », pour tous les anciens de nos grandes écoles qui, de près ou de loin, participent à sa volonté de transformer la France à marche forcée, est leur dénominateur commun, leur fusée porteuse et nul ne songe à céder aux sirènes d'un libéralisme qui ne fait nulle part entendre sa voix. Les classes dirigeantes sont gaullistes donc colbertistes, saint-simoniennes, centralisatrices, interventionnistes, industrialisatrices et leurs enfants, diplômés de nos prestigieuses grandes écoles, s'engouffrent aux postes de commande, dans les espaces ouverts par « la croissance forte et équilibrée », selon l'expression alors consacrée. La France, dont les princes sont normaliens, énarques, polytechniciens, *surfe* sur la vague porteuse de l'économie mondiale, guidée par un pouvoir central monarchique, que manient pour l'essentiel, en son nom et munis de la double légitimité de l'État et de leur « peau d'âne », les diplômés de nos grandes écoles.

Le bal de l'X est l'objet de tous les espoirs des mères cherchant à placer leur progéniture avec un beau parti et le stagiaire de l'ENA fait les beaux jours des soirées préfectorales. Hélas, les meilleures choses ont une fin. Créées pour satisfaire, à la perfection, des demandes limitées dans une France peu ouverte, les grandes écoles, à l'instar des plus belles filles, ne peuvent donner que ce qu'elles ont. Après avoir fourni tous azimuts des cadres supérieurs, la demande est telle qu'elles ne peuvent y pourvoir. Pour faire face à cette demande sans cesse croissante de cadres à formation technique et professionnelle, les lycées, les universités, les administrations, les entreprises, les collectivités locales devront, à leur corps défendant, puiser hors du vivier à homards et se rabattre sur des produits plus divers, de moindre qualité peut-être, de moindre prestige, à coup sûr, d'importation quelquefois, mais auxquels il faut bien avoir recours pour répondre aux besoins quantitatifs que les grandes écoles ne peuvent satisfaire. Partout enflent les effectifs en cadres supérieurs et, déjà à la fin des années 60, les nécessités de recrutement engendrent un double phénomène qui va entraîner les plus prestigieuses de nos grandes écoles et leurs diplômés dans la spirale du déclin et de la dérive. Le premier est le recrutement tous azimuts de cadres formés sur le tas, qui vont exercer les mêmes professions, avec les mêmes responsabilités, que les diplômés des grandes écoles. On voit apparaître alors, dans les administrations et dans les universités, les fameux « contractuels de haut niveau » :

en 1982, l'INSEE estimait à 14000 le nombre de fonctionnaires non titulaires occupant des postes de direction et d'encadrement dans l'administration, c'est-à-dire des postes de catégorie A. La multiplication des postes aux agrégations et CAPES fait que, dans l'enseignement secondaire, les normaliens ne sont plus que des agrégés, des capétiens parmi d'autres, comme les énarques ne sont plus que des chefs de bureau ou des chargés de mission parmi d'autres, titulaires, certes, mais auprès de contractuels qui occupent les mêmes fonctions qu'eux. Dans les entreprises, la promotion interne bat son plein et nombre de cadres moyens, à formation moindre, mais ayant acquis sur le tas les compétences requises, obtiennent sinon le statut, du moins les responsabilités et les rémunérations jusque-là réservées aux ingénieurs diplômés. A cela s'ajoute, surtout dans la fonction publique, les phénomènes d'intégration et de titularisation. Ils touchent les fonctionnaires « issus du rang » et les contractuels. Ainsi sont aspirés vers le haut ces Marie-Louise des temps modernes. Mais cette situation détériore le statut et le prestige des anciens des grandes écoles : désormais, ils occupent avec d'autres, parfois en concurrence avec d'autres, eux qui étaient habitués au monopole, les postes d'encadrement et perdent donc une bonne part de leur originalité.

Cet état de choses est aggravé par un deuxième phénomène : la multiplication des « grandes écoles » et des concours spécifiques. Tandis que l'Université, sous l'effet de la démocratisation, voyait s'aggraver ses travers traditionnels, jusqu'à servir de repoussoir après les événements de mai 1968, les besoins en cadres, hors de ceux, insuffisamment nombreux, fournis par les plus anciennes et les plus prestigieuses grandes écoles, furent alors satisfaits par de multiples institutions publiques ou privées, dont l'inflation incontrôlée a quelque peu dénaturé le concept classique de « grandes écoles » puisque toutes tenaient à se parer de cette qualité, de ce label typiquement hexagonal. Le phénomène touche la formation des ingénieurs et des cadres d'entreprises. On a ainsi vu se créer des kyrielles d'écoles à finalités technique, commerciale ou technologique qui fournissent ainsi, tous azimuts, les cadres professionnels dont les entreprises ont besoin. Le rapport Schwartz, en 1981, recensait ainsi les écoles d'ingénieurs : 31 à Paris, 53 en région parisienne et 96 en province. Quant à la commission du titre d'ingénieur, elle en recensait 154, accueillant 37000 étudiants environ, soit 10500 diplômés par an. Comment, dès lors, s'y retrouver dans cette floraison d'écoles supérieures, d'instituts nationaux polytechniques, d'écoles nationales supérieures industrielles (ENSI), d'instituts nationaux des sciences appliquées (INSA), etc., les unes privées, les autres publiques, dépendant de divers ministères. Quant aux écoles de commerce, elles ont connu, dans des proportions moindres, une inflation similaire, qui se manifeste aussi bien par la création de nouvelles écoles que par l'augmentation des effectifs des écoles supérieures de commerce.

Ainsi, le concept de grande école est devenu flou, même si des hiérarchies savantes, connues des seuls initiés, éclairaient ce paysage complexe. Tout un kaléidoscope professionnel et social s'est mis en place, dernier avatar de notre société d'ordres et de corporations, avec ses privilèges, ses hiérarchies, ses rites. Mais au total, cela s'est traduit par une perte d'influence et de pouvoir des diplômés de nos grandes écoles les plus prestigieuses. Les normaliens sont noyés dans la masse des enseignants, perdent une bonne part de leur originalité et de leur capacité d'entraînement dans ces grandes structures sclérosées que sont les universités et les lycées, submergées par la masse hétéroclite des élèves et des étudiants engendrée par une démocratisation hâtive et mal préparée. Les énarques subissent eux aussi les mêmes contrecoups de la croissance exponentielle du cadre A des administrations, composé désormais de personnels disparates à statuts, origines et carrières les plus divers, comme d'ailleurs les polytechniciens et les HEC, perdus dans la masse des immenses nébuleuses administratives et industrielles qui ont vu le jour depuis les années 60. A la limite, il ne reste plus à nos diplômés du carré d'as des grandes écoles que le prestige intact de l'institution qui les a abrités quelques années et la mention « ancien élève de » sur leur *curriculum vitae* ou leur carte de visite, pour se différencier dans la foule bigarrée des diplômés de la galaxie des « grandes écoles ». Un lent processus de banalisation a ainsi érodé ce qui faisait leur force. Ils ne sont plus que les *primus inter pares* dans ces vastes nébuleuses où des *self made men* sont formés sur le tas et arrivés là par promotion interne. D'autres ont un savoir équivalent, voire supérieur dans leurs spécialités techniques, des responsabilités, des pouvoirs, des salaires équivalents, et pourtant ils ne viennent pas du carré d'as : il y a donc dévalorisation professionnelle et sociale. De plus, leur capacité de rayonnement et d'entraînement, qui était réelle lorsqu'elle s'exerçait au sein de structures de taille modeste, s'est réduite comme une peau de chagrin au sein de ces masses importantes, rigides, régies par les pesanteurs inhérentes à ces lourdes machines bureaucratiques, publiques ou privées. Hier aspirés par le haut, ils sont aujourd'hui noyés dans la masse. Cela suffirait à rendre compte de la crise qui affecte depuis quelques années les plus prestigieuses de nos grandes écoles. Celle-ci est encore aggravée par l'évolution rapide des mentalités et des connaissances. La technocratie française, qui a joué le rôle que l'on sait dans la modernisation du pays, a joui, dans notre société, d'un tel prestige, d'une telle légitimité, qu'elle a pu exercer ses talents, pour le meilleur souvent, pour le pire quelquefois, sans contraintes particulières. Or, comme le souligne justement Simon Nora, « les progrès de la formation et de l'information, le pays, adulte, ne supporte plus qu'on lui explique, de haut, ce qu'il faut faire ou ne pas faire »[1]. Ayant de plus en plus de mal à imposer ses décisions, la

1. *Le Débat, op. cit.*

haute fonction publique, l'énarchie doit sans cesse négocier, avec les entreprises, les élus, les usagers, justifier et expliquer ses choix, accepter de les modifier. Elle est désormais chaque jour davantage sous contrôle des contre-pouvoirs nés de l'évolution de nos sociétés, dont celui des élus qui n'a cessé de se renforcer jusqu'à l'ultime aboutissement que fut la décentralisation. Tous, élus, usagers, consommateurs, lui demandent d'être à l'écoute des besoins exprimés et non plus de décréter ses besoins et d'imposer ses choix. Face à une demande qui s'exprime en dehors d'elle, elle est jugée sur l'offre qu'elle génère en réponse, sur les services rendus, leur qualité, leur coût. Cette évolution, signe d'une société française plus démocratique, moins monarchique, plus complexe, régie par le jeu incessant des pouvoirs et des contre-pouvoirs de plus en plus nombreux est en elle-même une bonne chose. Mais, au fur et à mesure qu'elle prend forme, elle oblige l'énarchie à une reconversion difficile, reconversion sans laquelle elle serait demain rejetée par le pays. La légitimité n'est plus donnée, elle n'est plus de droit divin, ne résulte plus du simple fait d'être un ancien de la rue des Saint-Pères ou de la rue de l'Université. Elle s'acquiert par la qualité d'écoute et de services rendus. Ce n'est pas facile et beaucoup d'entre eux n'y sont guère préparés. Les mêmes remarques peuvent être faites pour les polytechniciens (notamment dans leurs relations avec les collectivités locales pour tout ce qui touche à l'équipement des communes, où lorsqu'il s'agit de réaliser un grand équipement structurant comme une autoroute suburbaine ou une voie ferrée) et pour les normaliens dans leurs relations avec les élèves des lycées et leurs parents ou les étudiants des universités. Devenue adulte, la société française peut, aujourd'hui, dans bien des domaines, soit prendre directement ses affaires en main, par exemple grâce à la décentralisation, soit exprimer une demande précise dont elle attend qu'elle soit efficacement satisfaite par ceux auxquels elle s'adresse. Le haut fonctionnaire, énarque, polytechnicien, normalien ne sait pas, mieux que la société, ce qui est bon pour elle : l'apprentissage de la sagesse est une longue ascèse, il est aujourd'hui facteur de crise, de doute, de désenchantement pour nombre d'entre eux.

Enfin, dernier élément d'une crise aux origines diverses, les connaissances acquises, fût-ce dans les écoles les plus prestigieuses, censées être les plus « branchées », se dévaluent vite. Les savoirs acquis, les technologies maîtrisées, les méthodes de management étudiées, tout cela évolue désormais bien plus rapidement qu'il y a trente ans, et bien sûr qu'il y a un siècle. Outre que cela nécessite de la part de ces hauts cadres une capacité d'adaptation, une prise sur le réel auxquelles, nous le verrons, le cursus scolaire et universitaire suivi ne les prépare pas forcément, l'accélération des changements fonctionne comme une remise en cause permanente des qualités reconnues et sanctionnées par l'appartenance à une grande école dont chacun sort entre 25 et 35 ans pour les plus âgés (concours interne de l'ENA). A la grande roulette du recyclage permanent, rien n'est acquis d'avance et les titres obtenus dans la jeunesse ne sont plus une garantie pour l'âge mûr. Alors qu'il y a peu encore, on vivait jusqu'à la retraite sur un titre obtenu trente ou quarante ans plus tôt, titre qui assurait une rente de situation durable et bien rémunérée en termes de pouvoir, de responsabilités, de salaire et de statut social, l'irruption d'autres savoirs et des technologies nouvelles risque de remettre en cause les hiérarchies et les positions. Après la course d'obstacles que fut la sélection scolaire et universitaire, il faut désormais, après quelques années d'exercice d'un métier, en entamer un autre, aussi aléatoire sinon plus, faire encore ses preuves, en concurrence avec d'autres et, au fil du temps, que pèse un titre, aussi prestigieux soit-il ?

Ainsi, les bouleversements économiques, sociaux et culturels induits par l'explosion des Trente Glorieuses ont tellement modifié l'environnement dans lequel évoluaient les grandes écoles de prestige et leurs anciens élèves que peu de choses subsistent de ce qui avait motivé leur création, assuré leur renommée, garanti à leurs diplômés un statut professionnel et social privilégié. Certes, elles existent toujours, les concours par lesquels elles sélectionnent leurs élèves conservent un attrait et un niveau du meilleur aloi et on se dispute toujours leurs diplômés, surtout dans les grandes entreprises publiques ou privées. Pourtant, il y a bien une crise d'identité. Les manifestations les plus évidentes en sont, d'une part, le fait qu'elles ne suscitent plus les passions pamphlétaires d'il y a peu et, d'autre part, les réformes dont elles font l'objet, les débats sur celles qui pourraient être entreprises, afin d'adapter ces institutions à un environnement dont chacun reconnaît qu'il n'a plus guère à voir avec celui qui a prévalu entre la fin de l'Ancien Régime et la Libération. Leur réalité est aujourd'hui floue, leur avenir laisse perplexe. Face à ces changements, les grandes écoles elles-mêmes, leurs anciens, ne sont pas restés inactifs. L'implosion du système les a conduites, sans jamais le dire, à changer de finalités, mais en tournant le dos à ce pourquoi elles avaient été créées : fournir à la nation les meilleurs de ses cadres professionnels, les meilleurs hommes de « l'art » dans leurs domaines.

C — Les finalités d'aujourd'hui : sélectionner les élites polyvalentes du « Tout État »

Concurrencés sur les lieux de travail par les très nombreux diplômés des autres grandes écoles, les contractuels de toutes obédiences et les soldats sortis du rang, ces « demi-produits » (Roger Fauroux), plus ou moins bien formés, que sont aujourd'hui les anciens du carré d'as, ne savent plus où donner de la tête. Englués dans le magma des personnels des grandes machines bureaucratiques au sein desquelles ils évoluent, prisonniers de hiérarchies pesantes et de cursus interminables qui font d'une carrière jusqu'aux postes de décisions un parcours fastidieux, contraints de faire sans cesse leurs preuves vis-à-vis de leurs supérieurs comme de leurs clients, obligés d'exercer un métier à ses différents stades et donc de mettre en pratique des connaissances qu'ils n'ont pas toujours, nos diplômés des ENS, de Polytechnique, de l'ENA ou d'HEC, pris dans une danse de Saint-Guy dont ils ne maîtrisent guère les pas, piaffent d'impatience, dès la sortie des écoles. Ils n'ont vite d'autre but que d'échapper aux contraintes de leur milieu professionnel, de « se faire la belle », de s'évader de ces prisons dorées que sont pour eux les lycées, les administrations ou les grandes entreprises publiques ou privées. Technocrates, ils exerçaient il y a peu encore le pouvoir, par délégation des politiques certes, mais le pouvoir tout de même, très tôt dans leurs carrières et celles-ci les conduisaient très vite à des postes de responsabilités, à tel point que l'on pouvait affirmer, sans risquer de se tromper, que ces anciens du carré d'as fournissaient alors l'essentiel des cadres techniques dirigeants de la nation. C'est cela que les évolutions constatées pendant les années 60 ont remis en cause. Les écoles et les élèves ont alors réagi pour échapper à cette érosion de leur pouvoir, de leur prestige, de l'intérêt professionnel et social de leurs carrières, à la banalisation de leur statut, à la dévalorisation des avantages dont ils bénéficiaient, toujours en tête au hit-parade de la technostructure.

Les produits livrés par ces grandes écoles ne sont plus adaptés au milieu dans lequel ils doivent par la suite exercer le métier qu'ils ont choisi et auxquels ils sont censés avoir été préparés. D'où le malaise qui saisit bon nombre d'entre eux à leur sortie de l'école et, phénomène particulièrement révélateur, les multiples stratégies d'évasion mises en œuvre dès les premières années de leur vie professionnelle.

La première consiste à s'évader d'une grande école pour entrer dans une autre, dès la sortie ou après quelques années de travail. Ce *kidnapping* croissant des anciens des ENS, d'HEC ou de Polytechnique profite évidemment à l'École nationale d'administration, qui devient peu à peu la grande école des grandes écoles, les autres n'étant plus qu'un hors-d'œuvre pour se mettre en appétit avant d'attaquer le plat de résistance, dans le meilleur restaurant qui soit, le quatre étoiles Michelin du 13, rue de l'Université. Ainsi se trouve renforcée « la place que l'ENA tient dans l'univers fantasmatique des Français »[1], dit Roger Fouroux, son actuel directeur, qui se déclare « effaré » par ce phénomène et affirme sa détermination à « exorciser les fantômes qui emplissent les têtes de mes jeunes énarques mais aussi de mes concitoyens ». L'homme est de taille mais la tâche sera rude. Les fantasmes nourris à propos de l'ENA, par les anciens des autres grandes écoles et par les énarques eux-mêmes, s'enracinent dans des réalités bien précises qui ne pourront être balayées d'un trait de plume. Ces réalités sont celles de la crise d'identité des grandes écoles et de leurs anciens élèves et si l'ENA est un fantasme, c'est bien parce que l'on attend d'elle, en partie à tort d'ailleurs, qu'elle soit le moyen d'échapper à cette crise. L'ENA, c'est une technique de sortie de crise pour tous ceux qui, issus d'autres grandes écoles, cherchent, et réussissent souvent, à y entrer. Si l'on examine les dernières promotions de l'ENA (1983-85; 1984-86; 1985-87) on recense 19 polytechniciens, 10 centraliens, 21 élèves d'autres écoles d'ingénieurs, 26 anciens d'HEC, 9 de l'ESSEC, 8 de Sup de Co Paris, 40 venus des ENS, dont 18 de la rue d'Ulm. A eux seuls, les anciens de Polytechnique, d'HEC et des ENS sont donc 85, sur un total de 468 élèves pour ces trois promotions, soit près de 20 %. L'on a vu par ailleurs que les autres écoles ne sont pas en reste et, pour ces mêmes promotions, le nombre de professeurs, agrégés ou non, atteint 79. Les statistiques parlent d'elles-mêmes, l'ENA est bien aujourd'hui la planque favo-

1. *Le Débat*, n° 40.

rite des évadés d'autres écoles ou de concours prestigieux comme l'agrégation. Quand on sait avec quelle âpreté l'ENS de la rue d'Ulm s'est battue pour se voir attribuer des postes d'accès direct à l'ENA au même titre que l'X, on mesure encore davantage la fascination qu'exerce la rue de l'Université, comme si une grande école avait besoin, pour son standing et pour attirer des candidats, de pouvoir dire : « Venez chez nous, car vous avez ainsi des chances d'en sortir au mieux, c'est-à-dire non pas comme agrégé destiné à enseigner mais comme énarque : avec un concours, vous pouvez en empocher deux. » La publicité pour les barils de lessive n'est pas loin ! C'est d'ailleurs avec fierté que, vainqueur de ce titanesque combat, Jean Baillou, président du conseil d'administration de la rue d'Ulm, déclarait, salle Dussane, le 20 octobre 1985 : « Enfin, pour ce qui est de l'Administration générale, sera assuré chaque année l'accès direct à l'ENA de quatre élèves, deux scientifiques, deux littéraires. C'est là satisfaire une revendication ancienne. » Sonnez hautbois, résonnez musettes, « le privilège (sic) de l'accès direct accordé à Polytechnique » l'est désormais à la rue d'Ulm et pour les autres, tous les espoirs sont permis car « l'expérience des concours normaux montre bien que les normaliens sont dignes d'entrer à l'ENA ». Certes, et ils ne s'en privent pas. Merci donc au Premier ministre d'alors, « notre camarade Laurent Fabius », pour avoir ainsi « ouvert quelques perspectives intéressantes », et comment ce normalien-énarque n'aurait-il pas été sensible aux amicales pressions de ses « camarades — pas socialistes mais ulmards —, d'autant plus qu'il fallait leur faire accepter la fusion des ENS que Jean Baillou qualifie, dans ce même discours, de « mariage forcé ». Voilà donc une grande école, l'une des plus prestigieuses, qui se vante d'avoir obtenu pour ses ouailles un « privilège » à nul autre pareil, celui de l'accès direct à l'ENA. On en oublierait que la rue d'Ulm est d'abord destinée à fournir à l'enseignement secondaire et supérieur des professeurs agrégés pour faire bénéficier leurs élèves, leurs étudiants et leurs établissements, de leur niveau culturel et pédagogique. C'est à se demander si le meilleur argument de vente de la direction pour attirer les « vocations » n'est pas désormais de faire de la rue d'Ulm la meilleure préparation ENA de Paris, avec en prime, pour les heureux gagnants, une place gratuite et réservée dans la tribune officielle. On croit rêver ! Pourquoi alors Saint-Cloud, HEC, chacune des agrégations, l'ESSEC, les 150 écoles d'ingénieurs, que sais-je encore, ne se verraient pas aussi réserver le « privilège » de l'accès direct ? Pourquoi ne pas faire de toutes nos grandes écoles des super prep'ENA ? Que la rue d'Ulm quête ainsi « de nouveaux débouchés de grand intérêt » (Jean Baillou) n'est sans doute pas un signe de bonne santé pour cette école, dont Laurent Fabius disait, lors des décrets de fusion, que « compte tenu d'une tradition qui a fait le tour du monde, son nom sera simplement École normale supérieure ». Tel le graal en effet, Ulm-Sèvres, Saint-Cloud-Fontenay, HEC et Polytechnique cherchent pour leurs élèves de nouveaux débouchés. L'ENA est, de toutes, celle qui attire le plus. Qu'est-ce qui pousse donc cette cohorte d'anciens, des agrégés, en nombre croissant, des anciens d'autres écoles et tous les étudiants d'IEP de Paris et de province à se précipiter sur les concours d'entrée à l'ENA dont les promotions n'ont cessé de gonfler depuis les années 70 jusqu'à atteindre 160 en 1985 pour un nombre de candidats jamais vu ? Est-ce, comme le demande André Passeron, pour « s'assurer la garantie de l'emploi au noble service de l'État »[1] ou est-ce pour satisfaire les objectifs de Roger Fouroux, qui se donne pour ambition — et tel est bien en théorie le but de l'école — de « former des administrateurs de ministères, des sous-préfets, des diplomates, des juges administratifs, des auditeurs des comptes publics » ? Croit-on que des normaliens agrégés, des polytechniciens promis aux grands corps techniques de l'État, des anciens d'HEC

1. *ENA*, mensuel, octobre 1985.

attendus à Rhône Poulenc ou à CIT-Alcatel prennent la peine de tout remettre en cause, d'échouer à un concours, eux qui ont toujours tout réussi, de faire deux ans et demi de scolarité après en avoir fait tant d'autres, pour devenir « administrateur de ministère » ou « juge administratif » et retrouver les contraintes qu'ils ont voulu fuir en préparant l'ENA ? Non, je ne le crois pas, et c'est là où intervient le fantasme. Beaucoup passent l'ENA pour faire bien autre chose que ces professions « banales » auxquelles, et Roger Fauroux a raison de le souligner, l'ENA est censée préparer.

Bien autre chose, mais alors quoi ? C'est ici qu'apparaissent, dès la scolarité à l'ENA, diverses stratégies permettant d'échapper — encore une fois la « grande évasion » — aux postes d'administrateurs généraux qui sont le débouché normal des anciens élèves de l'ENA. La meilleure façon de réussir, à cet égard, est offerte par l'école elle-même, par le truchement du classement qui arbitre entre les élèves pour le choix des postes. Chacun, en entrant à l'École, espère avoir dans son attaché-case le bâton de maréchal que constitue l'accès aux grands corps de l'État (Conseil d'État, Cours des comptes, Inspection des finances) et aux ministères les plus prestigieux que sont les Finances et les Affaires étrangères. Dans le premier cas, on échappe au statut classique d'administrateur civil et, après quelques années de purgatoire (4 à 5 ans en général pendant lesquels on fait du contentieux administratif, de l'audition de comptes publics, des contrôles de recettes perception), s'ouvre, pour les heureux élus, une carrière multiforme, hors hiérarchie le plus souvent, avec accès rapide à des postes de responsabilité dans les ministères les plus divers, l'ensemble du secteur public ou parapublic, le « pantouflage » dans les entreprises publiques ou privées. Les grands corps répondent ainsi aux vœux de nombreux énarques de se mettre hors hiérarchie, de contourner les pesanteurs de carrières bien tracées où l'on gravit en troupeau les échelons à l'ancienneté, dès lors que le statut de la fonction publique interdit pratiquement toute promotion au mérite avant la cinquantaine. Ayant perdu le sens des grades et du temps, refusant les délais nécessaires pour accéder aux plus hauts postes, les énarques participent fiévreusement à la chasse aux grands corps afin d'éviter ce que Roger Fauroux considère comme la norme : « Il faut acquérir une compétence dans une spécialité. C'est comme cela que la vie commence. On approfondit sous la houlette de nos anciens une spécialité sur un mode aussi rigoureux que possible, et c'est à partir de cet approfondissement qu'on apprend ensuite, par élargissements successifs et l'expérience aidant, ce qu'est la vie et la société et qu'on se rend finalement utile. » C'est justement cela dont les grands corps permettent de faire l'économie, ce long apprentissage sous la houlette des anciens. Non, le temps presse et l'on se hâte d'entrer dans ces accélérateurs de particules énarchiques que sont les grands corps. Comme de surcroît « il faut avoir vécu dans l'un d'eux pour mesurer que ces zones de convivialité sont parmi les rares endroits où peuvent se discuter, avec le minimum de mauvaise foi et de passions, les problèmes importants du pays »[1], on comprend l'attrait qu'exercent ces clubs très fermés sur les énarques : joignant l'utile à l'agréable, ils conservent à l'énarque les avantages dont jouissaient ses prédécesseurs des années 1945-1970. Après les grands corps, l'attrait qu'exercent le ministère des Finances et le Quai d'Orsay s'explique différemment. Dans le premier, les hiérarchies sont rigides et pesantes, les contraintes bureaucratiques fortes, le travail souvent ardu et austère. Mais il s'agit là de la seule administration qui fonctionne encore de manière structurée, où l'on apprend véritablement un métier, où l'on acquiert une compétence et des techniques auprès d'anciens de grande qualité, où l'on dispose enfin, très tôt dans la carrière, du pouvoir qui s'attache à ceux qui tiennent les cordons de la bourse, ce pouvoir de dire non aux autres ministères. Les deux directions du

1. Simon Nora, *op. cit.*

Trésor et du Budget sont, à cet égard, exemplaires et offrent à ceux qui y entrent la perspective d'une carrière gratifiante sur le plan professionnel, même si les « parachutages » d'inspecteurs des finances dans l'ensemble de la hiérarchie polluent quelque peu le ciel sans nuages de ces administrateurs civils du troisième type. L'attirance pour le Quai d'Orsay relève de motivations différentes : prestige d'un ministère qui se considère comme un grand corps, séduction qu'exercent les questions internationales — diplomatie pure ou promotion économique — dans une France désormais ouverte aux vents du grand large dont l'influence ne cesse de croître, intérêt de la vie à l'étranger aujourd'hui altéré par les risques d'un métier très exposé aux turbulences collectives ou individuelles qui ensanglantent la planète.

Tels sont les postes dont on rêve en entrant à l'ENA, postes auxquels il fallait ajouter, jusqu'à la décentralisation, le corps préfectoral, aujourd'hui relégué dans les profondeurs du classement. L'extension des libertés locales a été perçue par les jeunes énarques comme une diminution trop sensible des responsabilités, des pouvoirs et des avantages matériels liés à ce corps pour leur permettre d'y exercer un métier jusqu'alors très prisé et auquel le stage long de préfecture prédisposait nombre d'entre eux.

Ce n'est donc que contraints et forcés, par l'implacable logique du classement, que beaucoup d'énarques intègrent, avec le titre d'administrateur civil, les lourdes machines bureaucratiques des autres ministères, de l'Industrie aux Affaires sociales, de l'Agriculture à l'Éducation nationale et il est significatif de constater, au moment de l'amphi-garnison, la déception de ceux qui sont contraints d'aller dans les ministères sociaux dont la cote est au plus bas. Connaissant les réticences des élèves à se couler dans le moule de l'administrateur civil « ordinaire », les administrations ont d'ailleurs pris l'habitude d'offrir, pour calmer les douleurs d'une sortie peu conforme aux espoirs nourris à l'entrée, des postes dits de « chargés de mission ». Le but, là encore, est de permettre à l'énarque malchanceux d'échapper aux contraintes du quotidien administratif en le plaçant, dès la sortie de l'École, hors hiérarchie, le plus souvent auprès d'un directeur d'administration centrale pour y exercer une « mission » particulière — pas toujours très précise d'ailleurs —, mais qui offre l'avantage appréciable de côtoyer de plus près le pouvoir, de se faire remarquer, de concevoir et non de gérer.

Au bout de quelques années de souffrances à la base, on constate aussi la forte propension des énarques à s'évader vers les « administrations de mission », autre moyen très recherché pour ne plus être un administrateur civil comme les autres. Elles ont fleuri depuis la fin des années 60, précisément pour échapper aux contraintes bureaucratiques et budgétaires administratives classiques. Elles offrent donc aux énarques en quête de liberté des champs privilégiés pour agir hors des cadres étouffants des bureaux de la rue de Varenne, de la rue de Grenelle ou de l'avenue de Ségur, tout comme les postes en détachement dont la croissance fut aussi très significative dans les dernières années.

Enfin, parmi les plus prisées des stratégies d'évasion, l'entrée dans les cabinets ministériels, les services du Premier ministre et le secrétariat général de la présidence de la République, reste, après la sortie de l'ENA, l'ambition secrète de nombre de jeunes diplômés de la rue de l'Université. A cela trois raisons essentielles : le prestige et le pouvoir qui s'attachent à ces fonctions, l'intérêt très réel du travail accompli, le coup de pouce significatif qui en résulte le plus souvent en terme de carrière. Que l'on soit issu d'un grand corps — et leurs membres sont très nombreux dans les cabinets ministériels — ou simple administrateur civil, le passage auprès d'un ministre, du premier d'entre eux ou du chef de l'État présente en effet toutes les caractéristiques attendues par l'énarque lorsqu'il sort de l'École. Au-dessus des hiérarchies administratives, il *surfe* en état d'apesanteur sur les vagues paperassières des gestionnaires du quotidien. Du fond de son bureau empire, il oriente, décide, tranche, reçoit, arbitre, absout, condamne, croule sous les appels incessants des nombreux téléphones qui le relient aux autres cabinets, nourrit de notes au ministre un secrétariat actif et efficace qui bourdonne comme une ruche du matin au soir, saute fébrilement dans une voiture, bardé de dossiers, pour représenter son ministre aux grand-messes interministérielles de Matignon, arrive tôt le matin, contemple furtivement dans ce tourbillon incessant les photos de ses chérubins qui trônent sur son bureau et, enfin, suprême signe du pouvoir, est au bureau le samedi et pousse même le luxe jusqu'à y passer discrètement une heure ou deux les dimanches et jours fériés. La vraie vie quoi, bien remplie, 350 jours par an, car il est malséant de prendre plus de quinze jours de vacances, avec en prime le pouvoir, là, tout près, derrière cette porte capitonnée qu'avec un peu de chance il peut franchir plusieurs fois par semaine, le saint des saints, le bureau du ministre, le ministre lui-même, en chair et en os, dont on attend presque, si par malheur on avait les écrouelles, qu'il vous les guérisse comme jadis les rois de France. Comme de surcroît, le passage dans un cabinet ministériel, à Matignon ou à l'Élysée, est aussi une accélération de particules énarchiques en termes de carrière, on comprend l'engouement sans réserves que suscitent ces postes pour échapper au lot commun des « camarades de promotion » qui restent attachés à leurs bureaux comme les serfs à la glèbe, font plutôt dans le genre « vie quotidienne au ministère machin sous... » que « Les Riches Heures du Duc... » et sont plus proches de l'univers d'Hector Malot que de celui de Paul-Loup Sulitzer. Ainsi, tout est bon pour se placer hors hiérarchie, les contourner et retrouver, hors les lourdes machines bureaucratiques, le destin jadis attaché au statut d'énarque.

Enfin, il y a la politique, fantasme suprême, nourri d'ailleurs par la réalité puisque l'ENA fabrique périodiquement un président de la République, un Premier ministre, des députés, des maires de grandes villes, etc. Combien ont dû rêver, le soir du débat Chirac-Fabius, d'être, vingt ans après, sur la quatorzième chaîne, face aux Pierre-Luc Séguillon et Anne Sinclair de l'an 2005 et surtout aux millions de téléspectateurs fascinés par ce titanesque combat, comme on peut l'être par deux boxeurs au sommet de leur art un soir de championnat du monde ! Le parcours ici est simple. Encore faut-il ne pas rater le coche. D'abord, le groupe d'experts pour se faire les dents et se faire connaître, puis le cabinet ministériel et enfin, consécration suprême, le suffrage universel : maire aujourd'hui, avec un zeste de conseil général ou de conseil régional, député demain, ministre après-demain, puis, qui sait ce que réserve l'avenir pourvu qu'une bonne fée se penche sur ce mâle destin ! Alors oui, Roger Fauroux a raison lorsqu'il affirme la vocation de l'ENA à fournir des administrateurs de ministère, mais force est de constater que beaucoup de ceux qui y entrent — et les anciens des autres grandes écoles ne sont pas les derniers à cet égard — rêvent de bien autre chose. Ils sont mus par le fantasme de l'évasion hors des sentiers battus de la gestion administrative et l'on a vu tous les moyens dont ils disposent « pour se faire la belle » vers des cieux plus cléments que les tristes bureaux qui s'égrènent le long des interminables couloirs mal éclairés des bastilles ministérielles. Tous veulent ainsi échapper à leur sort et si tous n'y réussissent pas, le fait que nombre d'autres eux y parviennent alimente sans cesse ce fantasme dont le pouvoir n'a jamais été aussi fort. L'ENA accueille les évadés des autres grandes écoles. Ils y cherchent ce que leur première et pourtant prestigieuse peau d'âne ne leur a pas donné. Une fois entrés, avec les autres, ils se prennent à rêver des grands corps, des administrations de mission, des cabinets ministériels, des mandats électifs pour encore une fois s'évader vers les sommets du pouvoir et y trouver, avec la considération sociale, l'intérêt professionnel.

A contrario, c'est donc que les débouchés, offerts

aujourd'hui aux élèves des grandes écoles, ne correspondent pas à ce qu'ils en attendent et sans doute aussi que les structures qui les accueillent n'en retirent pas les bénéfices espérés. Double déception qui résulte de la dérive des grandes écoles. Dans un environnement qui s'est profondément transformé depuis trente ans, les produits que fabriquent nos grandes écoles les plus prestigieuses ne correspondent plus aux finalités qui leur sont assignées. Elles exercent un attrait qui ne se dément pas car elles ouvrent, pour certains de leurs anciens, les postes de la nomenklatura administrative, économique et politique, mais vivent une très profonde crise d'identité dans leur fonctionnement interne, crise qui n'épargne pas ceux qui, pour être de prestigieux diplômés, n'en restent pas moins dans les circuits professionnels classiques (enseignants, administrateurs de ministère, ingénieurs des grands corps de l'État ou du privé, cadres de gestion des entreprises) et n'accèdent pas au statut envié de nomemklaturiste.

CHAPITRE DEUXIÈME

N'être formé à rien pour avoir toutes ses chances : les grandes écoles sans contenu

La longue course d'obstacles qui conduit au statut envié de diplômé des grandes écoles est un modèle de sélection particulièrement perfectionné. Comme toute sélection, celle-ci fonctionne selon le principe de l'entonnoir. Dans un premier temps, via les classes préparatoires, on trie les meilleurs bacheliers en les spécialisant dans les khâgnes, taupes, préparations HEC, au sein desquelles les études sont concentrées sur des axes principaux (littéraire, scientifique, économique) et des spécialités à l'intérieur de ces axes. Le concours d'entrée opère la sélection finale : les recalés, après une ou deux tentatives, rejoignent les universités, au sein desquelles ils réussissent d'ailleurs souvent très bien grâce aux inestimables acquis de ces classes de choc que sont les prépas, et les reçus, survivants de ces bataillons commandos, entrent dans la grande école de leurs rêves. Là, alors que l'on s'attendrait à trouver un enseignement plus spécialisé destiné à former des « hommes de l'art » rompus à une ou plusieurs techniques bien précises, le contenu des études est au contraire de plus en plus marqué par la pluridisciplinarité, voire l'omnidisciplinarité et le saupoudrage de connaissances générales, imprécises, hétéroclites. On y apprend peu dans le maximum de matières. Davantage que des contenus, on apprend, dans les meilleurs des cas, à réfléchir, à rédiger, à parler, à analyser. Ainsi, alors que la sélection des hommes répond au principe de l'entonnoir pour obtenir, à partir du vivier des bacheliers, le millier de diplômés dont ces grandes écoles ont besoin, l'acquisition des connaissances répond, elle, à une logique inverse. On passe d'une culture générale, littéraire, scientifique et économique, dans les prépas, à une culture plus générale encore pendant la scolarité dans les écoles. Ce constat confirme la dérive de nos grandes institutions qui, tournant le dos à la spécialisation, forment donc des « hommes à tout faire » au terme de trois à quatre ans d'études sans contenu. Les diplômés qui en sortent sont davantage des pseudo-professionnels que des techniciens, quant ils ne professent pas, pour les techniques qu'ils devraient maîtriser, le mépris un peu hautain qu'ont les décideurs pour ceux qui ont les mains dans le cambouis. De ce paradoxe résultent tout à la fois la fréquente déception des employeurs quant aux compétences des diplômés de ces écoles qu'ils recrutent, mais aussi l'extrême disparité des destins individuels, la multitude des ambitions déçues comme l'exemplarité des réussites les plus brillantes. Plus que le contenu de la scolarité et la formation acquise — les deux tournant le dos à l'apprentissage d'un métier alors que telle était bien la finalité de ces grandes écoles, finalité que réaffirment ceux qui en ont la charge —, c'est donc le classement de sortie, les ressources personnelles de l'individu, les hasards de la vie et de la politique, qui décident du sort, plus ou moins glorieux, des diplômés issus des ENS, d'HEC, de l'ENA et de Polytechnique.

A — Le parcours du combattant : les classes préparatoires

A l'heure actuelle, une classe d'âge comprend 800000 à

900000 enfants et environ 170000 d'entre eux obtiennent le baccalauréat, auxquels il faut ajouter encore 75000 titulaires de baccalauréats de techniciens, qui ne sont guère concernés par le recrutement des prépas. 40000 d'entre eux vont entrer dans les classes préparatoires aux grandes écoles installées dans près de 250 lycées dont près de 70 % hors de Paris et de la région Ile-de-France. Le recrutement des élèves répond à une très stricte sélection, sur dossier, compte tenu des résultats scolaires du prétendant et de ses notes au baccalauréat. Ce sont donc les établissements secondaires et non les écoles qui présélectionnent ceux qui pourront, deux ans plus tard en général, passer le concours d'entrée. Pour les titulaires du bac C, par exemple, (30000 environ chaque année), 10000 d'entre eux entrent en « taupe », c'est-à-dire en mathématiques supérieures (1re année de taupe) et 6500 en mathématiques spéciales (2e année de taupe) où ils présenteront pour la première fois les concours, avec possibilité de redoublement pour se présenter une deuxième fois en cas d'échec. Ainsi, pour une promotion de l'ordre de 350, seul 1 % des bacheliers C entrent, deux ou trois ans plus tard, à Polytechnique. La proportion des bacheliers A entrant dans les sections littéraires des écoles normales supérieures Ulm-Sèvres et Saint-Cloud-Fontenay est encore plus faible. Ces chiffres parlent d'eux-mêmes : non seulement la sélection pour entrer en prépa est sévère, mais les difficultés de la scolarité — grande capacité de travail, aptitude à la réflexion et à l'effort d'analyse et de synthèse, maîtrise d'une vaste gamme de disciplines — et bien sûr le haut niveau des concours d'entrée, opèrent sur la masse des bacheliers (20 % d'une classe d'âge) un écrémage draconien qui assure aux grandes écoles, et surtout aux plus prestigieuses d'entre elles, le meilleur niveau de recrutement possible. Faisons ici immédiatement justice de l'accusation classique lancée contre ces grandes écoles à haute sélection, celle de ne pas être « démocratiques », avec le débat subséquent sur les voies et moyens pour « démocratiser » l'accès de ces institutions. Leur mode de recrutement est, en effet, le moins démocratique qui soit, à l'exception de tous les autres : le concours permet à n'importe quel jeune homme ou jeune fille d'accéder, en principe, à ces grandes écoles comme aux autres. S'il est plus difficile, pour des enfants de paysans, d'ouvriers, de gens modestes que pour les enfants des familles traditionnellement placées aux sommets de la société, d'intégrer l'une ou l'autre d'entre elles, c'est qu'il leur faut, dès l'enfance, franchir beaucoup plus d'obstacles. Ces handicaps sociaux et culturels, c'est à la maternelle, au primaire, au secondaire de les corriger, de les atténuer, comme à l'ensemble de la politique sociale et culturelle des pouvoirs publics. Que les pesanteurs sociales soient trop lourdes encore dans notre pays est une évidence. Que l'on accuse les grandes écoles, au bout de l'entonnoir, de refléter, dans leur recrutement, ces pesanteurs sociales et les condamner à ce motif de pécher par élitisme et manque de démocratisation est évidemment absurde : le vivier dans lequel puisent les grandes écoles leur est fourni très en aval par un système scolaire qui en a, dès l'enfance souvent, pré-déterminé la composition. L'origine sociale des élèves s'est ouverte déjà beaucoup depuis vingt ou trente ans parce que l'enseignement et la société se sont démocratisés et c'est la poursuite de ce mouvement qui permettra de continuer ce processus au demeurant souhaitable. De grâce, cessons de confondre causes et conséquences si l'on veut cesser de polluer de nécessaires débats par des fallacieux arguments de séances ! Ceci d'autant plus que précisément, pour les grandes écoles qui débouchent sur la fonction publique (ENA, les ENS et Polytechnique), l'on constate — et ce n'est pas une surprise pour l'historien — que l'Administration a été et continue à être, y compris à ce niveau de concours, un secteur important de promotion sociale pour les enfants et surtout petits-enfants — car il y faut souvent deux générations — de familles modestes, souvent d'origine provinciale. Qu'il y ait, en dehors même de l'évolution de la société et du système scolaire, des actions à mener pour étendre et diversifier le recrutement des cadres supérieurs de la nation est une autre évidence. Elles relèvent alors d'une stratégie de rattrapage qui ressort davantage de la diversification des origines professionnelles que de la démocratisation proprement dite pour donner, par exemple à la haute fonction publique, une variété qui reflète mieux la diversité de la nation en ouvrant plus largement son accès à des personnes qui ont fait leurs preuves ailleurs, dans d'autres filières de formation ou dans d'autres cheminements professionnels.

Ainsi, ce sont donc 40000 bacheliers, issus des diverses filières du baccalauréat qui, chaque année, entrent dans ces commandos de choc, les prépas, pour lancer leurs assauts contre ces citadelles inexpugnables. Commence alors, entre 17 et 19 ans en moyenne, le parcours du combattant des khâgneux, taupins et autres préparationnaires. Les classes préparatoires, on l'a dit, sont installées dans les lycées et constituent donc, par ville et par région, le regroupement des meilleurs bacheliers. Elles sont donc un prolongement des études secondaires, non seulement par les lieux mais aussi par les méthodes et le contenu des enseignements qui y sont dispensés. L'élève de prépa présente toutes les caractéristiques du lycéen prolongé, du très bon lycéen, du « polar » qui « bachotte » deux ou trois années durant avec un seul but, une seule idée, la réussite au terme de cette ascèse monacale. Tout conduit à le couper de la vie et du monde. Le lycée, malgré les évolutions récentes — et elles sont positives — reste un lieu clos, aux règles bien précises, beaucoup moins ouvert sur l'extérieur que l'Université. L'élève de prépa n'a aucune marge de manœuvre personnelle, il est encadré, cerné de toutes parts, emmuré dans les contraintes propres à la filière noble qu'il a choisi. Le nombre d'heures de cours, l'étendue des programmes à boucler impérativement, la masse de travail exigée pour suivre, passer en deuxième année d'abord, se présenter au concours enfin avec des chances de succès, tout cela génère une tension intense pour des adolescents prolongés dont les ressources physiques et intellectuelles sont mises à rude épreuve. Cela vaut pour l'ensemble des prépas et plus particulièrement pour les « taupes », dont le nom est particulièrement évocateur : « L'élève travaille comme une "brute" dans le seul but d'être reçu » (rapport Schwartz). C'est le trou noir, le tunnel, pendant deux ou trois ans, sans autre détente que furtive, volée aux nécessités du genre, à un âge où tout porte au contraire à découvrir le monde et à en goûter les plaisirs. Le prix à payer pour postuler à l'un de ces nobles concours est élevé, on ne le dira jamais assez. Je me souviens de mes années de prépa, au milieu des années 60, dans la dernière cour d'un lycée-caserne de province, dans une classe triste très IIIe République, un lycée tout de pierres froides et noires où les pions ne nous ménageaient guère plus que les élèves de sixième et surveillaient avec attention la longueur de nos cheveux et la tenue de nos blouses grises d'internes. Nous étions tous là, côte à côte, les taupins, les cloutiers, les « épiciers » (nous nommions ainsi ceux qui préparaient HEC) à mariner dans ce bouillon de culture littéraire, scientifique ou commerciale qu'il nous fallait ingurgiter coûte que coûte, frôlant souvent l'indigestion, tant le potage était parfois épais. Pour nous, les cloutiers, les littéraires, les épiciers n'étaient que des amateurs — pensez donc, ils apprenaient à vendre, pouah ! — et les taupins des abrutis, dressés à ingurgiter des équations à longueur de journée sans que nous comprenions à quoi pouvaient bien servir ces mathématiques, auxquelles nous étions depuis de si longues années réfractaires, et ne concédant à la distraction que quelques minutes consacrées à la lecture d'Astérix dont ils faisaient leurs choux gras, ponctuant chaque page de grands rires sonores qui nous faisaient douter de leur QI ! Et puis il y avait nous, les littéraires, les cloutiers, pas le haut de gamme car nous ne préparions pas la rue d'Ulm, mais le dessus du panier quand même. Nous, nous passions notre temps à réfléchir : de la philosophie bien sûr, de Platon à Leibniz, de Descartes à Sartre, de Kant à Marx, de la littérature, en abondance et en détail, avec un programme bien précis dont l'ouverture au monde contemporain n'échappera à personne : Racine qui pleure avec Andromaque et son « je ne l'ai point encore embrassé aujourd'hui » et Racine qui rit avec les Plaideurs et leur « ils ont pissé partout » ; Mme de La Fayette et sa toujours triste Princesse de Clèves, que Marina Vlady, épatante dans la transposition cinématographique de cette belle œuvre, n'arrivait pourtant pas à nous rendre désirable ; Maupassant et son ambitieux Bel Ami avait au moins le mérite de nourrir nos fantasmes, de nous faire rêver à une possible et fulgurante ascension par les femmes, auxquelles nous songions bien sûr, comme les autres de notre âge, mais à la dérobée, faute de temps ; Victor Hugo et ses poèmes grandiloquents, style « Ce siècle avait deux ans », pour nous à qui ces deux ans à besogner sur un tel programme pour entrer dans cette école mythique paraissaient un siècle ; Giraudoux enfin, folle incursion dans l'actualité, hardiesse insoupçonnée des « inventeurs de programmes de concours du ministère de l'Éducation nationale » et *Electre* dont nous ne retenions qu'un vers plein de promesse : « Cela porte un joli nom, cela s'appelle l'Aurore », quand s'ouvriraient toutes grandes les portes de la cathédrale de Saint-Cloud pour ordonner parmi nous trois, peut-être quatre, mais lesquels, grands prêtres du savoir. Et puis l'histoire, évidemment la France de 1914 à 1939, mais aussi, pour les optionnaires, ceux qui se destinaient au professorat en cette matière, les Empires espagnols et portugais et les despotes éclairés de l'Europe pré-révolutionnaire ; et puis la géographie, et puis les langues et quand même, *mens sana in corpore sano*, un peu de sport dans une salle de gym mal équipée, comme il se doit, et le traditionnel match de foot qui délasse les élèves et repose le professeur dans une cour triste et gravillonnée propice à toutes les éraflures, pour rappeler à ces purs esprits qu'ils ont aussi un corps et que l'on peut en souffrir. Quant à nos professeurs, sérieux comme des papes, tous agrégés bien sûr, très IIIe République eux aussi, solides et tristes comme les murs du lycée, ils dispensaient le savoir avec la rigueur de grands professionnels blanchis sous le harnais. L'accès au professorat de prépa, c'est comme les palmes académiques, cela s'obtient sur le tard, pour mérites reconnus et services rendus. Cet enseignement classique, au contenu classique, selon des méthodes classiques : nous l'écoutions : ils parlaient, nous prenions des notes, ils distillaient leurs cours, nous grattions à n'en plus finir nos feuilles blanches pour perdre le moins possible de cette substantifique moelle qui, apprise et réapprise, nous permettait de traiter les dissertations qui nous étaient proposées : commentez ce jugement de Kléber Haedens sur *Andromaque.* J'ai oublié mais ce devait être très pertinent, du genre « ne pensez-vous pas qu'à certains moments le tragique frôle le comique » et nous de dire que bien sûr, *Andromaque* est une tragédie mais qu'à vrai dire, certains passages, en effet, pouvaient prêter à rire, mais qu'il ne fallait pas oublier le contexte, et la sauvagerie de Pyrrhus avec « ses yeux étincelants, entrant à la lueur de nos palais brûlants, sur tous nos frères morts se frayant un passage » et que c'était là tout le talent, reconnu au demeurant, de l'auteur, Jean Racine, que de détendre épisodiquement l'atmosphère de ce drame torride, par quelques clins d'œil à la comédie, où il excellait d'ailleurs comme en témoignent *Les Plaideurs* (notre clin d'œil à nous, sur les programmes et le correcteur : quel à propos, quelle culture !) mais subtilement, en évitant tout dérapage, relâchant la tension pour mieux la faire monter ensuite jusqu'à l'hécatombe finale de fureur et de sang. Bravo, oui Kléber Haedens a raison et Racine est excellent. La copie aussi, enfin on l'espère, surtout le jour du concours, car c'est bien pour cela que nous passions des samedi et des dimanche à disserter ainsi au lieu d'aller en boîte danser au son des Beatles ou au cinéma voir *Pierrot le Fou*, la tête doucement abandonnée sur l'épaule douce et moelleuse d'une Dulcinée de rencontre. Bien sûr, il y avait le théâtre à la maison de la culture — Brecht oblige —, le Ciné-Club à Antonioni obligatoire et puis le café, pas très loin du lycée : « Chez Yvette », c'était comme « Chez Lorette » dans Michel Delpech, flipper en plus et nanas en moins, en tout cas pour nous, qui n'y passions que le temps d'un café. Et la « boum » annuelle, mais c'était « la » boum, il n'y en avait pas d'autres, pas de « boum 2 », pas de « boum 3 », non, une seule, entre nous, garçons et filles de la prépa Saint-Cloud et, pour adoucir nos rudes journées, mettre un peu de ciel bleu dans cette vie austère, c'était le moment où jamais. Je sais que les lycées ont changé, les programmes évolué, la jeunesse des prépas aussi, comme les autres jeunesses, mais enfin, c'était comme cela il y a vingt ans et au fond, aujourd'hui, toutes choses égales par ailleurs, est-ce bien différent ? L'excellent rapport Schwartz de 1981 sur l'Éducation, morceau de choix des travaux de la Commission du bilan, aussitôt écrit, aussitôt enterré, dans son chapitre sur les grandes écoles, notait à propos des taupes : « L'hypotaupe et la taupe sont des enseignements du type lycée, non du type université. L'élève de taupe entrant dans l'école où il a été reçu manque considérablement de maturité... l'enseignement du lycée est sans doute trop scolaire et laisse trop peu de place à la recherche, à l'initiative personnelle. C'est encore plus vrai en taupe ! Pas à cause des professeurs mais à cause du programme et de la concentration totale (on a parfois dit totalitaire) sur le concours. On n'y peut rien, la préparation de tels concours ne s'accompagne pas de recherche, de déviances par rapport à la ligne droite. L'élève de lycée n'a jamais pris goût à la recherche, il ne sait pas ce que c'est et s'il l'a su, il l'oublie en taupe. » Tout cela reste valable en 1987, à peu de choses près et dans tous les types de préparations. Ainsi, l'élève de prépa reste un lycéen prolongé, peu branché sur la vie et le monde, suivant un enseignement scolaire dans ses contenus et dans ses méthodes. Il vit un sacerdoce, presque hors du temps, coupé de la recherche, prisonnier de contraintes qui interdisent toute initiative personnelle et sa maturité, sa capacité de faire, au-delà de celle, nécessaire, d'apprendre, n'est pas développée pendant ces années pourtant décisives pour lui à bien des égards. Est-ce à dire que tout est négatif dans cet enseignement noble pour filière d'élite ? Non, bien sûr, car, comparé au premier cycle des universités, la formation reçue y est sans commune mesure. La solidité des connaissances acquises et des méthodes de travail porte ses fruits bien au-delà, pour ceux qui réussissent comme pour ceux qui échouent. Sa valeur en est attestée par la réussite universitaire des anciens des prépas qui empruntent, après échec aux concours d'entrée, les circuits normaux des facultés. Cela tient bien sûr pour une part au niveau initial des élèves des prépas, choisis parmi les meilleurs bacheliers, mais aussi à la valeur ajoutée par ces années de travail intensif et à la qualité des enseignants, eux-mêmes triés sur le volet et jugés — chose exceptionnelle dans notre système éducatif — sur leurs résultats, le nombre et le rang de leurs élèves reçus aux concours. Comme le notait très justement le rapport Schwartz : « Un lycée ne peut pas se permettre de mettre en enseignement de taupe un professeur qui n'est pas capable ; un professeur de taupe ne peut pas se permettre d'échouer dans son enseignement. » S'il est une chose qui fait des prépas une planète à part dans la galaxie scolaire, c'est bien celle-ci et l'on ne peut que s'en réjouir ! Le revers de la médaille est évidemment le conformisme de ces enseignants, induit d'ailleurs par les exigences du concours, leur coupure de la recherche (puisqu'à la différence des universitaires et à l'image des professeurs du secondaire, ils ne sont pas enseignants-chercheurs), leur peu de contact avec les écoles auxquelles ils préparent leurs élèves car leur mission se limite à bien préparer leurs ouailles à la réussite aux concours.

Ainsi vont les prépas, au fond semblables à elles-mêmes,

depuis qu'existent les grandes écoles dont elles ouvrent l'accès, au terme d'un intense effort individuel, à quelques-uns seulement de leurs élèves, s'agissant du carré d'as, à beaucoup d'entre eux si l'on prend en compte l'ensemble des écoles d'ingénieurs et de commerce.

Voilà donc le contexte dans lequel sont formés les meilleurs de nos bacheliers, la « crème » des terminales des lycées, des milliers d'élèves, notamment scientifiques, qui seront, à la sortie de nos grandes écoles, les ingénieurs, les professeurs, les cadres supérieurs des entreprises de la France de l'an 2 000, la future élite de la nation. Ce système présente trois inconvénients majeurs :

— Formalisme des études, dans un milieu clos, peu ouvert au monde, et conçues autour d'un programme encyclopédique nécessitant un bachotage intense mais peu d'imagination.

— Coupure radicale des élèves et des enseignants de la recherche et plus généralement du savoir-faire pratique au bénéfice de l'acquisition d'une culture théorique, fût-elle excellente.

— Accélération du déclin de l'Université qui se trouve privée, par le *kidnapping* des meilleurs par les prépas, de ceux dont les performances au lycée et au baccalauréat pourraient apporter un peu de dynamisme à la masse des étudiants et de stimulant intellectuel pour les professeurs. Cet écrémage s'est fait progressivement, depuis deux cents ans maintenant, pour les raisons que l'on sait et jamais l'Université n'a réagi, comme « résignée à son sort en face d'écoles dynamiques dans la conquête des meilleurs étudiants » (rapport Schwartz), alors que, malgré ses défauts, elle est malgré tout un milieu potentiellement plus ouvert sur la vie, plus pratique dans ses enseignements, plus attentive à la recherche, que ne le sont les prépas.

Au terme d'un rude parcours du combattant, on s'attendrait à ce que nos futurs ingénieurs, (dont dépend beaucoup la réussite de la technologie et de l'industrie française), nos futurs cadres « commerciaux », (dont les entreprises ont besoin pour serrer leur gestion et gagner des marchés au-dedans et au-dehors), nos futurs agrégés enseignants des lycées et universités (qui devront être les fers de lance de la décisive bataille de la formation), nos futurs administrateurs (qui seront confrontés à la nécessaire modernisation de l'État, de ses modes de gestion, de ses modes de relations avec ceux qui ne sont plus des « usagers », « des administrés », mais des « consommateurs d'administration » comme ils le sont de bien d'autres produits), se frottent enfin au terrain, à la vie, aux réalités, se préparent par de vraies manœuvres grandeur nature aux combats professionnels qu'ils auront à livrer. Or, il n'en est rien, ou si peu, à tel point que loin d'être corrigés par la scolarité des grandes écoles, ces travers sont soit entretenus, soit aggravés. C'est là que le bât blesse le plus.

B — Le repos du guerrier : la scolarité dans les grandes écoles

Il faut ici distinguer deux types de grandes écoles. Les unes (les ENS) ont certes une scolarité propre mais leurs élèves suivent, dans les universités, un cursus normal d'examens et de concours (CAPES, agrégation). Les autres (HEC, X, ENA), comme d'ailleurs toutes les autres grandes écoles d'ingénieurs ou de commerce, ont une scolarité interne, des examens et des concours internes.

1. Les ENS : comment devenir professeur sans y avoir été préparé ?

N'oublions pas, en effet, que les écoles normales supérieures ont une finalité professionnelle bien définie, celle de former de futurs agrégés, pour l'enseignement secondaire, les universités (ce sont alors des enseignants-chercheurs astreints à produire des travaux de recherche), la recherche (CNRS en particulier et surtout pour les scientifiques). Elles recrutent par concours des promotions de scientifiques et de littéraires (de l'ordre d'une cinquantaine par spécialité pour chacune des quatre écoles, ceci avant leur fusion dont je parlerai par la suite) dans les khâgnes et les taupes. La scolarité y dure quatre ans et permet de préparer une maîtrise, c'est-à-dire le second cycle des universités, d'entamer un troisième cycle (thèse, diplôme d'études approfondies) et de se présenter à l'agrégation qui est le but ultime, naturel, du normalien et lui ouvre les portes de l'enseignement et/ou de la recherche. La particularité des ENS par rapport aux autres grandes écoles résulte donc de la nature universitaire de l'ensemble de ces diplômes : les cours se prennent à l'université, les examens se passent à l'université, les concours en concurrence avec les étudiants. L'école en elle-même ne donne au normalien aucun diplôme particulier, ne délivre aucun titre, le seul avantage visible étant le salaire (de l'ordre de 6000 francs par mois), la possibilité d'être logé et nourri par l'école pour ceux qui le souhaitent à des conditions très avantageuses (500 francs par mois environ), le tout contre un engagement de dix ans au service de l'État (quatre ans de scolarité, six ans d'activité professionnelle après la sortie). Est-ce à dire que la réussite — difficile — à un concours prestigieux — et de haut niveau — ne donne à ces heureux normaliens rien d'autre qu'un statut d'étudiant privilégié sur le plan matériel, des provisions de bouche, le gîte assuré et un pécule appréciable, pour franchir confortablement les années d'étude qui conduisent à l'agrégation ? S'il en était ainsi, bien maigre serait la récompense, eu égard aux efforts déployés, aux sacrifices consentis durant les deux ou trois années de préparation et l'on serait enclin à se demander si le jeu en vaut la chandelle. Il y a donc d'autres avantages non écrits pour expliquer l'engouement que suscitent, encore aujourd'hui, les concours d'entrée aux ENS. Le premier d'entre eux est la rente de situation donnée par le niveau acquis et sanctionné positivement par la réussite au concours, niveau qui permet de réussir sans encombres le deuxième cycle des universités en se reposant paisiblement des efforts accomplis pour réussir le concours. On objectera que cela vaut aussi pour un certain nombre de recalés, les meilleurs d'entre eux, qui se retrouvent à l'Université après leur échec. C'est vrai, mais dans une certaine mesure seulement. Le recalé subit, en effet, le traumatisme de l'échec et la dépression physique et psychologique qui en résulte, surtout pour ceux qui avaient toutes les raisons d'espérer. Le confort matériel donne aux normaliens la sérénité nécessaire pour cultiver leurs acquis sans soucis et faire fructifier tranquillement leur capital de connaissances et de méthodes. De plus, l'atmosphère de l'école qui réunit quelques dizaines de jeunes, doués et motivés, est un stimulant non négligeable. Enfin, l'école offre aux normaliens quelques atouts supplémentaires : bibliothèques bien sûr, mais surtout, en sus des cours à l'Université, un encadrement de professeurs disponibles pour toute aide et conseil et quelques cours supplémentaires qui fournissent aux élèves le « je ne sais quoi » sans lequel un bon étudiant n'atteint jamais les sommets. Il reste que l'école, avant l'agrégation, est d'abord un lieu confortable matériellement et intellectuellement, pour récupérer des fatigues accumulées en prépa et engranger en toute décontraction le second cycle des universités. Après les commandos de choc, c'est bien le repos du guerrier; après le front, la ville de garnison, loin des tensions imposées par la concurrence et la compétition. On pourrait s'attendre à ce que ces années calmes soient mises à profit pour entamer, au-delà de l'acquisition des connaissances, une formation professionnelle spécifique à l'enseignement et à la recherche (le niveau de recherche exigé par la maîtrise universitaire étant modeste), une préparation aux métiers auxquels destinent en théorie les ENS, mais il n'en est rien.

Vient alors le temps fort de la scolarité, l'agrégation. Comme il y a des « boîtes à bachot », les ENS peuvent être considérées comme des « boîtes à agreg » et tel est bien l'élément essentiel du statut de normalien : la réussite quasiment assurée, et dans un bon rang, à l'agrégation. Entre novembre et avril de chaque année scolaire, le petit cénacle des agrégatifs bourdonne comme une ruche. En théorie, les universités préparent aussi à ce concours mais la sanction n'est plus donnée par l'Université et les normaliens n'y sont plus guère assidus, d'autant qu'ils disposent au sein de l'Ecole d'un remarquable arsenal de combat. C'est sur l'agrégation qu'est concentré l'essentiel des moyens en hommes et en matériels des ENS. Le programme est labouré, trituré, tourné et retourné dans tous les sens par les professeurs agrégés attachés aux ENS, enseignants de qualité, d'un rare dévouement, d'une disponibilité exceptionnelle, jamais avares de leur temps et de leur travail pour assurer le succès de leurs ouailles au concours. Pour chaque question, un ou plusieurs d'entre eux distillent à haute dose toutes les connaissances dont le normalien aura besoin pour passer l'épreuve dans les meilleures conditions possibles. Combien d'entre nous, de toutes générations, leur sont redevables d'un titre dans l'acquisition duquel ils ont eu une si grande part. Beaucoup mériteraient de sortir de l'ombre, eux, ces soutiers de l'agrégation, qui nourrissent sans relâche de leurs pelletées de connaissances, ces chambres de combustion que sont les promotions d'agrégatifs. Toujours, ils poussent les feux pour donner à ces « boîtes à agreg » le rendement maximum et les résultats sont là : à pleine vitesse, toute la couvée franchit allègrement l'obstacle et s'il y a quelques ratés, ils sont davantage imputables à l'agrégatif qu'au « caïman » (surnom traditionnel de ces enseignants). Dès les résultats de l'écrit, le bachotage se poursuit, toujours aussi intense, pour l'oral (compléments de connaissances et entraînement aux épreuves) et, fin juillet, les uns avec le titre en poche, les autres avec la satisfaction du devoir accompli, partent savourer des vacances bien méritées. L'école a rempli son office, son mérite se mesure au nombre et au rang de ses agrégés. C'est beaucoup et c'est peu. Au terme de cette scolarité qui n'est intensive que pendant sept-huit mois de préparation à l'agrégation, rien n'a été fait pour donner aux normaliens une véritable formation professionnelle. Cela est surtout vrai pour les littéraires et pour ceux qui deviendront ensuite enseignants. Pour les scientifiques qui choisiront la recherche, la situation est un peu différente. Les laboratoires des ENS, surtout à Ulm, sont de très haut niveau et grand nombre des meilleurs chercheurs, notamment en mathématiques appliquées et physique, y travaillent.

Cette absence de formation professionnelle véritable, dont souffrent aussi bien sûr les étudiants qui réussissent au CAPES et à l'agrégation, n'était guère dommageable, pour l'enseignement en particulier, tant que les normaliens agrégés connaissaient le destin classique à eux réservé, avant l'explosion des Trente Glorieuses. Ils avaient acquis des connaissances, une culture, selon les méthodes classiques et devaient les transmettre tout aussi classiquement à des publics privilégiés, performants, motivés, triés sur le volet. Jusqu'aux années 60 en effet, les normaliens agrégés, les ulmiens en particulier, régnaient sans partage sur l'Olympe universitaire. A eux les terminales chic des lycées choc, les classes préparatoires les plus performantes, les fulgurantes carrières universitaires, l'inspection générale, la Sorbonne, le Collège de France, l'Institut, les Écoles de Rome et d'Athènes, etc. Comme beaucoup d'anciens s'illustraient par ailleurs dans la littérature, la politique ou la recherche (ainsi en est-il de l'excellente école française de mathématiques) et que leur « gloire rejaillissait sur l'ensemble du corps, tout cela concourait à une réputation appuyée sur un pouvoir redoutable[1] ». Mais, depuis lors, bien des choses ont évolué et l'acteur shakespearien n'est pas forcément doué

1. F. Gaussen, *Le Monde*, 15 mai 1986.

pour les pièces de boulevards. Le théâtre de leurs exploits a changé de décor et ce décor ne les inspire guère, surtout les littéraires. Ils ont pris de plein fouet la vague déferlante de la démocratisation du secondaire et du supérieur, l'inflation des élèves et étudiants, le recrutement massif de professeurs, suivi dans les années 70 par un blocage quasi total des carrières. Dilués dans une masse d'enseignants venue de tous horizons, corsetés par ces machines à éduquer que sont devenus lycées et universités, mis à mal par des auditoires hétéroclites peu sensibles au charme désuet de leur académisme, pris dans le tourbillon des tumultes lycéens et universitaires postérieurs à 1968, les normaliens agrégés ont quitté les eaux calmes d'un enseignement élitiste dispensé par des troupes d'élite pour les eaux troubles d'un enseignement de masse qui tient davantage d'une bataille désordonnée que d'une parade militaire. Aucun n'était préparé à passer de la grande cuisine à l'ère du surgelé. Finis la Sorbonne et ses cours magistraux, les prépas et ses khâgneux studieux et motivés, les terminales de choix où les enfants d'une bourgeoisie BCBG faisaient sagement leurs humanités. Voici venu le temps des facs fourre-tout, des lycées Haby où se méli-mélange tout l'éventail socio-culturel d'une France en mouvement, voire des obscurs CES de province où, tels de jeunes lieutenants bouillonnant d'ambition et de savoir académique sur la polémologie, ils attendent, souvent de longues années, une affectation plus glorieuse qui ne vient pas. Nos brillants littéraires, après avoir ingurgité avec un appétit digne de Gargantua les programmes des khâgnes, réussi leur concours, côtoyé les meilleurs professeurs, bénéficié de la meilleure préparation qui soit à l'agrégation, grimpé jusqu'aux plus hauts sommets de la culture, se brûlent les pieds dans le magma en fusion du secondaire et du supérieur. Je me souviens de mes propres angoisses lorsqu'après l'agrégation, au début des années 70, j'inondais les universités françaises de demandes de candidature à un poste d'assistant. Je me sentais alors tout à fait apte à transmettre ce que j'avais appris, comme je l'avais appris, c'est-à-dire à faire des cours de licence ou des préparations à l'agrégation et au CAPES dans une université — et peu m'importait laquelle pourvu que ce fût là — mais totalement désarmé à l'idée d'une sixième dans un CES, ma terreur ! Certes, j'aurais fait face, comme les autres, avec les moyens du bord, ni meilleur ni pire que les collègues, agrégés, capétiens, PEGC, titulaires et non-titulaires qui se débrouillent tant bien que mal pour faire bonne figure, jusque dans les plus obscurs de nos établissements scolaires. Le hasard voulut qu'il restât une université suffisamment courageuse pour recruter un « Parisien » sur un poste d'assistant, l'un des rares postes encore disponible, car déjà sévissait la récession en la matière et ceux-ci étaient en général réservés aux agrégés du cru — le fameux recrutement local. Je partis alors pour Rennes, seul rescapé de ma promotion de cloutiers agrégés d'histoire à avoir ainsi trouvé un poste en fac et j'y fis, de mon mieux, ce que, grâce à Saint-Cloud, je savais faire.

Depuis lors, ces tendances, naissantes au début des années 70, n'ont fait que se confirmer. Pourtant, si peu a changé dans la façon dont les ENS forment leurs « lettrés » : la scolarité y est restée la même alors que l'environnement ne cesse de se modifier. Ces pesanteurs, bien moindres pour les scientifiques, affectent beaucoup les littéraires et nuisent au recrutement des ENS comme aux élèves qui en sortent. Il n'est pas étonnant alors de constater que sans cesse plus nombreux sont les normaliens qui évitent l'enseignement et la recherche au terme, ou avant le terme, de leur scolarité, alors que telle est la vocation de l'École. Nombre d'entre eux ne passent même plus l'agrégation et pour certains de ceux qui y sacrifient, il s'agit davantage d'une carte de visite que d'un moyen d'accès à la profession d'enseignant. Qu'ils entrent à l'ENA, avant ou après l'agrégation, préparent des licences en droit ou Sciences Po, parallèlement à leur scolarité, pour beaucoup, il s'agit d'engranger la formation prépa, le titre de normalien, voire celui d'agrégé, mais surtout ne pas entrer ensuite dans l'enseignement. On les comprend d'autant mieux que la scolarité des ENS les y prépare si peu. Étrange paradoxe de ces écoles professionnelles dont les études ne prédisposent guère à exercer les métiers auxquels elles destinent en théorie leurs élèves ! Et ce qui est vrai pour les ENS, l'est aussi pour les autres grandes écoles. Il s'agit là d'un mal partagé.

2. X, l'ENA : comment devenir un spécialiste de la généralité ?

« Il savait tout sur ici et sur ailleurs. On voyait mal ce qui lui restait à apprendre, il savait tout sur tout, partout. Il savait tellement tout et le reste qu'il faisait peur. La tête aurait dû lui éclater. On se demandait à quelle miniaturisation des connaissances il devait survivre. Régis qui se l'était déjà demandé à propos de quelques têtes formés à la même école n'avait encore jamais observé le phénomène à ce point. Celui-là ne cultivait aucune spécialité. Il se voulait absolument généraliste. Sa partie était la France entière, élus et administrations. Il pouvait vous réciter par cœur le Conseil général de la Vienne, du Finistère-Sud, du Territoire de Belfort, vous retracer la carrière du recteur de Caen, vous situer le sénateur chargé du rapport sur le budget des Monnaies et Médailles. Il déplora les blocages généralisés du haut en bas de l'État. Il en voyait la cause dans le système régissant l'octroi des subventions aux collectivités locales, système archaïque, tantôt un carcan, tantôt une passoire. Il cita, convoqua, fit comparaître à charge et à décharge, le commissaire du Plan, plusieurs directeurs de l'équipement, la Commission départementale des Ardennes, les maires d'Ensisheim et de Bazoches-sur-Hoëne, l'adjoint aux sports de Saint-Amand-Montrond. Il donna tous les noms. Il ne fut pas tendre pour les préfets de région. Finalement, il se proclama jacobin. » Portrait caricatural d'un énarque (la scène se passe en octobre 1979) par Georges Conchon dans *Le Bel*

Avenir et le romancier n'y va pas de main morte! Mais comme souvent, si la caricature accuse les traits, elle les révèle tout autant. Mes camarades des promotions Pierre Mendès France, Michel de l'Hospital, Voltaire qui étaient alors fraîchement sortis de l'École ou encore en scolarité, le savent : combien d'entre nous ont tenu, ici ou là, des discours peu éloignés de celui-ci ! Pourquoi ? Parce que les études suivies, les concours passés, la scolarité dans notre École nous permettent de porter ce genre jusqu'à ses sommets ! Parce qu'à l'ENA, comme d'ailleurs à l'X et à HEC, dans des genres différents, les enseignements qui sont proposés, au nom de la pluridisciplinarité, confinent à l'omnidisciplinarité et au saupoudrage. La connaissance approfondie, la maîtrise d'une ou plusieurs spécialités sont délaissées au bénéfice — si l'on peut dire — d'une connaissance superficielle et rapide du maximum de matières. Aujourd'hui où l'Université est tant décriée, il faut savoir par exemple qu'une maîtrise ès sciences délivrée par elle garantit, pour un ingénieur, une meilleure connaissance, une meilleure capacité de faire, qu'un diplôme de Polytechnique. Cela ne veut pas dire que les élèves de nos grandes écoles n'en seraient pas capables. Cela veut dire que ni leurs études antérieures, ni la scolarité suivie, ne privilégient les cultures particulières et d'abord celles qu'apporte la maîtrise d'une technique. Elles cèdent à notre péché mignon, la culture générale, préfèrent les vastes horizons de l'esprit à l'acquisition d'une capacité professionnelle précise et pratique. On y « forme » des analystes et non des techniciens et chacun sait qu'une chose est d'être apte aux synthèses nécessaires à toute décision, autre chose est de prendre ensuite une bonne décision. Beaucoup ici dépend des talents personnels de chacun, ils sont variables et la sélection dans nos écoles ne s'opère pas sur ces critères-là. La scolarité s'ordonne d'abord autour d'un maître mot qui en conditionne tout le déroulement : le classement de sortie. Il est censé garantir le niveau des études. Cela part d'un bon sentiment. Ces écoles ont en effet une scolarité interne, coupée de toute relation avec le système universitaire, ponctuée d'examens maison et ouvrant sur des débouchés dont elles ont, en tout ou partie, le monopole. On conçoit alors les risques de sclérose, de baisse de niveau, d'inadaptation, en l'absence de tout contrôle extérieur de la validité des compétences ainsi sanctionnées. On mesure les avantages de ce statut, hors du droit commun, qui permet à ces écoles, hors de toute contrainte, de vivre leur vie sans que jamais le mérite de chacune d'entre elles ne soit mesuré à une autre aune que la leur. Alors, la solution miracle à ces risques réels est le classement : outre le niveau des études, il garantit la qualité du diplôme obtenu et assure la concurrence-compétition entre les élèves pour accéder aux meilleurs postes — ceux qui sont en effet choisis en fonction du rang obtenu à la sortie. A ceux qui soutiendraient que la scolarité est le repos du guerrier, le classement est là pour apporter le démenti le plus formel ! Voire. Les choses ne sont pas si simples. Ce classement est loin d'être l'assurance tous-risques que l'on nous dit. A cela plusieurs raisons.

Tous les anciens de Polytechnique ou de l'ENA le savent. Au sein de chaque promotion il y a très vite deux catégories d'élèves : ceux qui se battent pour obtenir une place dans les grands corps de l'État, à Polytechnique (120 à 170 places pour des promotions de 350 environ), au Conseil d'État, à la Cour des comptes, à l'Inspection des finances et dans les grands ministères à l'ENA (35 places pour des promotions de 150 environ). Donc, moins de la moitié des élèves, dans chaque école, fait la course pour le classement, « comme on fait le tour de France » (Schwartz) et ces élèves, les plus motivés, travaillent énormément. Pour les autres, la situation est très différente : « L'autre population, au contraire, est celle des élèves qui voient rapidement, malgré les illusions à l'entrée, qu'ils n'auront pas de corps. Alors, sachant bien que le titre de Polytechnicien leur ouvrira mille portes dans un pays où les diplômes comptent plus que tout le reste, ils se désengagent, se désintéressent plus ou moins de ce qui se passe. Après la taupe, la fatigue aidant, ils travaillent correctement mais sans vrai engagement personnel, certains (beaucoup trop !) travaillent peu, certains pas du tout » (rapport Schwartz). Ces remarques faites à l'automne 1981 sont reprises et corroborées par Bernard Esambert. Nommé en 1985 président du conseil d'administration de Polytechnique, polytechnicien lui-même, corpsard des Mines, ancien conseiller de Georges Pompidou, il écrivait dans un récent rapport[1] : « Pour beaucoup d'utilisateurs, il est clair que nombre d'élèves, peut-être 10 %, ne méritent pas le diplôme de l'École et qu'une sélection à l'américaine conduirait peut-être chaque année une cinquantaine d'élèves à redoubler. La décompression des élèves à l'entrée et le sentiment d'appartenir à une communauté privilégiée expliquent probablement cet état de fait. » A l'ENA le problème est similaire. Au retour de l'année de stages, nombre d'élèves savent déjà que les premières places ne seront pas pour eux. Ils lèvent le pied, travaillent à leur main et attendent paisiblement le résultat final, sachant qu'ils seront, de toute façon, quels que soient leurs résultats, administrateurs civils, qui à la Défense, qui à l'Agriculture, qui aux Affaires sociales, ministères traditionnellement « réservés » au bas du classement.

En outre, dans cette appréciation de la validité du classement comme garantie du niveau des études, il faut tenir compte de la fréquente inadaptation des jurys et du laxisme relatif dont il leur arrive de faire preuve. Bernard Esambert note que « les juges étant le plus souvent cléments, les procédures de redoublement et d'exclusion devraient avoir un caractère plus automatique » et confirme ainsi ce que notait à leur propos le rapport Schwartz : « Il est certain que presque tous les jurys des écoles ont toujours été laxistes, voire

1. « Pour une École Polytechnique dans son temps », in *La Jaune et la Rouge*, janvier 1986.

très laxistes... les jurys comprennent en général des personnes extérieures aux écoles, mais elles viennent là sans aucune connaissance de la situation. » Cela peut donc conduire progressivement à une baisse du niveau des diplômes obtenus à la sortie de Polytechnique. Certes, la dure sélection à l'entrée implique une sélection douce en cours de scolarité et il est vrai que l'on trouve dans chaque promotion beaucoup d'élèves brillants, très motivés et qui travaillent avec une assiduité parfaite, à Polytechnique comme à l'ENA, mais on ne peut nier aussi que nombre de polytechniciens et d'énarques s'endorment sur leurs lauriers, fatigués des efforts fournis en prépa et peu motivés par une place au classement, sachant qu'ils ne peuvent prétendre aux meilleures. Au moins, dira-t-on, pour ceux qui font la course en tête, le classement garantit la quantité de travail fourni et la qualité du produit fini. Pourtant, là aussi, un certain nombre de questions se posent. La course au titre développe indubitablement des facultés utiles pour le futur ingénieur et le futur administrateur : habitude du travail rapide, opiniâtreté, volonté, tension vers un objectif, esprit de décision et bien sûr vastes connaissances acquises. Cela n'est pas négligeable mais s'acquiert au détriment d'autres qualités qui leur seraient par la suite tout aussi nécessaires : esprit créatif, esprit d'initiative, d'ouverture et d'équipe car cette course au classement se fait dans un déchaînement d'individualisme, de calculs, de stratégie personnelle, sans autre souci, sans autre but que le résultat, le classement. Ainsi, comme le souligne un élève de la promotion Diderot (84-86) de l'ENA[1] : « Le souci du classement rend difficile le travail en équipe, notamment lors du séminaire (seule épreuve qui donne lieu à un travail collectif assumé par l'ensemble des élèves du groupe et noté de la même manière pour chacun). L'ambiance de l'École est particulièrement individualiste. Par comparaison avec d'autres écoles, les projets gérés

1. *Revue des Anciens élèves de l'ENA*, octobre 1985.

par les élèves eux-mêmes y sont moins nombreux. » Élément essentiel de l'individualisme qui caractérise ces écoles, le classement fonctionne aussi très largement comme une machine à broyer les vocations. Pour ceux qui y attachent de l'importance, il devient un but en soi. L'affectation choisie à la sortie de l'ENA par exemple sera dictée davantage par le classement que par la vocation ou l'attirance vers telle ou telle carrière. Attiré par la diplomatie ou la préfectorale, un élève choisira l'Inspection des finances si son classement le lui permet. Il faut un courage surhumain, compte tenu des avantages offerts par les grands corps et les ministères prestigieux, pour faire fi de son classement et privilégier ses goûts personnels. Si de tels cas se rencontrent, ils demeurent exceptionnels. *A contrario* d'ailleurs, le classement arbitre à l'aveuglette entre les carrières, parfois à quelques points près : « Mais pourquoi l'accès au Conseil d'État plutôt qu'aux tribunaux administratifs serait-il fonction des notes obtenues en langue vivante ou en informatique ? Le contentieux administratif y gagnerait-il ? » (Élève de la promotion Diderot déjà cité.) Ainsi, soucieux de son classement, l'énarque calcule, puis une fois celui-ci obtenu, assure, préfère la rente de situation à l'aventure, la carte de visite à l'attrait d'une vocation. De la même manière, à Polytechnique, le classement présente le grave inconvénient de drainer les premiers vers les grands corps de l'État, c'est-à-dire l'administration. Trois débouchés s'offrent en effet aux élèves de Polytechnique : l'Administration, l'Industrie, la Recherche. Comme le souligne très justement Bernard Esambert dans le rapport cité, la ventilation des élèves dans ces trois secteurs résulte directement du classement et non des vocations des élèves ou des besoins du pays : « En fait, le vrai reproche que l'on peut faire au classement... est d'avoir comme corollaire une orientation des "meilleurs" vers l'administration, du deuxième tiers vers l'industrie et du troisième tiers vers la recherche alors qu'aux États-Unis par exemple, le premier tiers des élèves choisit l'industrie, le second l'enseignement, le troisième l'administration. » Ainsi, on muscle sans cesse l'État avec les meilleurs, les plus motivés, les plus brillants des polytechniciens. Ils entrent ainsi dans les grands corps techniques de l'Administration, par la seule magie du classement, qui oriente les autres vers ce que l'on nous présente sans cesse et à juste titre comme les lieux où se joue l'avenir du pays : les entreprises et les laboratoires. Dans cette « guerre économique » chère à Bernard Esambert (il publia en 1977 un ouvrage intitulé : *Le Troisième conflit Mondial* qui reste d'actualité dix ans après), l'École polytechnique devrait « former les officiers de la guerre économique, c'est-à-dire les cadres de la nation qui doivent permettre à celle-ci de tenir son rang économique au sein des nations » (B. Esambert, rapport cité). Or le classement détourne les meilleurs de ce champ de bataille essentiel.

On est alors en droit de se demander si le classement n'a pas au moins des effets bénéfiques sur la pédagogie. Là aussi, la réponse est non ! Là encore, Esambert et Schwartz répondent en chœur que le classement paralyse « la nécessaire évolution de l'enseignement et de la pédagogie » (Esambert) et que « c'est sur le classement, le sacro-saint classement, pesant du poids de cent quatre-vingt-sept ans d'histoire, qu'ont buté toutes les tentatives d'innovation ». Notre énarque anonyme de la promotion Diderot ne dit pas autre chose quand il déclare : « Dès lors, la pédagogie apparaît moins comme un moyen de mettre en valeur les connaissances et les idées que comme une méthode éprouvée de classement. » La pédagogie au service du classement alors que l'on attendait l'inverse. Et les uns et les autres ne manquent pas d'arguments pour étayer leurs affirmations ! A Polytechnique, on a gardé une conception très stricte, toute mathématique, du classement. Pour classer les élèves avec le maximum d'honnêteté, il convient de les juger sur les mêmes épreuves, donc sur un tronc commun. Ceci exclut la notation des enseignements optionnels et les réduit donc à la portion congrue, puisqu'il faut un maximum de notes pour un maximum d'épreuves dans le tronc commun. Et que dire alors de la motivation des élèves, surtout ceux qui courent après leur classement, pour ces matières « annexes », non soumises à notation, qui comptent « pour du beurre ». Voilà bouclée la boucle ! Toute introduction de matière nouvelle est une équation insoluble : « On voudrait introduire la biologie à l'école : si elle ne compte pas dans le classement, elle restera secondaire et, si elle compte, il faudra lui trouver une place dans le tronc commun, au détriment d'autres enseignements. L'informatique se trouve un peu dans la même situation » (rapport Schwartz). Bernard Esambert, quelques années après souligne que « le côté quasi obsessionnel du classement sert d'alibi pour limiter la portée des diversifications prometteuses de l'enseignement scientifique et des expériences pédagogiques ». A l'évidence, le classement impose sa logique : il permet aux corps de s'assurer du recrutement des élèves les plus assidus et c'est tout. Tant pis pour l'évolution des connaissances et les nouveautés pédagogiques. Circulez, il n'y a rien à voir ! Hors du classement, point de salut ! Que le contrôle des connaissances puisse servir à tester l'assimilation des enseignements, mais aussi « la créativité des élèves », leurs « qualités d'expression orale » (B. Esambert) semble avoir jusqu'ici échappé à la sagacité de tous ceux — et ils sont nombreux — qui ont réfléchi sur la scolarité à l'X. Ainsi juge-t-on l'élève uniquement sur les « figures imposées », matières classiques où il est contraint et pas du tout sur les « figures libres » où il pourrait exprimer des choix, une personnalité, des qualités d'imagination, avec en sus la motivation qui résulte de la décision de se consacrer à telle ou telle option. A l'X, la rigidité, comme on le voit, n'est pas le propre du bicorne.

A l'ENA, on s'est montré un peu plus novateur, bien que là encore, la nécessité de noter chacun selon des critères identiques, sur les mêmes épreuves, ait prévalu. Sur un total de 100 en coefficients, les enseignements optionnels représentent 20, soit le cinquième du total de la notation alors que le tronc commun vaut pour 64, 16 points restant aux notes de stages (Administratif 14 et Entreprise 2). On bute donc là aussi sur le sacro-saint classement lorsque l'on souhaite innover dans les matières étudiées ou les méthodes d'enseignement. Ceci interdit, comme à Polytechnique, à chaque élève de construire une partie de sa scolarité en fonction de ses motivations et des aspirations qu'il pense être les siennes quant à son futur métier.

Au bout du compte, le classement de sortie apparaît donc pour ce qu'il est devenu, au fil du temps, même si sa finalité affichée est de s'assurer du niveau des élèves : un ticket d'entrée dans la nomenklatura. Corpsard, hauts fonctionnaires des grands corps et grands ministères, vont ainsi, grâce à leur bon classement, gérer, commander, administrer, occuper les postes de direction des services de l'État et c'est bien pour cela que la lutte est farouche, la mêlée ardente et noire, l'individualisme exarcerbé, pour tous ceux qui font la course en tête et prétendent aux meilleures places.

Reste, et ce n'est pas le moindre, à apprécier la nature, le contenu des enseignements dispensés dans ces deux écoles, dont il ne faut pas oublier qu'elles ont été créées pour former l'une des ingénieurs de haut niveau, l'autre des administrateurs généraux de la haute fonction publique. Répondent-ils à ces finalités professionnelles et aux attentes des utilisateurs extérieurs ? On conviendra que la question vaut d'être posée ! La réponse est aussi simple que la question : bilan globalement négatif ! A cela une raison essentielle, l'enseignement dispensé à Polytechnique et à l'ENA est trop pluridisciplinaire, trop général, insuffisamment approfondi dans des matières essentielles pour former de bons professionnels. De là résulte la déviation précédemment signalée : ces écoles forment des généralistes et non des spécialistes, des « hommes à tout faire » et non des « hommes de l'art ».

A Polytechnique, l'enseignement de second cycle est donc

axé sur le tronc commun. Il comprend les mathématiques pures et appliquées, la mécanique, la physique, la chimie, l'économie, les sciences humaines et de l'informatique. A cela s'ajoutent les options, sur un temps très court, trois ou quatre mois et non notées. A l'issue de ce second cycle est délivré le diplôme d'ingénieur de l'École polytechnique. On a donc un enseignement très ouvert et très pluridisciplinaire, vocation de l'École (polytechnique) et l'une de ses grandes forces. Mais, outre que le temps d'études est plus bref que dans les autres pays (diplôme d'ingénieur à bac + 4 en France -2 ans de taupe + 2 ans d'X — et à bac + 5 ailleurs en Europe), la tendance à l'omnidisciplinarité, déviance bien connue de la pluridisciplinarité, l'a emporté, avec ses corollaires négatifs. Rares sont les élèves qui peuvent suivre à fond toutes ces matières. Comme le temps de scolarité est limité à deux ans, le tronc commun imposant, on ne peut consacrer qu'un temps réduit à l'étude de chacune d'entre elles. Ainsi, à l'issue d'un enseignement, le Polytechnicien ne connaît que les principes généraux de la science qu'il vient d'étudier. Au total, « c'est un saupoudrage, on sait peu de beaucoup de matières » (rapport Schwartz). Sont donc sacrifiées la connaissance profonde et la vraie maîtrise d'une compétence : « Les plus intelligents et doués des jeunes scientifiques français apprennent à respecter la connaissance superficielle et rapide de tout comme un bien suprême » (rapport Schwartz). Qu'il soit difficile de donner un enseignement commun — classement oblige — à plus de 300 élèves de qualité — grâce à la rigueur du concours — qui ont des besoins différents et feront ensuite des carrières différentes — dans l'administration, l'industrie, la recherche — est une évidence. Que la pluridisciplinarité fasse de l'X une école de second cycle originale correspondant bien à sa vocation affichée en est une autre. Mais que l'amoncellement des matières interdise l'approfondissement d'une ou plusieurs sciences au bénéfice « d'un enseignement qui leur apprend un peu de tout sur la base du bachotage » (B. Esambert) est anormal, comme l'est l'absence d'une réelle culture scientifique qui soit bien plus « qu'un enseignement général de façade » (B. Esambert) et le peu d'enseignements qui obligent les élèves à un « effort individuel de documentation, d'imagination et d'expérimentation » (B. Esambert), c'est-à-dire à un effort de créativité résultant d'un aller et retour permanent entre l'abstrait et le concret, entre la connaissance et le savoir-faire, entre les principes généraux et leur mise en pratique. En 1974, un Comité interministériel tenu à l'Élysée, précisait à nouveau la vocation de l'École polytechnique : « Former des ingénieurs de haut niveau. » Or, qu'est-ce qu'un ingénieur si ce n'est quelqu'un capable d'agir et de concevoir par lui-même et non un « taupin prolongé », empruntant les chemins balisés du tronc commun sous la houlette d'un encadrement attentif, toujours là pour guider ses pas.

Polytechnique est d'abord une école qui forme des gens aptes à décider, gérer, commander, administrer — et la nature du tronc commun oblige à lire très vite des volumineux dossiers, à les assimiler, à en faire la synthèse, à savoir se cultiver très vite, toutes qualités nécessaires au décideur — bien plus qu'à chercher, construire, créer. D'excellents spécialistes de la généralité, tels sont les polytechniciens, mais cela ne fait pas forcément les ingénieurs et les chercheurs dont la nation a plus que jamais besoin. Alors, que deviennent les besoins scientifiques et technologiques de nos laboratoires et de nos entreprises, dès lors que ceux qui devraient les satisfaire ne sont pas formés pour cela ?

De plus, l'X ne fournit pas des produits correspondant aux attentes des utilisateurs finaux — dont elle ne se préoccupe guère — et aux besoins du pays dans le contexte de guerre économique qui est le nôtre. Bernard Esambert souligne cruellement le manque de créativité des anciens élèves de Polytechnique en remarquant le peu de prix Nobel, de médailles Fields, de grandes innovations technologiques, de créations d'entreprises, dûs ces dernières années à des polytechniciens, pour conclure : « Le produit fini polytechnicien est sinon mauvais, du moins apprécié diversement et souvent mal à l'aise dans le milieu dans lequel il a atterri et au contact duquel rien ne l'a prédisposé au sein de l'École. Peut-on d'ailleurs dire de ceux qui entrent directement dans l'industrie (il s'agit il est vrai d'une minorité) qu'ils sont ingénieurs alors que l'X a été dans une large mesure pour eux un prolongement de la taupe. » Après le check-up du professeur Esambert, pas d'hésitation possible : diagnostic grave, pronostic réservé ! L'École, pour lui, marche sur la tête : elle produit d'abord des « managers », dès le début de leur carrière, alors qu'elle devrait former en premier lieu des ingénieurs pour la recherche et la technologie qui, après quelques années, accéderaient à des responsabilités scientifiques, techniques, économiques ou administratives pour acquérir la vraie compétence. Ce n'est qu'au terme de ce long cheminement qu'ils deviendront valablement des managers, « quand ils auront dominé un métier et acquis suffisamment d'expérience et de modestie... pour faire mieux que le voisin, qu'il soit français ou étranger ». Rien d'étonnant alors, dit le « professeur » Esambert, si nombre de polytechniciens ont la tête qui enfle. Il est malsain de se déplacer ainsi, comme les y invite l'École, en marchant sur la tête, en se croyant plus malin que les autres, sans s'apercevoir qu'au bout du compte, ils ne font que « grossir les rangs des pseudo-professionnels ou des technocrates au mépris affiché pour les techniques ». Si l'on grossit les rangs, c'est que ceux-ci existent déjà et ils sont garnis par qui, ces rangs... suivez mon regard, oui, c'est cela, vous avez trouvé, par les énarques. Le docteur Esambert ne les nomme pas, mais il nous laisse deviner d'où viennent ces grands malades, atteints d'hydrocéphalie, marchant sur la tête, tellement elle pèse d'un savoir lourd dont ils sont imbus, même s'il n'est guère utile ni efficace : « Combien de jeunes hauts fonctionnaires — issus de Polytechnique — n'ont pour modèles que certains des anciens élèves d'une autre grande école qui affichent un cynisme distingué. » Et vlan pour l'ENA ! La hache de guerre entre l'X et l'ENA n'est pas enterrée, rassurez-vous, les guerres Pichrocholines continuent, à la satisfaction de tous, petits et grands. Et attention, la maladie énarchique, le cynisme distingué, le pseudo-professionnalisme, c'est contagieux, avec, au bout du compte, le pire des maux pour un polytechnicien, celui dont il se croyait à jamais protégé, la peste des temps modernes, le chômage : « Polytechnique n'est plus une rente de situation. »

Enseignements mal adaptés aux exigences du monde contemporain, trop abstraits ou trop scolaires, élèves peu motivés, école insuffisamment ouverte sur l'extérieur, tel est donc le sévère constat que fait Bernard Esambert, après Laurent Schwartz, sur la scolarité à Polytechnique.

A peu de choses près, un constat identique s'impose pour l'ENA qui pourtant se veut « école d'application ». Le glissement progressif vers la pluridisciplinarité a commencé en 1958, avec une réforme des études centrée sur la notion de « polyvalence » du futur haut fonctionnaire. Tout devint alors commun, le concours d'entrée comme la formation avec, au bout du compte, la superficialité qui va de pair avec l'encyclopédisme, le bachotage qui résulte de la nécessité d'être compétitif sur chaque matière à cause du sacro-saint classement. De cette époque date la critique, au demeurant fondée, selon laquelle on refait à l'ENA les Sciences Po mais en moins bien ! Ce système, qui favorisait les étudiants par rapport aux fonctionnaires et les Parisiens par rapport aux provinciaux, exacerba la course aux grands corps, mit en cause la vocation d'école d'application de la maison des « Saints-Pères » et engendra un état de tension entre les élèves tel que les événements de mai 68 n'épargnèrent pas ces lieux traditionnellement calmes. Lorsque Pierre Racine réapparut à l'ENA comme directeur, en 1969, il tenta de revenir sur cette fâcheuse tendance à l'encyclopédisme en recréant une formation mixte : deux voies de recrutement (administration générale pour les littéraires à formation juridique ;

administration économique pour les scientifiques formés à la science politique et à l'administration) et deux voies de scolarité avec des enseignements spécifiques pour chacune d'entre elles. Mais, la nécessité des stages et leur durée (un an), le régime des options variées, communes à tous les élèves ont en fait réduit cette tentative de spécialisation à sa plus simple expression. Cela fut donc insuffisant pour donner aux élèves le professionnalisme que l'utilisateur final serait en droit d'attendre. Le rétablissement de l'école unique en 1982 par la suppression de la voie économique marque le retour aux errements anciens et l'on est en droit de s'étonner de l'absence de toute formation digne de ce nom en économie pour de futurs hauts fonctionnaires. Comment ne pas suivre Roger Fauroux lorsqu'il souhaite accueillir à l'ENA « des garçons et des filles qui, dans les principales disciplines nécessaires à un fonctionnaire public, aient un niveau minimal de compétence universitaire. Ensuite, sur cette base, nous leur donnerons des compétences techniques utiles à leur futur métier ». Tester la culture générale à l'entrée, avec ensuite la scolarité axée sur la professionnalisation, telle est en effet la bonne conception des choses. Mais il n'en est pas ainsi et ce pour trois raisons.

Le concours d'entrée d'abord qui, au prétexte d'être accessible à des étudiants formés aux diplômes les plus divers, permet au candidat d'éviter des épreuves telles que le droit public (on croit rêver), la gestion financière ou le droit social et de briller en génie mécanique et linguistique générale, matières dont l'utilité pour de futurs hauts fonctionnaires n'est pas évidente à première vue, sauf à penser que le chemin le plus rapide pour préparer un projet de décret est le court-circuit ou qu'il est souhaitable que chaque citoyen dispose du Robert pour comprendre le moindre texte administratif !

La scolarité ensuite. La diversité des matières obligatoires et la brièveté du temps consacrée à elles interdisent tout approfondissement et ne permettent guère d'accéder à la maîtrise des techniques administratives. La « formation » en mathématiques, informatique et comptabilité reste très superficielle, de même que celle, pourtant essentielle à l'exercice des professions sur lesquelles débouche l'ENA, dispensée pour l'acquisition des « méthodes d'élaboration et d'analyse des textes et documents administratifs ». Quant on mesure l'opacité des textes produits par l'administration, la difficulté qu'ont les citoyens à comprendre les décrets, arrêtés et autres documents et formulaires qui régissent pourtant leur vie quotidienne, l'inflation des errements linguistiques qui fait de nombreux textes des sottisiers de la langue française et des sources inépuisables de contentieux administratif, on ne peut que s'étonner de la portion congrue réservée par la scolarité à cette discipline pourtant essentielle que serait l'acquisition, par les futurs administrateurs, d'une écriture claire, simple et précise des documents qu'ils seront ensuite appelés à rédiger. Théoriquement au service des citoyens, l'administration leur complique souvent la vie par des textes obscurs et complexes. Rien, ou si peu de choses, dans la scolarité à l'ENA, n'est fait pour porter remède à ce défaut qui contribue à la mauvaise image de l'Administration dans la population et alimente l'hostilité sourde des citoyens à l'égard des services de l'État. En outre, les exercices proposés aux élèves n'ont souvent que peu de rapport avec ce qui les attend à la sortie de l'École, tout en contribuant à entretenir le mythe du jeune énarque destiné à occuper des fonctions privilégiées dans l'appareil de l'État. Ainsi, l'élève, « chargé de mission au cabinet du ministre » ou « chargé de mission auprès du Directeur de l'Administration générale », donc hors hiérarchie et près du décideur, est invité à proposer au ministre ou au directeur une décision dans tel ou tel domaine. Cela ne le surprend guère lui qui est habitué, lors de ses stages, à côtoyer le préfet ou l'ambassadeur et à participer au plus près à l'élaboration finale des décisions et persuadé qu'il en sera ainsi à l'issue de sa scolarité. Or, dans la plupart des cas, ce n'est pas une synthèse pour décision, prenant en compte les contraintes politiques du moment, qui lui sera demandée en tant qu'administrateur civil débutant, mais une note technique donnant les éléments de base d'un problème. Une fois rédigée, cette note lui échappera pour passer de mains en mains, chef de bureau, sous-directeur, chef de service, directeur, cabinet, pour aboutir enfin sur le bureau du ministre et ne jamais lui revenir. Si elle lui revenait d'ailleurs, il ne la reconnaîtrait pas. De son texte initial, il ne reste en général que peu de choses. On imagine les frustrations que cela engendre chez le jeune haut fonctionnaire qui se voyait déjà en haut de l'affiche, comme le chantait si bien Charles Aznavour, entrant dans le bureau du ministre, sa note à la main, attendant en retenant son souffle les murmures approbateurs de son « patron » et, fort de ce oui franc et massif, donnant des ordres péremptoires à une ribambelle d'exécutants chargés de lui rendre compte de la mise en œuvre d'une décision si habilement ficelée. Frustrations pour avoir trop rêvé mais aussi perplexité devant une tâche à laquelle il n'est guère préparé : exposer clairement, pour d'autres, les données techniques d'un problème.

Le choix des matières proposées enfin fait peu de place aux enseignements de gestion administrative, ce qui fait dire très justement à Pierre Racine : « Il est surprenant de penser que la plupart des directeurs de l'administration centrale française seraient incapables de passer un marché ou de gérer du personnel ou même un budget. Ils ne l'ont jamais appris ni fait. Seul le directeur de l'administration du personnel ou celui de l'administration générale est compétent ; seuls les fonctionnaires qui ont eu à diriger un établissement public le savent. Cette lacune, outre l'inconvénient de couper les fonctionnaires dits de conception de ceux qu'on appelle bien à tort les exécutants, est très fâcheuse »[1]. Certes, Roger Fauroux a raison, on ne peut pas tout apprendre

1. *ENA mensuel*, octobre 1985.

à l'ENA. Elle ne livre, dit-il, que « des demi-produits que la vie et la formation permanente se chargeront de parfaire » mais, dans la plupart des cas, ceci reste encore un vœu pieux car cette « école d'application » ne livre à ses utilisateurs que des spécialistes de la généralité. A cela, il y a bien sûr une justification apparente : l'ENA forme des fonctionnaires soumis à la règle de mobilité dans leur carrière et destinés à assurer des fonctions interministérielles. Mais que l'on soit à l'Industrie, à l'Agriculture, à l'Éducation, aux Affaires sociales ou aux Finances, les techniques de gestion administrative ou les méthodes d'élaboration des textes administratifs sont les mêmes et c'est bien cette technicité-là qui fait défaut. Je ne rejoins pas Simon Nora lorsqu'il assigne pour objectif à l'ENA de « former des généralistes de méthodes et de langages qui permettent d'apprendre vite et bien des spécialités. C'est-à-dire des gens au courant des technologies modernes, des formes modernes de management, avertis de la façon dont ces questions sont traitées dans d'autres pays. Cela tout en étant sensibilisés à l'articulation entre ces techniques et la structure spécifique d'une société, de façon à obtenir non des humanistes désincarnés mais des techniciens susceptibles de replacer leur technique dans un contexte vivant [1] ». Qu'en termes galants ces choses-là sont dites ! Pourtant, la réalité est tout autre, sauf à prendre au pied de la lettre le mot clé de cette phrase de Simon Nora, « au courant ». En effet, les énarques sont « au courant » de beaucoup de choses, comme on est « au courant » en lisant *L'Équipe* du lundi matin, des résultats sportifs du week-end, ce qui ne garantit en rien notre aptitude à rivaliser avec Ivan Lendl, Alain Prost ou Bernard Hinault !

Enfin, lorsqu'il s'agit d'apprécier l'enseignement dispensé à l'X et à l'ENA, on ne peut oublier la place réservée aux langues vivantes. Dans les deux cas, ces écoles dont dotées de remarquables moyens techniques et de laboratoires de

---

1. *Le Débat*, mai-septembre 1986.

haute qualité. L'on s'attendrait alors à ce que polytechniciens et énarques soient à tout le moins parfaitement bilingues, en anglais notamment, voire trilingues. Ce n'est hélas pas le cas, à quelques brillantes exceptions près. Cela résulte du faible niveau en langues, caractéristique de l'ensemble des étudiants français, qui traînent comme un boulet l'apprentissage raté des langues étrangères de la sixième à la terminale, les années de classe préparatoire ne faisant guère que colmater les brèches, sans pour autant hisser leurs élèves à une maîtrise convenable. Pendant leur scolarité, polytechniciens et énarques disposent en théorie de tous les atouts nécessaires pour exceller en ces matières. Mais, le peu d'importance de la langue obligatoire dans le classement et le temps réduit dont ils disposent pour s'y consacrer ne permettent d'obtenir que des résultats moyens si l'on tient compte du matériel mis à leur disposition et du niveau intellectuel des élèves. Quant au trilinguisme, il est rarissime puisque Polytechnique se contente d'une seule langue dans son classement et que l'ENA n'exige une seconde langue que pour les élèves qui se destinent au corps diplomatique. Encore faut-il souligner que cette langue ne compte pas dans le classement et qu'il suffit au candidat de présenter l'épreuve, quel que soit son niveau, pour avoir la possibilité d'accéder au Quai d'Orsay. Rien d'étonnant alors à ce que nombre de nos ingénieurs, de nos administrateurs civils, voire de nos diplomates (ce qui est un comble) fassent piètre figure dès lors qu'il s'agit de manier d'autres langues que leur langue maternelle. Il y a là une lacune grave qui nuit autant au prestige qu'à l'efficacité professionnelle des meilleurs de nos cadres supérieurs publics et privés.

3. HEC : comment échapper à l'usine ?

Au terme d'un concours particulièrement sélectif (265 reçus pour 4264 candidats en 1985), les élèves issus d'une classe préparatoire suivent une année de formation initiale (cours théoriques de gestion humaine et communication, gestion comptable et financière, gestion commerciale, gestion de production, relations avec l'environnement économique et commercial auxquels s'ajoutent une expérience en entreprise et un stage de production ou de vente). Ils accèdent ensuite au cycle de « formation supérieure en management », d'une durée de deux ans où les rejoignent, sur concours également, certains étudiants titulaires de licences ou de diplômes d'ingénieurs qui entrent ainsi directement en seconde année. Au cours de la première année du cycle supérieur de management, les élèves ne suivent pas moins de dix cours obligatoires de base (affaires internationales, comptabilité approfondie, droit des affaires, fiscalité, économie d'entreprise, contrôle de gestion, finance d'entreprise, informatique, marketing, statistiques) et ingurgitent encore dix autres cours à la carte, choisis au grand bazar des options, ici particulièrement achalandé, puisque ce ne sont pas moins de cent cinquante « spécialités » qui sont proposées. Cinq cours, ça va, vingt cours, bonjour les dégâts, c'est l'indigestion, l'overdose. En fin d'année, départ pour l'étranger avec stage de gestion en entreprise ou mission d'étude internationale. La deuxième année comprend un cours de politique et stratégie d'entreprise, un stage en situation de responsabilité et une spécialisation avec une option « majeure » choisie dès le premier trimestre parmi les matières suivantes : affaires internationales, gestion comptable, contrôle de gestion et de planification, économie industrielle, économie et gestion publique, finance, marketing, création d'entreprises, stratégie fiscale et juridique internationale des entreprises. Au troisième trimestre, l'élève peut concentrer ses efforts sur la majeure ou choisir une seconde spécialisation, « la mineure ». Certains ont enfin la possibilité de partir à l'étranger (*business schools* européennes, américaines, japonaises) dans le cadre d'un « programme international de management ». Les équipements pédagogiques de haute qualité, un corps enseignant d'une centaine de professeurs et de

500 maîtres de conférences et chargés de cours distillent leur savoir universitaire à ces promotions de futurs gestionnaires des entreprises.

Inutile d'insister sur les défauts d'une telle scolarité. Ils sont identiques à ceux précédemment évoqués pour les autres grandes écoles. Le diplôme est attribué au terme des trois ans au vu des notes délivrées au cours de la scolarité. Depuis 1965, aucun classement de sortie ne sanctionne la fin des études et aucun critère extérieur à l'École ne permet de juger de la qualité des études de tel ou tel élève. Là comme ailleurs, le diplôme consacre un niveau très hétéroclite, tant sont diverses les intelligences des élèves, la quantité des connaissances acquises, l'aptitude à les utiliser dans la vie active. Rares sont les élèves qui n'obtiennent pas le diplôme ou sont renvoyés en cours de scolarité. Si l'on en croit Marc Meuleau, « la scolarité est suivie avec zèle et on obtient le diplôme sans difficulté ». Il concède cependant que si « ce portrait-robot très général qui connaît bien des variantes s'adapte à la majorité des diplômés », il est « une minorité d'élèves, moins nombreux que ne le laissent penser le bruit qu'ils font et la fascination qu'ils exercent... qui ne se donnent pleinement qu'en dehors de l'École. Après la réussite au concours, ils estiment avoir fait l'essentiel ou n'éprouvent qu'un intérêt limité pour l'enseignement de l'École ».

Malgré la spécialisation relative en troisième année, HEC souffre aussi du trop haut degré de généralité, de l'excès de pluridisciplinarité de son enseignement et l'on peut se demander si les rapports publiés en 1957 par « des représentants influents du monde des affaires qui connaissaient parfaitement les besoins de l'économie française » ne sont pas encore d'actualité, toutes choses égales par ailleurs : « Nous avons constaté, en quelque sorte, un déséquilibre entre la qualité du recrutement et du corps enseignant d'une part et les connaissances réelles et pratiques des élèves à la sortie de l'École d'autre part, le diplôme délivré à la sortie étant manifestement trop lié dans l'esprit des élèves à la réussite au concours d'entrée. L'École des hautes études commerciales est un outil où, par crainte d'oublier tel aspect nouveau de la vie des affaires, on a pratiqué un gonflement continu des matières enseignées, et l'appel le plus éclectique à des professeurs chaque jour plus nombreux. La réputation certaine que ceux-ci apportent à l'école peut faire négliger les questions pratiques. Devenu insensiblement le but de l'école, le prestige est dangereux et artificiel. » Ainsi que l'écrit avec retenue Marc Meuleau : « Le groupe fait un constat de semi-échec. L'École n'a pas le rendement attendu, c'est un excellent instrument mal utilisé. » Malgré les réformes de l'enseignement intervenues depuis, beaucoup de ce constat reste vrai et la seconde année avec ses dix cours de base et dix cours d'option reste un modèle de saupoudrage omnidisciplinaire dont la pertinence pour la formation professionnelle de ceux qui subissent ce harcellement intellectuel n'est pas évidente.

Enfin, reste un problème dont l'École elle-même n'est pas responsable, mais qui résulte tout de même en partie de l'excès de généralité et de pluridisciplinarité de la scolarité. Les élèves d'HEC n'ont aucun débouché prédéterminé. Disposant de connaissances étendues, mais superficielles, leur permettant de trouver chaussure à leur pied un peu n'importe où dans le vaste monde des affaires, ils sont très sensibles aux modes. Fatalité dramatique, il se trouve que la mode est rarement à l'entreprise, au sens d'unité de production de biens. Dans les années 70, la conjugaison d'un rejet par la société des valeurs de l'entreprise et la fascination pour la société de consommation a conduit beaucoup de diplômés d'HEC, souvent parmi les plus brillants, soit à préférer le public et l'administration au privé (création en troisième année de la filière gestion publique, si demandée qu'une sélection fut instaurée à l'entrée, et attrait croissant de l'ENA), soit à préférer le marketing à la gestion et à l'économie industrielle. L'idéologie dominante voyait dans l'encadrement une armée de « petits chefs » et de « gardes-chiourme », appliqués à surveiller et punir un prolétariat soumis aux « cadences infernales » pour le plus grand bénéfice des « capitalistes ». Les cadres du privé ne sont pas alors un modèle de référence et les diplômés d'HEC faisaient tout pour échapper à l'usine. Elle n'avait pas bonne réputation, pas plus à Jouy-en-Josas qu'ailleurs. Aujourd'hui, l'entreprise, et l'esprit qui est censé l'accompagner, ont été réhabilités par cinq ans de gouvernement de gauche. Les valeurs de réussite attachées à l'entreprise, la nécessité de la modernisation industrielle et de la compétitivité industrielle est reconnue par tous. L'on s'attendrait alors à ce que les diplômés d'HEC se ruent vers le secteur productif. Hélas, ce raz de marée industrialiste n'a pas submergé les vertes pelouses de Jouy-en-Josas. Outre que l'ENA les attire sans cesse davantage, les anciens d'HEC semblent rebutés par le faible niveau de responsabilité, les hiérarchies pesantes, la pyramide des âges peu favorable qui fait la part belle aux quadragénaires sortis de l'école dans les années 60 et aux débuts des années 70, l'encadrement pléthorique qui caractérisent les grandes nébuleuses industrielles. Certes, nombre d'entre eux se dirigent vers les PME ou créent leur entreprise mais c'est encore la mode qui détermine largement leur choix. L'ivresse de l'entreprise, de la compétition, de la réussite qui fait tourner les têtes de ces as de la gestion les conduit surtout à exercer leurs talents dans les banques, les organismes financiers, les sociétés de placement, les sociétés de conseil, les cabinets d'audit et les groupes de publicité. Fascinés par les New Yorkais, ils fuient les fonctions productives pour se consacrer à d'autres tâches, échapper encore une fois à leur destin. Grande serait sans doute la déception du général de Gaulle qui déclarait, le 9 septembre 1964, lors de l'inauguration des nouveaux locaux de Jouy-en-Josas : « La jeunesse intelligente, éclairée, entreprenante qui entre dans cette école après un concours difficile et qui en sort après trois années d'études étendues et approfondies est appelée, j'en suis convaincu, à encadrer et à conduire une des plus fécondes réussites de ce temps, je veux dire celle de la France comme grande puissance économique moderne. » Las, alors que nous avons besoin de cadres de production, de gestion et de vente particulièrement performants, les diplômés d'HEC s'obstinent à considérer comme secondaire le secteur productif et à lui préférer les bureaux climatisés, les salaires confortables, les attachés-cases BCBG du secteur bancaire et financier et des sociétés de contrôle externe.

Autant que la pluridisciplinarité des enseignements et que la mode du moment, c'est aussi la nature du corps enseignant (peu de professeurs ou de maîtres de conférences issus des entreprises de production) qui explique ce phénomène, lorsque l'on sait à quel point les élèves, par mimétisme, s'identifient à leurs professeurs (Sciences Po l'a bien compris en donnant aux hauts fonctionnaires issus de l'ENA une place de choix dans ses enseignements).

Ainsi la scolarité s'inspire d'un principe simple. Elle est basée sur le postulat selon lequel la pluridisciplinarité et l'excellence permettent l'adaptation et la mobilité des élèves dans leurs futures situations professionnelles. Outre qu'il y a beaucoup à dire, comme on l'a vu, sur la qualité des études, ce postulat, parfaitement adapté à un monde sans grands bouleversements, est inadapté aux grands chambardements d'aujourd'hui. Ces écoles produisent des spécialistes de la généralité, sans véritable compétence technique dans un domaine précis. L'obsolescence rapide des connaissances générales qu'ils ont acquises au regard des incessantes mutations de leur environnement pédagogique, technologique et sociologique réduit à peu de choses, au fil des ans, les acquis de leur scolarité. A l'heure de la formation permanente, nécessaire mais rarement mise en œuvre en cours de carrière, la prétention à l'excellence, donnée une fois pour toutes par quelques années de scolarité et considérée comme une assurance-adaptation pour une carrière de trente ou quarante ans, est vaine et illusoire.

C — Le cocon protecteur : la vie quotidienne dans les écoles

110 hectares, 12 pavillons modernes pour 1 100 étudiants, une bibliothèque de 45 000 volumes, de nombreuses salles de cours, un restaurant, une cafétéria, une salle de sports, un centre informatique, des aires de détente, une salle de cinéma, des salles de concert, une chapelle, une infirmerie, de vastes pelouses plantées d'arbres, Paris à 25 kilomètres, Versailles 10 kilomètres. Ainsi se présente le campus d'HEC à Jouy-en-Josas où sont installés les élèves depuis 1966. C'est dans ce milieu protégé, loin des turbulences de la ville que vivent et étudient les futurs officiers de la guerre économique. Le fracas des armes ne leur parvient guère que sous la forme aseptisée des cours et séminaires, malgré de nombreuses intrusions dans le monde de l'entreprise grâce aux stages. Que dire des nouveaux locaux de Polytechnique à Palaiseau si ce n'est la même chose. Là aussi, une vie de campus, en autarcie presque parfaite, le microcosme idéal pour former une élite et lui donner l'esprit de corps qui fait la force du réseau serré des anciens élèves. Les chambres, aménagées pour une longue traversée, une immersion prolongée loin du bruit et de la fureur, fleurent bon l'électronique et les gadgets à la mode, chaîne à lecture laser et téléviseur stéréo. Non, Polytechnique n'est pas la caserne, ou alors bien des choses ont changé, à mon insu, dans l'univers militaire. C'est plutôt Alphaville ressuscitée, longs bâtiments blancs sur courts pilotis marron, dalles blanches de la cour d'honneur, de quoi contempler son destin dans les reflets du sol, entre ces blocs vastes et modernes qui abritent salles de cours, amphithéâtres, bibliothèque, restaurant, résidences des élèves mais aussi la piscine, les salles de billard ou de judo, tandis que s'étend, à proximité, le parc où, *mens sana*

in corpore sano oblige, comme à HEC, les X se livrent au plaisir du footing. A côté, la résidence HLM des cloutiers, le couvent des Fontenaisiennes, sorte de Port-Royal pour jeunes filles en fleur, l'austère ordonnancement très XIXe des locaux de la rue d'Ulm et même l'immeuble de verre aux moquettes murales et couloirs en faux crépis, carton pâte et papier mâché, de la rue de l'Université, font pâle figure. Loin de la ville pour les uns, en proche banlieue ou au cœur du Paris estudiantin pour les autres, les locaux de nos grandes écoles ont ceci en commun d'offrir à ceux qui les fréquentent la douce quiétude d'un monde à part, une fois franchies le pont-levis. Le lycée, les classes préparatoires, l'École enfin, belle continuité dans l'enfermement, des années durant, pour ces marathoniens du savoir, penchés sur leurs bouquins, ne relevant les yeux que pour voir leurs semblables bachoter avec eux, manger avec eux, courir avec eux, composer avec eux, toujours ensemble, paramécies vibrionnantes d'un même bouillon de culture, personnages en quête de réussite, adolescents prolongés, déjà infantilisés par les exigences du concours et cherchant désespérément une maturité qui ne vient pas. Rien de plus sécurisant que ces lieux clos, ces milieux protégés dont rien ne vient troubler la sérénité, où les seules préoccupations sont le classement, l'agrégation ou les activités parallèles, tant prisées des « paresseux » qui cherchent à tuer le temps pendant que d'autres travaillent d'arrache-pied pour sortir dans la botte.

Sécurisantes aussi, les règles du jeu, bien définies, de la scolarité. Rien n'y favorise l'innovation, la créativité, le risque, l'aventure. Hors des sentiers balisés, point de salut et, surtout, si l'on joue le classement. La prime va aux conformistes qui se plient aux figures imposées sans chercher à faire la moindre arabesque. L'ennui naquit un jour de l'uniformité et pourtant c'est bien elle qui impose sa loi. Qu'on ne s'y trompe pas, cela ne veut pas dire, par exemple, que tous les énarques se ressemblent, qu'ils ont le même caractère, les mêmes goûts, les mêmes vies. Leurs personnalités sont diverses, comme leurs origines familiales, sociales, géographiques, universitaires ou professionnelles. Non, cela veut dire que l'École, surtout pour ceux qui jouent le classement, oblige ces individus hétérogènes à passer sous les mêmes fourches caudines, à acquérir les mêmes réflexes et qui n'a pas été frappé de constater combien d'anciens élèves de ces grandes écoles parlent de la même façon, écrivent de la même façon, s'habillent de la même façon. A leur sortie, ils cultivent le même genre de beauté, se reconnaissent et s'identifient entre eux. N'est-ce pas cela l'esprit de corps et les connivences qui en résultent. Si la consanguinité, avec les risques bien connus de dégénérescence qu'elle entraîne, ne menace pas les élèves de nos grandes écoles, tant leur recrutement s'est diversifié, le moule n'en existe pas moins et la scolarité oblige chacun à s'y plier, à en épouser les contours, sauf à enfreindre les règles, à transgresser les tabous et à payer cela — à quelques exceptions près — au terme des études, lorsqu'il s'agit de récolter ce que l'on a semé. Pour reprendre une formule en vogue à l'ENA, les élèves, disparates à l'origine, en sortent « identiquement hétérogènes ». Cela rassure l'École, sécurise les élèves, conforte ceux qui plus tard vont les accueillir, leurs pairs, leurs anciens à qui ils ressemblent et qui leur ressemblent. Cette uniformité ne va pas sans une certaine froideur, une distance de bon ton vis-à-vis des hommes et des choses, un détachement distingué que l'atmosphère même des écoles contribue à entretenir, ainsi que Bernard Esambert le souligne à propos de Polytechnique : « On ne peut pas ne pas être frappé par la froideur de l'École, qu'il s'agisse des grands espaces communs dont la beauté n'est pas en cause mais d'où toute intimité un peu chaleureuse, du genre clubs, lieux de rencontre entre élèves et même entre enseignants, bars agréables, est exclue. » Évoquant une possible augmentation des effectifs, il poursuit sur la nécessité « d'apporter un peu de chaleur à une école qui en manque singulièrement. Si le mot galvaudé de convivialité a encore un sens, c'est à l'École qu'on devrait l'appliquer ». C'est bien un supplément d'âme qui manque à ces vénérables institutions mais sans doute celui-ci ne peut être obtenu qu'au contact, souvent rude et déstabilisant, des dures réalités du monde d'aujourd'hui. Or, non seulement ce milieu protégé, aux règles du jeu bien définies, ne prédispose guère à la maturation rapide de ces adolescents prolongés, mais encore la nature de leur scolarité les rend peu aptes à affronter la vie professionnelle qui les attend, trop coupée qu'elle est des réalités de la vie et des difficultés du temps. Tout y est fait, y compris dans les plus modernes d'entre elles, les locaux *clean* et climatisés, pour que nos futurs cadres supérieurs évoluent dans un milieu aseptisé, loin des contagions microbiennes d'une planète terre qui les considère bien vite comme d'étranges personnages venus d'ailleurs. Rares sont les moments où, mis véritablement en situation, malgré les stages, les élèves de ces grandes écoles pourront prendre l'exacte mesure de ce qui les attend lorsqu'ils seront vraiment en contact avec le monde extérieur, hors de l'enceinte de confinement protectrice qui les accueille, les enveloppe, les cajole, les dorlote dès leur entrée dans le saint des saints.

Ainsi, chaque année, sortent de nos ENS les agrégés flambants neufs qui vont porter la bonne parole à des potaches de tous âges et de tous poils dans les conditions que l'on sait, eu égard à l'état de notre système éducatif. Croyez-vous que ces brillants sujets ont, au préalable, rencontré les élèves et étudiants auxquels ils vont dispenser leur inestimable savoir ? Et bien non, ce serait sans doute trop demander. On me dira qu'il en est de même pour tous les agrégés et capétiens qui ne sont pas passés par les ENS. Sans doute, mais est-ce une excuse ? Les CES où ils vont enseigner, les lycées où ils vont professer, ils ne les connaissent que par ouï-dire, par ce que la rumeur publique apporte jusqu'à eux, presque malgré eux, à leurs chastes oreilles. Imaginez-vous un médecin qui n'aurait jamais vu un malade, pénétré dans un hôpital, disséqué un corps humain ? Et bien le normalien agrégé qui exerce son métier pour la première fois se trouve exactement dans cette situation. A lui de tâtonner, de découvrir, seul, sur le terrain, mais *a posteriori*, les grandeurs et servitudes de la condition enseignante. S'il ne sait pas comment s'y prendre, tant pis. Il est agrégé, c'est l'essentiel et, ce faisant, l'École a rempli son mandat, honoré le contrat passé lors de l'engagement décennal : l'État l'a nourri, logé, lui a prêté des livres, octroyé un salaire, fourni une culture à nulle autre pareille et, au bout du chemin, assuré un diplôme prestigieux. N'en demandez pas plus, ce serait inconvenant ! On se marie certes, par le concours, on vit ensemble, oui, pendant quatre ou cinq ans et, après, séparation de corps, advienne que pourra ; la machine tourne pour d'autres promotions, prépare ses prochaines fournées, sans se soucier du sort de ceux à qui elle a donné, par une somme de cours magistraux, au sens propre comme au sens figuré, des connaissances certes et souvent plus qu'il n'en faut, mais de compétence professionnelle point. Dans la mêlée ensuite, Dieu reconnaîtra les siens. Ainsi, le normalien ne rencontre aucun élève avant de devenir agrégé, ne teste ses capacités et son goût du métier sur aucune classe avant sa sortie de l'école, ne reçoit aucune formation pédagogique digne de ce nom. Le cas de Saint-Cloud est à cet égard exemplaire et parfaitement analysé par Jean-Noël Luc et Alain Barbé. L'École a pourtant la réputation d'être « une maison où la pédagogie était en honneur » (Max Sorre, 1957) depuis sa création et, en 1970, l'Amicale des anciens élèves insistait encore sur « l'originalité de l'ENS de Saint-Cloud — fondée sur une symbiose entre ses services littéraires et scientifiques et les centres de recherches pédagogiques. Le *Traité des sciences pédagogiques*, le *Guide de l'étudiant*, le SNE Sup se rejoignent à la fin des années 70 pour assurer que l'art de la pédagogie est consubstantiel au cloutier. Je n'avais rien perçu de tel pendant ma scolarité, mais sans doute était-ce de ma part pure distraction, distraction d'autant plus coupable qu'en effet Saint-Cloud est la seule

ENS à disposer en son sein de services de recherche pédagogique, d'excellent niveau d'ailleurs, comme l'indiquent Luc et Barbé, après les avoir tous énumérés, « l'organigramme est impressionnant et le spectacle parfait. Il n'y manque que les principaux acteurs, en l'occurence les cloutiers ». C'est qu'en effet, si les services sont là, la fameuse symbiose, elle, n'est pas au rendez-vous. Ils constituent un monde à part, avec leurs bâtiments spécifiques, leur personnel *ad hoc*, leur clientèle particulière. Trompe-l'œil et alibi, telles sont pour les cloutiers les fonctions de ces services pédagogiques : trompe-l'œil, car ils ne sont nullement fréquentés par les élèves et ne jouent aucun rôle dans leur formation ; alibi car leur existence sert d'argument à toute tentative de « restructuration » des ENS dès lors que Saint-Cloud, par leur existence, ne peut être comparée ou assimilée aux autres. Nous étions, d'ailleurs, et ceux qui nous ont précédé aussi, complices de cet état de choses : tout nous rebutait dans cette éducation professionnelle, nous qui caracolions, entraînés par des as du tiercé gagnant, vers la prestigieuse ligne d'arrivée du culturodrome de Saint-Cloud, l'agrégation. Ces services, « idiots-visuels » et autres, étaient pour nous des excroissances monstrueuses ; ces maîtres, confrontés aux difficultés du métier et cherchant à les dominer, nous paraissaient des nains, des tâcherons besogneux d'un prolétariat professoral auquel nous n'appartiendrions jamais, destinés que nous étions aux lycées BCBG, aux prépas performantes, aux universités quatre étoiles. Et comme la direction ne faisait rien pour nous pousser à les fréquenter, nous ne voyions pas pourquoi pousser le masochisme jusqu'à nous y rendre spontanément. C'est donc abusivement que Saint-Cloud se pare de l'étiquette d'École normale pédagogique. Luc et Barbé ont raison de dire que « la situation constatée dans cet établissement n'est jamais que la transposition d'un paradoxe national qui consiste à recruter des enseignants du second degré, sans se préoccuper du système scolaire et de la société. En se consacrant uniquement à la préparation de l'agrégation, les cloutiers respectent la "logique" d'un système et celle d'une institution qui accepte les règles du jeu ». Paradoxe, en effet, et il a la vie dure, d'une grande école qui tourne le dos à la formation professionnelle et considère que son contrat est rempli, sa tâche terminée, dès lors que ses élèves — et c'est le cas — réussissent brillamment à l'« agreg », laquelle sanctionne un niveau de culture et une aptitude à les mettre en valeur avec clarté et si possible brio, mais dont l'académisme ne garantit en aucun cas la qualité professionnelle d'un futur enseignant d'un CES de province ou d'un lycée de banlieue. Ce qui vaut pour Saint-Cloud vaut *a fortiori* pour Fontenay, Sèvres et Ulm où l'on se tire de ce « mauvais procès » sur l'absence de formation en assurant que l'École dispense « une pédagogie de fait » mais qu'elle n'est pas « théorisée ». La pirouette est habile mais ne convainc personne. Scolarité aseptisée, oui, sans doute, mais il s'agit là d'écoles pour intellectuels et l'on connaît la réticence des penseurs pour les choses de la vie ! Cela doit donc être bien différent à l'ENA, qui se proclame haut et fort « école d'application ». Y a-t-il là aussi, comme pour la soi-disant vocation pédagogique de Saint-Cloud, usurpation, publicité mensongère, tromperie sur la marchandise. Hélas, oui, en grande partie. A l'exception de tel ou tel élève qui, par volonté délibérée, retrousse ses manches pour aller à la rencontre des « usagers », des « Français ordinaires qui paient leurs contraventions, qui font la guerre à la Sécurité sociale et qui comptent en anciens francs, des gens qu'ils risquent de ne plus rencontrer ensuite dans leur existence[1] ».

Et pourtant, que de stages, en France et à l'étranger. Préfecture, ambassade, collectivité locale, entreprise : l'énarque est donc homme de terrain ! Certes mais quel terrain ! En préfecture, le stagiaire est intégré à l'équipe préfet-secrétaire général-directeur de Cabinet. Il côtoie chaque jour

1. Roger Fauroux, *Le Débat*, n° 40.

ces responsables, fait des études sur des questions que l'équipe préfectorale n'a pas le temps d'étudier, de la représentation aux cérémonies secondaires, accompagne le préfet lors des manifestations ou réunions importantes — le stagiaire est pour le préfet un ornement de luxe, un signe extérieur de richesse, un élément de standing que l'on promène avec soi —, fait des plans de table pour les dîners, participe aux prises de décision sans en avoir la responsabilité et, s'il a un peu de chance, fait des interim de directeur de Cabinet ou de secrétaire général. Tout cela est passionnant — sans ironie — mais, à de rares exceptions près, il ne voit l'administration préfectorale que par le haut et les « usagers » que par le truchement des dossiers qu'il est amené à traiter. Roger Fauroux, avec le regard neuf du nouvel arrivant, ne compare-t-il pas ces stages au service militaire, dont on disait il y a cinquante ans qu'il permettait aux enfants de la bourgeoisie de côtoyer des Français ordinaires et de se faire une idée de leurs problèmes : « Il [le stage pratique] joue encore partiellement ce rôle. Certains énarques que j'ai aujourd'hui en charge n'ont eu que deux expériences dans leur vie : le service militaire, qui leur a ouvert les yeux sur ce qu'est un Français moyen, et le stage qu'il faudrait encore diversifier. L'ENA doit s'ouvrir davantage à toute la richesse de la société française qui, en plus, évolue. Je trouve que l'École d'aujourd'hui ressemble trop à l'École que j'ai connue il y a presque trente ans. » Que des efforts aient été faits, c'est indéniable, mais ceux qui ont vécu un stage en préfecture — au demeurant passionnant le plus souvent, en ambassade — le rôle de sous-deuxième secrétaire est en général dévolu au stagiaire qui fréquente surtout le hall de l'aéroport pour accueillir les personnalités les plus hétéroclites, en entreprise, où après quinze jours de « stage ouvrier », on se consacre à des études comparées de ratios financiers ou à la refonte de l'organigramme de la direction générale, ceux-là savent qu'il y aurait encore beaucoup à faire pour que les stages soient véritablement des moments de formation professionnelle. On y teste l'autorité, la capacité d'intégration, donc en partie le conformisme à un milieu qui sera peu ou prou le sien à la sortie de l'École, la culture générale, l'aptitude à résumer intelligemment des dossiers mais ceci ne fait pas un savoir-faire, ceci n'apprend pas que l'on administre pour des gens, qu'un service public est d'abord un service au public, qu'un ministère est une lourde machine bureaucratique aux hiérarchies pesantes dont il faudra gravir un à un les échelons en se consacrant à des tâches pas toujours exaltantes.

Des efforts ont été faits aussi pour donner à la scolarité proprement dite une tonalité plus concrète afin d'éviter l'accusation classique de redondance avec Sciences Po. Que donnent alors ces seize mois de notes sur dossiers, d'entraînement à la rédaction de textes administratifs, d'acquisition de rudiments de gestion publique, de mathématiques, de statistiques, d'informatique ? Peu de choses en termes de formation professionnelle : l'École bouche encore les trous de culture générale — et ils sont nombreux — de ses élèves, l'omnidisciplinarité, comme je l'ai dit, conduit au saupoudrage et donc à tout sauf à l'ébauche d'une spécialisation, la pédagogie sert à classer, bien davantage qu'à mettre en valeur des savoir-faire professionnels ou des idées originales — aucune des contraintes réelles de la décision ne figure dans les dossiers et ce n'est pas en dix heures de cours que l'on apprend à rédiger un décret.

Ainsi, au terme de sa scolarité, l'énarque n'aura pratiquement eu aucun contact réel ni avec l'administration de base, ni avec l'« usager », ni avec le monde économique et social qui va subir ses décisions, pas plus qu'il n'aura pris l'exacte mesure des servitudes d'un futur métier dont il n'aura aperçu que les grandeurs. Cette « richesse de la société française », ce pays en mouvement, qu'il est censé contribuer plus tard à administrer, il n'en aura perçu que des bribes, quelques détails au détour d'un chemin, mais pas les ressorts profonds. C'est sans doute ce qui fait dire à Simon

Nora, parlant de l'avenir de l'ENA, que celui-ci « peut être mis en cause de deux façons. Son rejet par une société qui aurait changé plus vite qu'elle, ou une fossilisation glorieuse »[1]. Les deux maux se rejoignent en fait et l'énarque apparaît de plus en plus comme un futur officier qui n'aurait jamais fait un parcours du combattant, ni nettoyé la culasse d'un fusil, jamais subi, fût-ce à blanc, l'épreuve du feu, jamais commandé un groupe d'appelés, sauté en parachute ou conduit un char de combat. L'École est ici, la vie est ailleurs, tant pis. Les grands corps de l'État, Conseil d'État, Cour des comptes, Inspection des finances ne s'y trompent d'ailleurs pas. Ils savent eux que leurs jeunes recrues sont, au mieux, des demi-produits sans spécialisation véritable, ni compétence pour le métier que leur classement leur a permis de choisir. Ils prennent acte de la faiblesse de la formation et, après la sortie de l'ENA, donnent sur le tas les techniques nécessaires par un apprentissage de quatre ans supervisé par des aînés confirmés.

Former des officiers, d'un genre particulier, ceux « de la guerre économique, c'est-à-dire les cadres de la Nation qui doivent permettre à celle-ci de tenir son rang économique au sein des nations », tel est le but qu'assigne Bernard Esambert à l'École polytechnique. Le long rapport, dont j'ai abondamment parlé, confirme, si besoin était, les lacunes de la scolarité à cet égard et, lorsqu'il appelle l'École à « faire sa mutation et s'ouvrir davantage au monde extérieur pour y retrouver un rayonnement qui lui fait singulièrement défaut depuis plusieurs décennies », il ne fait pas autre chose que confirmer le diagnostic déjà porté sur les autres grandes écoles, trop coupées des réalités pour donner à leurs élèves la formation professionnelle que les futurs utilisateurs seraient en droit d'attendre. Quant à HEC, si elle se rapproche davantage des exigences de notre temps, elle souffre en mineur des mêmes maux et l'ivresse de la réussite, de la compéti-

1. *ENA mensuel*, octobre 1985.

tion, de l'entreprise qui a saisi ses élèves les conduit, comme il a été dit, à contourner la sphère de la production, où se joue pourtant la bataille essentielle, pour savourer les délices de secteurs périphériques.

D — Avis de recherche

Commençons par une banalité : la recherche scientifique et technique, donc l'innovation, est une clé fondamentale du développement et de la compétitivité des économies occidentales. La France ne restera pas un grand pays moderne sans cela. Qui aujourd'hui n'acquiesce à ce postulat, bien compris par de Gaulle, admis par Pompidou, oublié par Giscard, repris par Mitterrand et négligé par le budget de 1987 ? Or, nos grandes écoles, Polytechnique et les ENS, car HEC et l'ENA n'ont à cet égard aucune vocation particulière, qui recrutent sur un concours de haut niveau les plus prometteurs de nos mathématiciens et physiciens, seraient particulièrement bien placées pour être les fers de lance de cette bataille essentielle. De plus, les infrastructures existent : Polytechnique et Ulm sont bien dotées à cet égard. Les laboratoires de l'X, au nombre de 15 pour 500 chercheurs environ, associés au CNRS, d'excellente qualité, de réputation internationale, ont tout pour être parmi les meilleurs établissements du monde. Pourtant, comme les unités pédagogiques de Saint-Cloud, les laboratoires de l'X sont un ensemble avec lequel les élèves n'ont que des relations épisodiques. On flirte un peu, certes, mais on ne consomme pas, l'on se marie encore moins et, l'immaculée conception restant une exception dans l'histoire de l'humanité, on ne procrée pas. Venus de lycées où l'on ne fait pas de recherche, de taupes où elle est totalement absente, les polytechniciens, surtout depuis les années 70, boudent la recherche au sortir de l'École. A cela plusieurs raisons. La première résulte du peu de place donnée à la recherche dans la scolarité, du peu de temps dont disposent les élèves pour s'y consacrer, du peu de motivation de la majorité des élèves pour cette discipline. Trois mois d'option, c'est le SMIC — recherche pour toute la scolarité. En dehors de ces trois mois, ceux qui font la course aux corps n'ont pas le temps, ceux qui ont renoncé préfèrent les salles de billard aux laboratoires. La deuxième raison tient à la dévalorisation des carrières de chercheurs et aux moindres attraits qu'elles offrent par rapport à l'Administration et au privé. Cela est dommage, car les polytechniciens qui ont fait carrière dans la recherche ont parfaitement réussi et contribué dans bien des domaines aux succès scientifiques de notre pays. Si la création des allocations de recherche, en 1976, en a accru le nombre, elle a seulement permis de retrouver les niveaux des années 60. Le fait que nombre d'anciens de l'X optent pour la recherche dans les grands organismes publics ou dans l'industrie (ingénieurs-chercheurs), ne compense pas la désaffection globale pour cette orientation. Le constat de Laurent Schwartz, en 1981, était sévère à cet égard : « Les anciens X aiment être cadres, y compris directeurs de labos de recherches, mais pas chercheurs. » Cinq ans plus tard, celui de Bernard Esambert ne l'est pas moins : « Les élèves fréquentent marginalement ces laboratoires à l'occasion d'options sans que ces visites déclenchent suffisamment de vocations » car ces organismes sont mal intégrés à la vie de l'École. Il n'y a pas d'interaction entre les élèves et les laboratoires, pas assez de travaux pratiques dans la scolarité, pas de participation des laboratoires à des enseignements de synthèse, pas de sensibilisation à la recherche, pas de liens suffisants entre ces laboratoires et l'industrie, si bien qu'Esambert en appelle à la refonte des rapports entre le CNRS et Polytechnique et au décloisonnement des laboratoires pour qu'ils s'intègrent enfin à « la vie scientifique et pluridisciplinaire de l'École ». A la sortie, la recherche vient en troisième position dans le choix de carrière, après l'Administration et l'industrie parce que les jeunes polytechniciens voudraient être sûrs « que leur choix en faveur de la recherche ne les privera pas d'accès à des emplois supérieurs dans l'industrie et que leur rémunération de jeunes thésards se compare à celle de leurs camarades qui ont choisi d'autres filières. Bref, pour chacun d'eux, entrer dans la recherche n'est pas forcément entrer en religion ». Comme l'Église, la recherche souffre de la crise des vocations ; comme le denier du culte, les émoluments afférents à ces carrières ne sont guère incitatifs, et préparer l'avenir n'apporte à ceux qui s'y consacrent guère plus de considération que la médecine des âmes. Il y a donc un décalage entre la qualité des labos et des chercheurs de l'X et leur faible valeur ajoutée pour l'École. En outre, tare bien française, à la différence des États-Unis, de la RFA ou du Japon, il est plus attrayant d'être cadre, financièrement et socialement, qu'ingénieur-chercheur. Encore un gisement inexploité, une énergie renouvelable non utilisée, un gaspillage des élites que nous payons au prix fort. Les constats de carence se multiplient depuis une décennie, les solutions pour y remédier existent, les décisions pour qu'il en soit ainsi ne sont pas prises. Un constat presque identique peut être fait à Ulm, même si la vocation de l'École est bien de former des « savants ». La récente réorganisation des enseignements scientifiques autour des magistères, dans quatre domaines (mathématiques, informatique, physique, chimie, biologie) auquel s'ajoute aujourd'hui la géologie, va dans le bon sens mais beaucoup de potentialité reste encore inemployée.

E — La disparité des destins individuels : n'est pas Rastignac qui veut

Les anciens des grandes écoles ne constituent pas une population homogène. Le classement de sortie, les hasards de carrière, les aléas de la vie font diverger les destins de ces heureux pensionnaires des maisons les plus en vue de notre système d'enseignement supérieur. Cette noblesse des temps modernes, à laquelle ils appartiennent, est, en effet, tout sauf un corps uniforme. Nobles de Paris ou nobles de province, de cour ou de robe, détenteurs de grands apanages ou de fiefs minuscules, intégrés à leur ordre ou dérogeant au-dehors, ils se caractérisent par une grande disparité de leurs destins individuels.

1. « The right man in the right place »

Les ENS forment des enseignants, Polytechnique des ingénieurs, HEC des cadres supérieurs de gestion, l'ENA des administrateurs généraux. Même si cette formation est ce qu'elle est, c'est-à-dire largement déphasée par rapport à ce que l'on pourrait attendre au regard des finalités proclamées de ces écoles, il n'en reste pas moins que nombre d'anciens exercent, bien ou mal, mais là n'est pas la question, la profession à laquelle chacune de ces institutions est censée les préparer. Ce sont les anciens des ENS, agrégés, professeurs de lycée ou d'Université et chercheurs au CNRS, les Polytechniciens qui exercent leur métier d'ingénieur dans les entreprises publiques ou privées, les anciens d'HEC qui gèrent dans les entreprises, les énarques suivant une carrière administrative « normale » dans les ministères et corps choisis à la sortie de l'École. L'observation des promotions sorties de ces écoles depuis 1960 conduit à une conclusion simple : de moins en moins nombreux sont ceux qui embrassent purement et simplement la carrière conforme à la vocation de leur école; de moins en moins nombreux sont ceux qui, l'ayant embrassée au début, s'obstinent à en gravir les échelons, « normalement », pour arriver « à l'ancienneté » aux postes de responsabilité les plus élevés de la filière choisie.

Ainsi, subrepticement, au fil des ans, on assiste à un exode hors des corps et fonctions auxquels les écoles préparent ou qui sont choisis momentanément à la sortie.

L'ENS de Saint-Cloud est exemplaire à plusieurs titres. Elle est la plus populaire de nos grandes écoles par son recrutement. Sa consécration comme école normale supérieure de plein exercice (succès à l'agrégation, pénétration dans l'université et la recherche) est récente, sa finalité professorale est la plus affirmée. Tout conduit donc à penser que les anciens cloutiers sont prédestinés à devenir, après l'agrégation, professeurs dans les lycées et les classes préparatoires, enseignants des facultés, chercheurs dans nos grands instituts de recherche. Cela est vrai, en effet, pour les scientifiques. Il en va tout autrement des littéraires. De plus, les évolutions récentes accentuent encore cette divergence entre les deux filières, le tournant chronologique pouvant être situé au début des années 70. Les tableaux construits par Luc et Barbé pour la période 1942-1973 sont ici particulièrement clairs (la promotion 1973 est la dernière concernée par l'enquête qu'ils ont organisée en 1979 auprès des anciens élèves, avec un recul de six ans par rapport à la dernière année prise en compte, ce qui semble raisonnable pour tenir compte des évolutions dans les premiers temps de la carrière).

TABLEAU I

Situation professionnelle des cloutiers en activité (en %)

	Mai 1914	Janvier 1938
Prof. EN	33,4	23,8
Prof. EPS	15,0	32,4
Dir. EPS	6,8	5,1
Dir. EN	7,8	6,9
Insp. prim.	24,7	11,6
Prof. ou dir. écoles techniques	2,8	1,7

Prof. secondaire	5,1	9,0
Adm. scolaire, inspection .	0,9	2,6
Université	1,5	1,5
Hors enseignement	1,8	5,4
Effectif	(602)	(802)

Sources : 1914 : annuaire et tableau corrigé, *Bull*, mai 1974, p. 31-108, 114; notices nécrologiques 1938 : *Bull*, juin 1938, p. 36.

TABLEAU II

Fonctions occupées à la sortie de l'École selon les disciplines (en %)

Promotions	1942-1955		1956-1965		1966-1973	
	L	S	L	S	L	S
Prof. d'EN	23,6	8,3	8,6	1,9	3,7	3,6
Prof. secondaire ..	72,8	72,3	70,0	41,1	81,0	36,0
Prof. classe prép. .	0,7	2,7	1,4	8,4	1,3	15,3
Université	1,4	11,1	17,1	46,7	11,4	27,0
Recherche		4,2	0,7	1,9	1,3	18,0
Haute adm. diplom.	1,4	1,4	2,1		1,3	
Effectif	(140)	(72)	(140)	(107)	(79)	(111)

L : Lettres S : Sciences

TABLEAU III

Fonctions occupées en 1979 (a)

Promotions	1942-1955	%	1956-1965	%	1966-1973	%
Prof. d'EN	39	6,2	21	2,7	14	1,8
Dir. d'EN, insp. prim.	11	1,8	1	0,1		
Prof. secondaire (*b*)	276	44,4	334	42,9	478	63,2
Adm. scolaire, insp.	42	6,7	5	0,6		
Université	224	36,0	359	46,0	141	18,6
Recherche	11	1,8	36	4,6	89	11,8
Haute adm. diplom.	11	1,8	9	1,2	25	3,3
Divers	8	1,3	16	2,0	9	1,2
Effectif	622	100	781	100	756	100
Inconnu (*c*)	12	1,9	58	6,9	38	4,7

(*a*) La proportion d'universitaires et de chercheurs est légèrement inférieure dans la population parente à ce qu'elle est dans l'échantillon appréhendé par l'enquête de 1979 (1942-1955 : 40,9 % ; 1956-1965 : 54,0 % ; 1966-1973 : 32,0 %); celle de professeurs du secondaire est légèrement supérieure, voir note (*b*). Deux facteurs expliquent ces différences : la tendance des universitaires à répondre davantage à l'enquête et les délais de mise à jour du fichier utilisé pour l'étude des carrières de l'ensemble des anciens élèves.

(*b*) Les sources disponibles ne permettent pas d'identifier avec certitude les professeurs de classe préparatoire dans la population parente. Dans l'échantillon, ils représentent 13,2 % des promotions 1942-1955 (pour 39,5 % de professeurs du secondaire); 9,7 % des promotions 1956-1965 (pour 40 %); 11,3 % des promotions 1966-1973 (pour 60,5 %).

(*c*) Pour retrouver les effectifs du tableau I, il faut ajouter aux élèves dont le métier est ignoré, ceux qui sont morts ou qui ont démissionné avant d'exercer une fonction.

TABLEAU IV

Fonctions occupées en 1979 selon la discipline (a) (en %)

Promotions	1942-1955		1956-1965		1966-1973	
	L	S	L	S	L	S
Prof. et dir. d'EN	10,7	4,7	3,8	1,9	2,4	1,3
Prof. du secondaire	30,7	61,4	36,6	48,5	72,8	53,8
Adm. scolaire, insp.	8,7	4,3	1,3			
Université	43,8	26,4	50,3	42,0	13,6	23,6
Recherche	1,5	2,2	1,6	7,4	2,1	21,3
Haute adm., diplom.	2,9	0,3	2,1	0,2	6,4	
Divers	1,7	0,7	4,3		2,7	
Effectif	(345)	(277)	(374)	(407)	(375)	(381)
Inconnu	2,2	1,4	9,6	4,2	6,0	4,3

L=Lettres S=Sciences.

(*a*) D'après le test du X2 avec corrections de Yates, la différence n'est pas significative, à P=0,1, pour chacun des groupes de promotions, entre la situation de l'ensemble des élèves (présentée dans ce tableau) et celle de l'échantillon des répondants à l'enquête (résultats non publiés ici). Pour apprécier la trajectoire professionnelle des cloutiers entre leur sortie de l'École et 1979, on peut donc comparer les données de ce tableau à celles du tableau 21, tout en sachant que dans l'échantillon les universitaires sont, en 1979, légèrement plus nombreux, et les professeurs du secondaire moins nombreux (voir note (*a*) du tableau III et note cidessous).

(*b*) % de professeurs de classe préparatoire dans l'échantillon (voir note (*b*) du tableau III).

	Lettres	Sciences
1942-1955	6,8 (29)	24 (57,1)
1956-1965	3 (32,2)	17 (48,4)
1966-1973	1,5 (69,5)	19,5 (52,1)

Les chiffres entre parenthèses indiquent les % de professeurs du secondaire dans l'échantillon.

(*c*) Voir note (*c*), tableau.

Ces trente années, qui couvrent la période de montée en puissance et d'apogée de Saint-Cloud, illustrent parfaitement l'adéquation d'ensemble entre la finalité de l'École et la profession exercée par les anciens. L'immense majorité d'entre eux a trouvé sa place, au bon niveau, dans la galaxie Éducation nationale et l'exode vers d'autres horizons a été particulièrement faible. Un transfert a eu lieu au sein de l'Éducation nationale du secondaire vers les classes préparatoires et l'Université, ce qui correspond à la fois à la valorisation du statut de l'École et à l'explosion universitaire des années 60. Pourtant, des évolutions se dessinent déjà qui laissent présager les glissements contemporains, ceux de la dernière décennie. Si le taux d'évasion hors de la Fonction publique reste très faible (nul à la sortie, pour toutes les promotions entre 1942 et 1973 pour l'ensemble des promotions scientifiques et littéraires confondues, et inférieur ou égal à 2 % en 1979), le pourcentage d'élèves entrés dans la haute administration et la diplomatie est lui en augmentation sensible pour les promotions les plus récentes, surtout si l'on tient compte du faible recul dont on dispose pour la période 1956-1973. Ceci est encore plus net si l'on observe l'évolution chez les littéraires. Ainsi, alors que le taux d'évasion hors de l'enseignement est, en 1979, de 4,6 % pour les promotions sorties entre 1942 et 1955, aujourd'hui en fin de carrière, il est de 6,4 % pour celles des années 1956-1965, désormais en milieu de carrière et de 9,1 % pour celles des années 1966-1973 qui étaient encore en début de carrière à l'époque de l'enquête. Cette évasion croissante se fait surtout au sein de la fonction publique, dans la « haute administration et la diplomatie », ce qui reflète pour une large part le processus d'intégration des cloutiers, agrégés ou non, à l'ENA lequel n'a cessé de s'accentuer depuis lors (1,8 % pour 1942-1955 ; 1,2 % pour 1956-1965 ; 3,3 % déjà pour 1966-1973.) Les études sectorielles qui ont été menées confirment cette vision d'ensemble. Ainsi, Jean-Louis Tissier[1] montre « que sur 96 cloutiers issus de ces promotions, 63, soit 66,61 % exerçaient en 1979 dans le supérieur et la recherche, soit la plus forte proportion pour l'ensemble des disciplines littéraires de l'École. Cette concentration a d'ailleurs permis à ces cloutiers d'influencer largement leur discipline. Saint-Cloud est alors un fief de la géographie qui donne sa marque à l'école française de géographie. Dans le secondaire, mais surtout le supérieur et la recherche, la capacité d'entraînement des cloutiers sur le milieu dans lequel ils exercent, professeurs comme étudiants, leur compétence scientifique, leur rayonnement dans l'institution comme au-dehors, l'osmose entretenue avec l'École qui y trouve une réserve de conférenciers et un patronage scientifique, font de cette réussite universitaire un exemple exceptionnel de ce que devraient faire les grandes écoles : former

1. « Les Anciens Élèves de l'École normale supérieure de Saint-Cloud et la géographie française, 1942-1973 », in *Le Personnel de l'enseignement supérieur* en France aux XIXe et XXe siècles, Édition du CNRS, 1985.

des « hommes de l'art », capables de dynamiser leur milieu et d'impulser leur spécialité. Bien que dans de moindres proportions, les autres disciplines littéraires ont connu un phénomène comparable, surtout pour les promotions sorties entre 1942 et 1965 : 56 % des linguistes sont dans les universités en 1979, 45,4 % pour les historiens, 33 % pour la philosophie.

Pour les géographes, et cela vaut aussi pour les autres disciplines littéraires, commence, au début des années 70, une période d'incertitudes. Globalement, cela a été souligné, Saint-Cloud « s'embourgeoise » dans son recrutement et, sans que l'on puisse établir un lien de cause à effet, puisqu'au même moment les occasions d'accéder au supérieur s'amenuisent, on assiste à un repli des cloutiers sur le secondaire. Vivant mal cette situation, à laquelle ils ne sont guère préparés par leur scolarité à l'école et sans doute malmenés par la crise du système éducatif, certains trouvent une solution à leur déconvenue en préparant l'ENA après l'agrégation » (Jean-Louis Tissier). Dès lors, au fil des années, le nombre de cloutiers littéraires qui, à leur sortie de l'École trouveront un poste en lycée, dans les universités ou la recherche, ne va cesser de s'amenuiser. Ainsi, sur 134 anciens élèves, historiens, des promotions 1963-1978 recensés en 1986 par l'Association des anciens élèves, 62 d'entre eux, soit 40 % seulement occupent de tels emplois. Donc, entre huit et vingt-trois ans après leur sortie, moins d'un cloutier historien sur deux exerce le métier pour lequel il a été formé au niveau auquel il peut prétendre. 60 % d'entre eux se trouvent hors de ce circuit normal, par choix ou par obligation, ce qui démontre assez l'ampleur de la crise d'identité des écoles normales, or il en est de même pour la rue d'Ulm et, bien qu'à un moindre degré, pour Fontenay et Sèvres.

Alors où sont les autres ? Là encore, le recensement fait sur les historiens par l'Association des anciens élèves de Saint-Cloud nous fournit un échantillon intéressant. On y trouve pêle-mêle des enseignants de CES, des énarques, surtout au Quai d'Orsay et dans les grands corps de l'État, des attachés culturels, un cadre dans un cabinet de communication et publicité, un patron — et oui ! — qui dirige un bureau d'études historiques sur les entreprises, un journaliste — il s'agit de Guillaume Malaurie, bien connu pour ses articles dans *L'Express* où il est aujourd'hui grand reporter — un cadre d'Elf-Aquitaine, un attaché parlementaire devenu depuis lors journaliste politique au *Matin* (Bertrand Pecquerie), un lecteur de linguistique à l'université de Damas, un attaché d'administration, le directeur de l'Institut de formation aux carrières sociales de Rennes, etc. Au sein de cet agrégat disparate de cloutiers désunis, on note la forte poussée du nombre des énarques (10 %) et de ceux qui, définitivement ou en détachement, ont quitté l'enseignement pour l'administration. Beaucoup d'entre eux ne prennent d'ailleurs plus la peine de passer l'agrégation et ceux qui la passent parce que c'est une garantie d'emploi pour le cas où leur reconversion à l'ENA, dans l'administration ou ailleurs serait un échec, s'orientent de plus en plus vers l'agrégation de sciences économiques et sociales qui ouvre ensuite bien des portes hors de l'enseignement et donne un bagage un peu comparable à celui des Sciences Po pour préparer le concours d'entrée à l'ENA. A cet égard, les ENS sont en train de devenir, et Saint-Cloud-Fontenay se banalise de plus en plus par rapport à Ulm-Sèvres, des filières particulières pour accéder aux métiers les plus divers et notamment aux fonctions élevées du secteur public comme du secteur privé. Pour la fonction publique cela est très net et la double appartenance, normalien-énarque, avec ou sans l'agrégation, devient un phénomène répandu. Tout se passe comme si les enfants des couches supérieures délaissaient de plus en plus l'Université pour se diriger vers ces Écoles normales avec l'idée bien arrêtée, sauf accident, de ne pas embrasser ensuite la carrière enseignante. Cela n'a rien de surprenant quand on connaît la crise de notre système éducatif et le faible nombre de diplômés des universités qui sont aux postes de commande de notre société. Comme le soulignent très judicieusement Luc et Barbé à propos de Saint-Cloud « à partir de la promotion 1966, une attitude plus désabusée semble de mise : pour six anciens élèves sur dix, le séjour à Saint-Cloud est un simple épisode de la vie professionnelle, une péripétie de leur processus d'ascension sociale, voire, pour un quart d'entre eux, un phénomène indifférent à leur trajectoire... l'apport de l'École se limite à l'obtention d'une "carte de visite" ou un point de départ nécessaire pour atteindre la haute administration. » Les ENS tendent donc à remplir le même rôle que Sciences Po, pour les littéraires : préparer à des emplois dans la haute administration et ouvrir vers les carrières les plus diverses. A cette différence près, et elle est de taille, que l'État est censé payer les normaliens pendant leur scolarité pour qu'ils deviennent enseignants alors que les études à Sciences Po sont payantes pour les étudiants. Cette évasion croissante des « déçus du normalisme » vers d'autres horizons résulte aussi bien d'une volonté initiale, d'un mode d'emploi particulier des ENS, considérées comme une filière-tremplin vers d'autres carrières que l'enseignement, que de la crise des débouchés universitaires et de la « prolétarisation » des agrégés, qui ont de plus en plus de difficultés à obtenir les prépas ou les bonnes classes des meilleurs lycées de la capitale ou des grandes villes dont ils rêvaient à leur entrée dans l'une ou l'autre des écoles normales, et ce depuis le milieu des années 60. « Publicité mensongère » disent les uns, « le piège secondaire s'est refermé sur nous » clament les autres, tandis que certains constatent le prestige qui reste attaché au titre de normalien, découvrent l'atout qu'il représente sur le marché du travail. En discordance croissante avec un public frotté à l'informatique et à Goldorak, les normaliens ont donc tendance à fuir l'enseignement lorsqu'ils découvrent, tels des Martiens sur la planète Terre, que leur haut niveau de culture et leurs « méthodes » d'enseignement ne leur servent pas à grand-chose dans les établissements où ils enseignent. Noyés dans la masse d'un personnel enseignant hétéroclite où se côtoient les statuts les plus divers, du PEGC à l'agrégé en passant par les adjoints d'enseignement, les capésiens, les bi-admissibles et bien d'autres encore, privés à Béthune, Laigle, Montoire, Sens, Cholet, Montbéliard, Bourbon-Lancy, Roanne, Chauny ou Louviers du contact avec la recherche, de l'excellence des universités parisiennes qu'ils avaient pris l'habitude de fréquenter pendant leur scolarité, nos normaliens s'étiolent, sans pouvoir faire bénéficier leurs établissements, leurs collèges, leurs élèves des savoirs acquis depuis le baccalauréat. Qui ne connaît aujourd'hui tel ou tel d'entre eux, las, abandonnés à un sort qu'ils vivent tristement. Les meilleurs d'entre eux partent, quand il est encore temps, les autres restent, vieillissent mal, s'aigrissent au fil du temps, sans ressort, dans un système scolaire délabré par de nombreuses années de laisser-faire, de corporatisme, de réformes contradictoires, de règne absolu de l'ancienneté au détriment du mérite, de mauvaise gestion du personnel. Vient alors le temps des jérémiades, du je-m'en-foutisme, de l'indifférence, « bof génération » de quadragénaires qui se lamentent sur la baisse du niveau des élèves, l'agressivité des parents d'élèves qui veulent se mêler de pédagogie sans rien en connaître, l'incompréhension de l'administration, la vertigineuse dégringolade sociale qui est la leur. Quel gâchis pour la nation. Les voici abandonnés en pleine nature par l'État, qui après les avoir recrutés, payés, nourris, logés s'en désintéresse au point de se voiler la face, pour ne pas voir l'image sinistre qu'il donne de lui-même lorsque, contemplant le miroir brisé de ce qui devrait être un corps d'élite, il ne voit que soldats défaits, battant en retraite en ordre dispersé, harcelés par l'administration, les parents d'élèves, les élèves et fuyant sans se retourner en pensant encore quelquefois, presque par inadvertance, aux rêves nourris dans les vieux lycées où ils ont jadis fait leurs classes. Au cœur de cette débâcle, on peut se demander à quoi servent encore ces ENS et leurs agrégés s'ils doivent demain enseigner le français ou les mathématiques dans un CES, le latin dans un petit lycée de province, en fabriquant des chômeurs, et s'ils choisissent d'échapper à l'enseignement par volonté délibérée ou sous la pression des faits. Comment ne pas souscrire à ce constat fait devant moi par un enseignant de la rue d'Ulm : « Les moins imaginatifs et les moins doués de nos agrégés restent dans l'enseignement secondaire, surtout chez les littéraires. Un nombre croissant d'entre eux sont dispersés dans des CES. Cela serait encore admissible s'il s'agissait d'un an ou deux, mais il n'en est pas ainsi car ils s'y enlisent, des années durant, coupés des universités, tels des canards dans un poulailler. C'est une perte sèche pour l'État qui a investi sur leur tête et je ne parle pas de la mésaventure personnelle qu'ils connaissent. Quant aux scientifiques, ils se détournent sans cesse davantage de l'enseignement et de la recherche pour entrer dans l'administration avec l'ouverture qui leur est faite dans les corps. Ils fuient les faibles gratifications que leur offre le métier en termes de salaires, d'intérêt du travail et de reconnaissance sociale et même l'université passe aujourd'hui au second rang. Quant aux "normaliens doctorants" qui sont affectés pour une durée de deux ans comme assistants dans les universités, leur destin est celui des tucistes : peu nombreux trouvent ensuite un emploi fixe en faculté et le retour dans les lycées, voire les CES, engendre des frustrations encore plus aiguës que celles de leurs collègues affectés d'emblée dans le secondaire à la sortie de l'école. » État des lieux pessimiste dira-t-on, à l'heure où les ENS fusionnent et qu'une petite dernière naît dans les brumes lyonnaises. Non, car force est de constater, comme le savent les responsables de ces écoles, ceux qui y enseignent comme ceux qui en sont issus, combien est grave ce dérapage que confirment les statistiques. Les ENS mènent à tout, mais de moins en moins à l'enseignement et parmi ceux qui, délibérément ou contraints et forcés, empruntent cette voie, le nombre de ceux qui trouvent chaussure à leur pied dans le supérieur, la recherche, les grands lycées de Paris ou des grandes villes de Province ne cesse de diminuer. C'est, à terme, la justification même de ces établissements qui est en question.

A l'École nationale d'administration, les choses sont différentes et pourtant, on constate la même tendance à l'évasion, bien que dans des proportions beaucoup plus limitées, hors des corps dans lesquels les élèves intègrent à leur sortie de l'École. Cela vaut d'abord, bien sûr, pour les « grands corps », Conseil d'État, Cour des comptes, Inspection des finances. Il s'agit ici d'une « évasion » légale et organisée dans la mesure où, après quatre ans de formation professionnelle, et celle-ci est réelle, les énarques des grands corps ont la possibilité d'être affectés dans l'ensemble de l'administration et du secteur public, sans pour autant cesser d'appartenir à leur corps d'origine. Ainsi, selon l'*Annuaire des anciens élèves de l'ENA*, en 1985, la Cour des comptes avait 195 magistrats (conseillers maîtres, conseillers référendaires, auditeurs) en service normal à Paris ou dans les chambres régionales des Comptes et 91 magistrats occupant diverses fonctions hors de leur administration. Ainsi, les deux tiers seulement des magistrats de la Cour des comptes exercent le métier choisi à la sortie de l'École. Le pourcentage est à peu près similaire pour le Conseil d'État mais nettement inférieur pour l'Inspection des finances : 54 inspecteurs généraux, inspecteurs et inspecteurs adjoints exercent au 93, rue de Rivoli, tandis que 156 d'entre eux sont en fonction hors de l'administration, soit plus des trois quarts. Parmi les autres corps spécialisés (affaires étrangères, préfectorale), l'évasion est beaucoup plus réduite et l'immense majorité des énarques qui choisissent ces deux carrières à la sortie de l'École y restent généralement en fonction par la suite, hormis l'obligation légale de mobilité, d'une durée de deux ans minimum, pour les membres du corps préfectoral. Quant aux administrateurs civils de chaque ministère, qui constituent le gros des troupes énarchiques, soumis eux aussi à l'obligation légale de mobilité, de deux ans minimum, quatre ans après leur sortie de l'École, nombre d'entre eux accomplissent une carrière hors de leur ministère d'origine.

Au ministère de l'Éducation nationale (services extérieurs compris), 96 énarques, administrateurs civils de ce ministère, y sont en fonction tandis que 49 d'entre eux exercent leur fonction hors de leur administration, non compris bien sûr ceux qui sont en mobilité légale. Ainsi, un administrateur civil de l'Éducation nationale sur trois ne suit pas le cursus classique de l'énarque à sa sortie de l'École (chef de bureau, sous-directeur, chef de service, directeur) et poursuit sa carrière hors de son ministère d'origine dans les affectations les plus diverses. Au ministère de l'Intérieur, le taux d'évasion est encore plus élevé : 50 administrateurs civils exercent dans leur ministère d'origine, 5 sont en mobilité et 137 exercent en dehors de leur ministère, soit près de 70 %. On pourrait ainsi multiplier les exemples pour constater que les administrateurs civils qui choisissent tel ou tel ministère à la sortie de l'ENA s'en évadent au cours de leur carrière dans une proportion de 1/3 à 2/3 selon les administrations. Bien sûr, beaucoup d'entre eux restent dans la haute fonction publique et vont exercer leurs talents dans d'autres ministères ou services publics, entreprises nationalisées ou collectivités locales et peu nombreux sont ceux qui, happés par la politique ou le secteur privé, abandonnent le service de l'État. Cela confirme bien sûr la vocation de l'ENA à former des « administrateurs généraux de ministères » : « La logique de l'ENA est de former des généralistes puisque sa mission est de créer des fonctionnaires susceptibles de mobilité dans leur carrière et capables d'assurer le dialogue entre les différents départements ministériels » (Simon Nora). Pourtant, cette évasion présente de nombreux inconvénients, comme tout *turn over* excessif, dans les administrations comme dans les entreprises.

Elle confirme d'abord que les choix de carrière faits à la sortie de l'ENA sont davantage imposés par le classement que décidés par les élèves en fonction de telle ou telle vocation. Elle témoigne ensuite de la « mauvaise réputation » des ministères sociaux (santé-travail) et des ministères de la Défense, de l'Intérieur et de l'Éducation nationale. Le plus souvent en effet, ces ministères ne sont attribués qu'à défaut d'autre chose aux élèves les plus mal classés et ceci n'est pas nouveau. Pierre Racine rappelait récemment[1] qu'il fut un temps où « les grands ministères sociaux ne pouvaient plus se recruter, étant méthodiquement rejetés par les élèves et le gouvernement dut recourir, pour les pourvoir, à un régime autoritaire d'affectation d'office qui ressemblait à la fonction publique romaine du Bas-Empire. Ce système d'affectation fut supprimé en 1973 ». Désormais, c'est bien le classement qui décide du recrutement des énarques par ces ministères à l'issue de la scolarité. Mais, tels les « évêchés crottés » de la fin de l'Ancien Régime, ces administrations ne savent pas garder leurs énarques, lesquels n'ont de cesse, dès leur mobilité, c'est-à-dire quatre ans après la sortie de l'école, de s'en évader pour n'y plus jamais revenir et il faut bien dire que beaucoup d'entre eux y réussissent. Autre plébiscite par les pieds qui joue aux dépens de ministères pourtant essentiels dans la vie de la nation. Il ne faut donc pas s'étonner si ces grandes maisons sont notoirement connues par leur sous-administration et la qualité toute relative de leurs prestations. Il y a là, depuis plus de deux décennies, un problème auquel n'a été apporté aucune solution. Or, quand on sait ce qu'une carrière dans un ministère, fût-elle entrecoupée par la mobilité légale et d'autres périodes de mobilité occasionnelle, apporte de connaissance de son administration, de spécialisation utile et de vraie compétence acquise au fil du temps, on ne peut que déplorer cette perte sèche de mémoire opérationnelle qui touche ces

1. *ENA mensuel*, octobre 1985.

ministères parmi les plus importants. L'État, en investissant sur les énarques, par les locaux qu'il a construits, les salaires qu'il verse aux élèves, aux professeurs et aux gestionnaires de l'École a fait un choix, celui de fournir à chaque ministère sa ration d'anciens élèves, avec l'idée d'assurer ainsi la qualité de chacune de ses administrations. Force est de constater qu'une partie de cet investissement se trouve affecté d'un faible taux de rentabilité à cause de l'évasion massive des énarques de certains ministères et l'on ne peut que déplorer ces détournements d'énarques comme le mauvais emploi des fonds publics dont il est responsable. Cette évasion hors de la fonction publique ou de certains ministères où ils semblent ne pas éprouver de grandes satisfactions professionnelles vient sans doute de ce que les emplois qui leur sont attribués ne leur semblent guère valorisants par rapport à ce qu'ils attendaient de leur passage à l'école : « 90 % des énarques sont destinés à faire tourner les administrations centrales. D'où une immense frustration, sauf pour 10 % », disait en 1983 l'un d'entre eux. Interrogés par J.F. Kessler sur leur réussite administrative, un tiers d'entre eux répondent qu'ils n'éprouvent pas un tel sentiment, surtout s'ils sont affectés dans des ministères de seconde zone et il n'est donc pas étonnant de trouver davantage d'énarques à la Régie Renault (9) qu'au ministère des Anciens Combattants et à Elf-Aquitaine (19) qu'au ministère du Commerce, de l'Artisanat et du Tourisme. Ce qu'ils recherchent — et l'École devait leur donner cette possibilité, du moins le croyaient-ils —, c'est participer à la direction des affaires de la collectivité et faire évoluer l'administration. Or, ils sont souvent trop éloignés « du bon dieu » à leur gré, leur capacité d'influence sur la modernisation de la lourde machine administrative reste réduite et ils ne tardent pas à s'en apercevoir, comme ce jeune énarque du ministère des Finances cité par J.F. Kessler : « Je suis entré dans l'administration avec l'espoir de participer à sa rénovation. Au cours de mes études à HEC, j'ai été saisi de la flamme du service public. J'ai présenté l'ENA avec la volonté de contribuer à réformer une fonction publique bâtie pour et par des juristes. Mon pessimisme actuel est à la mesure de mes espérances. Cette amertume, je ressens qu'elle est partagée par les jeunes générations face à ce qu'il y a à faire et qu'on ne peut pas faire. Les initiatives sont tuées dans l'œuf. On se heurte à un monde de rigidité. » Il n'y a rien de pire que la déception amoureuse et si l'ENA engendre le spleen à ce point, c'est qu'il y a quelque chose de pourri dans le royaume énarchique. ENA, où est ta victoire ? Telle est la question, d'autant plus fondée que J.F. Kessler montre à juste titre dans son livre que « son influence sur l'action extérieure de l'Administration, pour être réelle, n'en a pas moins été limitée » et que « son influence sur le fonctionnement interne de l'Administration a été encore plus limitée ». Attention, le doute ontologique n'est pas loin.

2. Les laissés-pour-compte

L'image des grandes écoles dans notre pays, et notamment des plus prestigieuses d'entre elles, laisse penser que le destin de leurs anciens élèves est toujours enviable et qu'ils arrivent dans tous les cas aux sommets des hiérarchies de leurs carrières « au sommet de l'État » (Pierre Birnbaum). On a vu que ce n'était pas le cas, mais il y a pire encore. Nombre d'anciens élèves dépérissent, en effet, dans des carrières anonymes, avec des responsabilités modestes eu égard à leurs titres, soit parce qu'ils n'ont pas réussi à en gravir tous les échelons, soit parce que, noyés sous le poids des structures, englués dans la pesanteur des hiérarchies, dispersés dans la masse des personnels, ils ont perdu au fil du temps l'énergie nécessaire pour accomplir le brillant cursus auquel ils pouvaient prétendre. Usés par tant de combats livrés et souvent perdus, aigris devant la réussite de leurs collègues, ruminant leurs espoirs déçus, sans ressort.

Prêtons attention à la méditation de l'un d'entre eux, polytechnicien, sur sa triste condition :

« Entre seize et dix-huit ans, je me suis adonné à l'étude des sciences exactes de manière à me rendre malade. Mon avenir dépendait de mon admission à l'École polytechnique... J'ai failli mourir, j'étudiais nuit et jour... j'ai triomphé ! Arrivé à l'École, j'ai travaillé de nouveau et avec bien plus d'ardeur, afin d'en sortir aussi triomphalement que j'y étais entré. De dix-neuf à vingt et un ans, j'ai donc étendu chez moi toutes les aptitudes, nourri mes facultés par un exercice constant. Ces deux années ont bien couronné les trois premières, pendant lesquelles je m'étais seulement préparé à bien faire... A vingt et un ans, je possédais les sciences mathématiques au point où les ont amenées tant d'hommes de génie, et j'étais impatient de me distinguer en les continuant...

« J'entrai à l'École des ponts et chaussées... J'étudiai la science des constructions et avec quelle ardeur ! On m'envoya... dans une sous-préfecture, à deux mille cinq cents francs d'appointements. La question d'argent n'est rien. Certes, mon sort est plus brillant que ne devait l'être celui du fils d'un charpentier ; mais quel est le garçon épicier qui, jeté dans une boutique à seize ans, ne se trouverait à vingt-six sur le chemin d'une fortune indépendante ? L'État m'a fait compter et mesurer des pavés ou des tas de cailloux sur les routes.

« Mon ingénieur en chef a soixante ans, il est sorti avec honneur, comme moi, de cette fameuse école ; il a blanchi dans deux départements à faire ce que je fais, il y est devenu l'homme le plus ordinaire qu'il soit possible d'imaginer, il est retombé de toute la hauteur à laquelle il s'était élevé ; bien plus, il n'est pas au niveau de la science, la science a marché, il est resté stationnaire ; bien mieux, il a oublié ce qu'il savait ! L'homme qui se produisait à vingt-deux ans avec tous les symptômes de la supériorité, n'en a plus aujourd'hui que l'apparence... Je n'ose confier qu'à vous le secret de sa nullité, abritée par le renom de l'École polytechnique. Cette étiquette impose, et sur la foi du préjugé, personne n'ose mettre en doute sa capacité.

« Je sens s'accomplir en moi la plus terrible métamorphose ; je sens dépérir mes forces et mes facultés, qui, démesurément tendues, s'affaissent. Je me laisse gagner par le prosaïsme de ma vie. Moi qui, par la nature de mes efforts, me destinais à de grandes choses, je me vois face à face avec les plus petites... à visiter des chemins, arrêter des états d'approvisionnement... Je voudrais être utile à mon pays. Le pays m'a demandé des forces extrêmes, il m'a dit de devenir un des représentants de toutes les sciences, et je me croise les bras au fonds d'une province. »

Ce jeune ingénieur des Ponts et Chaussées qui dénonce avec amertume l'inadaptation des emplois offerts aux anciens élèves des grandes écoles, c'est Balzac qui lui a donné la parole en 1829 (*Le Curé de village*). En le citant ainsi, J.F. Kessler prend bien soin d'indiquer combien l'énarque d'aujourd'hui est loin de ce portrait du polytechnicien d'hier. Est-ce si vrai ? Je ne le crois pas. Outre l'insatisfaction de nombre d'entre eux qui occupent pourtant des emplois « normaux » dans les diverses carrières sur lesquelles débouchent ces institutions, combien sont ceux qui voudraient bien suivre une carrière « normale » et s'agacent ainsi des jérémiades de leurs collègues pourtant mieux lotis. Chacun sait, en entrant dans l'une ou l'autre de ces Écoles, qu'il court le risque d'être l'un de ces « laissés-pour-compte », mais, comme l'accident, dont on pense toujours qu'il n'arrive qu'aux autres, chacun se persuade vite qu'il échappera lui aussi à ce triste destin. Dans une récente interview à « ENA promotions », Philippe de Villiers, qui a préféré le « Puy du Fou » à la fournaise administrative, décrivait en ces termes l'ENA : « Elle fonctionne comme une société sacrale : vous avez le paradis, l'enfer, le purgatoire. Le premier objectif de l'élève quand il rentre à l'ENA, c'est d'éviter l'enfer. On ne pense qu'à ça au départ. L'enfer, c'est les Anciens Combattants, et le bureau des cultes au ministère de l'Intérieur. » Et oui, l'enfer, ce n'est pas seulement les autres ! Certains n'y échappent pas. J'ai évoqué les normaliens affectés dans les CES et qui n'arrivent pas à en sortir. Imaginez l'effet que produit sur un jeune agrégé de mathématiques, reçu quatrième à l'agrégation à l'issue de sa scolarité à la rue d'Ulm, sa feuille de route pour un lointain CES de province. C'est le « désert des Tartares », avec en prime le harcèlement continu d'élèves auxquels la connaissance du théorème de Thalès ne permettra pas d'échapper à « la ZUP Minguettes » aujourd'hui et au chômage demain. Mais il n'y a pas que les normaliens pour subir un tel choc. Que dire des polytechniciens, il est vrai encore très peu nombreux, qui sont aujourd'hui au chômage, soit à la sortie de l'école, soit à la suite de restructurations dans les groupes industriels ou du dépôt de bilan d'une entreprise de province : 25 ans pour les uns, 50 ans pour les autres, dans les deux cas l'ANPE et l'envie de tout accepter, pour ne pas rester « salariés » de l'UNEDIC tout en ayant en poche l'un des diplômes les plus prestigieux. Plus fréquemment, des anciens d'HEC, des ingénieurs de Polytechnique, après avoir connu l'ivresse de la réussite, se retrouvent dans les entreprises à un faible niveau de responsabilités, dilués dans un encadrement pléthorique, bloqués par une pyramide des âges défavorable et rigide. Si, pour telle ou telle raison, ils ne réagissent pas au bon moment face à cet état de choses, la déception devient découragement. Le cadre dynamique, fringant et performant, attaché-case en bandoulière, devient vite apathique. Le train des carrières « normales » quitte bientôt le quai sans eux. Quand l'un de ses collègues deviendra PDG ou directeur de l'entreprise dans laquelle il végète, il saura que son avenir est derrière lui, que s'en est fait de sa jeunesse. Eux connaissent l'enfer, comme les énarques des Anciens Combattants ou du bureau des cultes et ils ne sont pas les seuls à désespérer de leur École. Chacun sait, en entrant dans certaines carrières, combien est aléatoire l'accession aux postes supérieurs de la filière qu'ils ont choisi. Outre les aléas d'une vie administrative, ceux-ci sont plus particulièrement dépendants du pouvoir politique. Il s'agit des grades de préfet et de ministre plénipotentiaire. Que deviennent alors, à dix ans de la retraite, ces sous-préfets qui savent qu'ils ne revêtiront jamais l'uniforme de leur rêve, ces conseillers des affaires étrangères que l'on n'appellera jamais « Monsieur l'Ambassadeur ». Dans d'obscures sous-préfectures de province ou de sombres bureaux du Quai d'Orsay, ils n'attendent plus rien d'une carrière qui se terminera sans qu'ils aient obtenu ce bâton de maréchal tant espéré. Le statut de la fonction publique fait qu'ils continueront certes à bénéficier des « avantages et émoluments » qui sont attachés à leur fonction mais, pour reprendre la formule chère à la Cour des comptes pour qualifier ses magistrats, les « honneurs » seront pour les autres, sans oublier qu'en matière d'avantages et émoluments, le passage au grade de préfet ou de ministre plénipotentière n'est pas sans importance, avant et après la retraite. Alors, bien sûr, on me dira qu'il faut bien des sous-préfets dans toutes les sous-préfectures, et elles sont nombreuses. Mais peut-on attendre de ces personnels, qui n'aspirent plus à autre chose qu'à la tranquillité, qu'ils tiennent, par exemple, le rôle d'animateur économique vis-à-vis des collectivités locales qui fait désormais partie des attributions normales de tout sous-préfet. De même, ces conseillers des affaires étrangères blanchis sous le harnais ne peuvent apporter à leur administration le dynamisme qu'exige, à Paris comme à l'étranger, une diplomatie moderne. Quant à ceux qui deviennent préfet ou ministre plénipotentiaire, leur nombre est supérieur aux postes à pourvoir dans les préfectures et les ambassades. Or, comme ces fonctions sont très diversement appréciées par les ministres concernés, nombre d'entre eux connaissent, sans beaucoup d'espoir d'en sortir, cette forme particulière de chômage — avec traitement — qu'est la « mise au placard ». On a le titre, on peut être préfet ou ambassadeur, mais on ne l'est pas, on ne le sera plus et c'est dans la tristesse et l'amertume que l'on termine une carrière longue, souvent difficile, à laquelle on a sacrifié sa vie de famille, pour laquelle on a accepté bien des besognes ingrates parce qu'il fallait grimper l'un après l'autre les barreaux de l'échelle hiérarchique. Au bout du chemin, la Roche Tarpéïenne est si près du Capitole. Le jeune énarque en stage de préfecture ou d'ambassade a beau se voiler la face, l'énarchie, c'est aussi cela.

3. *Les premiers grands crus classés*

Sombre tableau me direz-vous ! Mais alors, pourquoi ces fantasmes sur les grandes écoles si la réalité est si sombre ; pourquoi ces titres qui reviennent périodiquement dans les journaux et les magazines : « Les Grosses Têtes qui nous gouvernent » (*Ouest-France*, 26 juin 1986) ; « La grande porte du pouvoir » (*Le Quotidien de Paris*, 12 novembre 1985) ; « L'Énarchie est de retour » (*Le Point*, 28 avril 1986) ; « Les étudiants que l'on s'arrache » (*Le Nouvel Observateur*, 18 juillet 1986) ; « Toujours la cote d'amour, les grandes écoles » (*Le Point*, 23 juin 1986), etc. Si le mythe fonctionne toujours à plein, alors que nombre d'anciens de ces prestigieuses grandes écoles ne connaissent pas la destinée attendue de leur réussite au concours, c'est qu'il est entretenu par la réussite brillante, connue de tous, de certains d'entre eux. Oui, l'ENA fabrique périodiquement un président de la République ou un Premier ministre, quelquefois les deux à la fois, quand ce n'est pas l'essentiel du gouvernement, des députés (37 sur 577 dans l'actuelle assemblée). Oui, de grands managers, bien connus des milieux concernés, voire des media, sortent de l'ENA, d'HEC ou de Polytechnique. Oui, des normaliens font merveille dans la politique, la recherche scientifique, la littérature. Les uns et les autres sont pour ces écoles un élément essentiel de leur prestige, ce sont eux « les fantômes qui emplissent les têtes » des jeunes énarques

« mais aussi de nos concitoyens » (Roger Fauroux) ; eux qui, par leur réussite exemplaire, souvent mediatisée, font rêver les candidats dont regorgent les classes préparatoires, motivent les heureux élus en cours de scolarité. Ils sont les saints de ce Paradis qu'évoquait Philippe de Villiers à propos des états d'âme d'un énarque en cours de scolarité, et cette description vaut aussi pour les autres grandes écoles : « Ensuite, quand ça va mieux et qu'on prend confiance, on se dit qu'après tout, le ciel tout de suite, pourquoi pas ! Il y en a d'autres à qui c'est arrivé. Et puis ensuite, au bout d'un certain temps, on désespère et au bout d'une année on se dit, si j'ai le purgatoire... Pourquoi le purgatoire ? Vous ne pouvez plus aller en enfer, mais vous pouvez, au bout d'un certain temps, et Dieu seul sait quand, aller au Ciel. » Allez au ciel ! Qui, pour peu qu'il ait un tantinet la foi, n'en brûle pas d'envie. Or, ce Panthéon-là est bien visible, incarné par des personnes physiques, comme vous et moi et, dans la majorité des cas, ils ont le label « grande école », l'estampille de l'une ou l'autre de ces inexpugnables bastilles où se fabrique, à l'écart des regards indiscrets « l'élite de la nation ». Aux dîners du Siècle ou aux conférences de la Fondation Saint-Simon ; dans les colloques les plus divers où l'on évoque aussi bien « la guerre des étoiles » que « l'ouverture du second marché financier » ou « l'avenir de la protection sociale » ; à Courchevel, Bellagio, Aspen ou Ditchley ; aux Club Méditerranée de Louqsor ou Marrakech ; dans le Lubéron l'été ou les grands restaurants parisiens l'hiver ; au cercle Interallié comme au Jardin du Luxembourg ; dans les cabinets ministériels, les états-majors des grandes firmes publiques ou privées ; chez Pivot, Caloni, Nay et Carreyrou, François de Closets ou Mourousi, partout où se fait l'opinion, se traitent les affaires, « se montent des coups », ils sont là et on le sait, acteurs incessants de notre société du spectacle. Ils se produisent sur toutes les planches, enfants de leur siècle, gérants du présent, prophètes de l'avenir, thaumaturges du passé, toujours en première ligne, entre deux décisions, entre deux réflexions, entre deux rendez-vous, entre un petit déjeuner de travail et un dîner en ville, sans cesse en mouvement parce que tout bouge et qu'il ne faut jamais être en retard d'un chiffre, d'une idée, d'une mode, d'une information, ordinateurs de poche sans cesse mis à jour, banques de données, inventeurs de programmes, ils sont les grands polyvalents de la société moderne, pris dans l'incessant tourbillon des affaires du monde, acharnés à faire mentir le proverbe selon lequel « puisque ces choses nous dépassent, feignons d'en être les organisateurs ».

Tous les citer ? Gageure impossible ! Comment être exhaustif et puis je ne me sens pas la force d'affronter l'ire de ceux qui n'auraient pas trouvé place dans ce Panthéon-fourmilière. Si vous le cherchez, prenez le *Who's who*, lisez *La Nomenklatura française*, où Alexandre Wickham et Sophie Cagnard les épinglent avec un bel appétit, sans nuances et avec une certaine exagération. Je profite d'ailleurs de l'occasion qui m'est ainsi donnée pour rectifier une légère erreur commise à mon sujet : ouf, j'y suis mentionné, « compagnon du tour extérieur », présentant « d'irréprochables états de service technocratique ». Cependant, ce n'est pas au Conseil d'État pour « rejoindre Régis Debray dans sa nouvelle base » mais à la Cour des comptes que je suis entré en 1984. Cette mise au point étant faite, revenons à nos premiers grands crus classés et, à tout seigneur tout honneur, commençons par l'ENA.

Deux promotions d'abord, qui paraissent exemplaires de la réussite des énarques aujourd'hui quadragénaires. Le must d'abord, la Formule 1 des promotions de la rue des Saints-Pères, celle par qui le succès arrive, qui répond au nom de baptême « Thomas More » (1969-1971). On y trouve pêle-mêle : François d'Aubert, la noblesse mayennaise qui a bien survécu à 1789, siège au Palais-Bourbon et professe un barrisme intransigeant ; Jean-Louis Bianco, le mutant, l'homme de toutes les expériences, le prototype des grands polyvalents de l'État moderne, rouage essentiel de la *so-*

called « cohabitation » ; Michel Boutinard-Rouelle, déjà administrateur civil hors classe, détourné des Ministères vers les services de la ville de Paris par Jacques Chirac et désormais conseiller technique au Cabinet du Premier ministre ; Xavier Fels, un diplomate spécialiste des technologies nouvelles qui a trouvé avec « Euréka » un secrétariat international à sa mesure et veille sur les nombreux bébés-éprouvettes de l'Europe de l'an 2 000 ; Pascal Gendreau, aujourd'hui président de la Banque industrielle et mobilière privée, avant comme après le 16 mars 1986 ; Jean-Paul Huchon, le bon génie de Michel Rocard, à l'aise dans les rêveries d'un planificateur solitaire comme dans les quotas laitiers racontés aux enfants, devenu banquier vert par la grâce de François Mitterrand et victime de la valse de l'alternance qui a tourné tant de têtes depuis le 16 mars ; Moreau, Gérard et Yannick, lui administrateur civil hors classe, elle maître des requêtes au Conseil d'État, lui Thomas, elle More, lui ne croyant que ce qu'il voit, elle toujours plus en vue, à l'Élysée après mai 1981 puis directeur de Cabinet de J.-P. Chevènement de juillet 1984 à mars 1986, l'un des couples les plus performants de notre haute technocratie ; Pierre Morel, le diplomate TGV, parcourant avec ses grands airs dégingandés, en les montant quatre à quatre, les marches d'une carrière toute consacrée aux affaires Est-Ouest, à l'Élysée, à la direction des Affaires politiques, savourant maintenant les délices ésotériques des négociations internationales sur le désarmement comme ambassadeur à Genève ; Alain Pichon, conseiller référendaire à la Cour des comptes dont il est aujourd'hui secrétaire général adjoint, virtuose de la comptabilité publique et diplomate feutré dans une maison où savoir juger les comptes ne suffit pas ; Alain Richard, une seule devise, AGIR, pour la décentralisation, les innovations, le Val-d'Oise avec toujours cette nonchalance distinguée qui l'a conduit à emboîter le pas à Michel Rocard pour s'en éloigner ensuite, avec quelques compères, pour ouvrir son propre fonds de commerce à l'enseigne des néos ; Rémy Sautter, voix grave, moustache « bel-ami », passant avec une belle allégresse du Cabinet de Charles Hernu à la direction financière de Havas avant d'apporter à RTL ses analyses au scalpel; Marc Tessier, inspecteur des finances, lui aussi chez Havas, comme directeur général, élégant, raffiné, très *high tech* avec un zeste de géo-politique à la clé; Jean-Claude Trichet, un autre inspecteur des finances, l'un des hommes clés de l'équipe Giscard à l'Élysée, promis à de hautes destinées en cas de victoire de celui-ci en 1981, point maltraité après sa défaite, comme chef de service des affaires internationales à la direction du Trésor et coucou le revoilà, depuis mars 1986, directeur de Cabinet du ministre d'État, ministre de l'Économie, des Finances et de la Privatisation, Edouard Balladur. Ce n'est plus une promotion, c'est le livre des records et, qu'ils me le pardonnent, j'ai dû cependant en oublier quelques-uns à la destinée aussi enviable. Imaginez ce que pouvait être une telle promotion avec cet aéropage de brillants individus en quête de réussite. « Thomas More », c'est comme la moutarde Ducros, ça déménage! Et que dire de la promotion « François Rabelais », symbole du paradoxal retour de l'énarchie dans les cabinets des ministres libéraux ou supposés tels : Daniel Bouton, directeur de Cabinet d'Alain Juppé; Philippe Marlau, chef du même cabinet; Guy Bourgeois, directeur de Cabinet adjoint de René Monory, Didier Maus, directeur de Cabinet d'André Rossinot; Yves Van Haecke de l'équipe de François Guillaume; Marc Dandelot, directeur de Cabinet de Gérard Longuet, Pierre Borvo, qui vient de quitter le Cabinet de François Léotard pour prendre la direction de RMC tandis que Jean-François Courtin restait lui avec le ministre de la Culture et de la Communication... issu de la même promotion, comme Gérard Longuet mais aussi Laurent Fabius, François Froment-Meurice, Michel Cicurel et... Élisabeth Huppert « plutôt contente d'être passée par l'ENA, fière même, et de plus en plus avec le recul du temps » (*ENA Promotions*, octobre 1985).

Que d'étoiles filantes dans ces promotions « super star »!

On pourrait en citer bien d'autres encore, d'autres promotions et, comme il est impossible de les nommer tous, j'en ai encore retenu un : Éric Giuily. Entré à l'ENA à vingt-quatre ans avec un diplôme d'études supérieures de droit, de sciences politiques et de l'institut d'études politiques de Paris, il est sorti, en 1978, auditeur au Conseil d'État. Derrière Gaston Defferre, la décentralisation, c'est lui : conseiller juridique auprès du directeur général des collectivités locales, (septembre 1981 — juin 1982), chargé de mission au Cabinet du ministre pour lancer la décentralisation (juin 1982 — novembre 1982), puis à trente et un ans directeur général des collectivités locales, poste dont il a été déchargé en mai 1986. Quelques mois de purgatoire lui auront suffi pour trouver un nouvel emploi, hors de l'administration, au sein du groupe Chargeurs S.A. dont il est désormais « directeur de la diversification », poste spécialement créé pour lui afin de mettre en œuvre la réorientation des activités du groupe qui entend se développer dans des secteurs nouveaux et à forte croissance comme l'audiovisuel.

Voilà bien en effet de quoi nourrir le mythe, les mythes de l'énarchie triomphante, dont Jean-Yves Boulic (*Le Point*, 28 avril 1986) se faisait l'écho en ces termes : « Les gouvernements passent et trépassent, les énarques restent. Les Cabinets ministériels sont leurs nids que, tels des coucous, ils s'approprient tour à tour. Rien ne ressemble plus à un cabinet ministériel de gauche qu'un cabinet ministériel de droite et inversement. Les têtes changent, pas forcément ce qu'il y a à l'intérieur des têtes. Les partants sont remplacés par autant d'anciens de l'ENA, qui occupent à eux seuls les trois-quarts des postes de direction de Cabinet des nouveaux ministres "libéraux" ou "moins libéraux". Certes, ils sont formés pour cela ; à l'étranger on les admire et on nous envie. Chez nous, ils sont moins populaires : "conformisme" et "carriérisme" leur reproche-t-on parfois. Pour ces hauts fonctionnaires, un cabinet ministériel est un passage quasi obligé dans le cursus de carrière. C'est là que pour certains ils s'épanouissent et que parfois ils se prennent à rêver de remplacer leur ministre. »

La presse nationale bruisse ainsi périodiquement — et le quarantenaire de la maison fut à cet égard une occasion rêvée — des exploits et faits d'armes de l'énarchie, pour s'en réjouir ou les déplorer, souvent, les constater, toujours, et ajouter un épisode supplémentaire à la « geste » des énarques : « ENA, énarques, énarchie ; ça se conjugue implacablement comme une conjugaison latine », écrit Paul Goupil dans *Ouest-France* (25 juin 1980), tandis que Laurent Bertagnolio renchérit dans *la Nouvelle République du Centre-Ouest* (30 juillet 1986) : « ENA, trois lettres qui, ces dernières années, ont envahi les hautes sphères de l'Administration française. » Qu'importe alors si 1 % seulement de 4000 anciens élèves de l'ENA sautent avec entrain sur le trempline politique ; si 10 % seulement d'entre eux sont des grands crus, classés au Top 50 des promotions. Tel un ouragan qui passe sur le tout État, les énarques de la rue des Saints-Pères comme de la rue de l'Université, sont considérés comme la noblesse des temps modernes, conjuguant non sans un certain dandysme, celui qui sied aux « personnages inébranlables car ils ont appris l'indifférence » (Paul Goupil, *Ouest-France*) attrait pour les privilèges et goût du pouvoir. Et comment éviter alors que l'ENA ne soit un mythe puisqu'à bon droit chacun peut rêver d'être un jour l'un de ces grands polyvalents de la société moderne : dans cette année de l'an 40, il y a, comme dans celle de l'an II, un bâton de maréchal potentiel dans la besace de chaque soldat, que celui-ci fasse plus tard de la politique, reste dans l'administration, ou s'évade vers l'entreprise publique ou privée comme l'ont fait, avec succès, des Roger Fauroux, Jacques Calvet, Jacques Mayoux, René Thomas, Jean-René Sautier, bien d'autres encore, dont il serait fastidieux d'égrener la longue liste. Le paradoxe veut que ces énarques de choc, tout en contribuant largement à l'image de marque de l'École, soient l'incarnation vivante de sa dérive d'une finalité technique et professionnelle vers la sélection d'élites polyvalentes colonisant les postes de responsabilité et de décision du « tout État ». Mais est-il de mythe autre que paradoxal et, sur ce point, l'ENA n'a pas l'exclusivité. Il en est de même des autres grandes écoles, à commencer par Polytechnique.

Plus encore que pour l'ENA, il est impossible, sauf à plagier l'annuaire des anciens ou le *Who's Who*, de citer tous les polytechniciens dont les noms brillent en haut de l'affiche du « tout État ». Les anciens d'abord : Claude Gruson qui fut directeur général de l'INSEE ; Edmond Malinvaud qui occupe le même poste depuis 1974 après avoir dirigé la direction de la Prévision au ministère de l'Économie et des Finances, administrateur du Groupe des Assurances nationales et de l'Institut national de la communication audiovisuelle, auteur de nombreux ouvrages de référence sur la comptabilité nationale, l'économie, la croissance ; Louis Leprince-Ringuet, l'un des grands de la physique nucléaire en France, commissaire à l'Énergie atomique pendant vingt ans (1951-1971), membre de l'Institut, de l'Académie française, de l'Association pontificale des sciences mais aussi président depuis 1983 des Jeunesses musicales de France, historien des sciences et philosophe du bonheur ; Pierre Guillaumat, l'homme de l'énergie, électricité d'abord, pétrole ensuite, ministre des Armées de 1958 à 1960, ministre délégué auprès de Michel Debré de 1960 à 1962, P.-D.G. d'Elf-Aquitaine de 1965 à 1977, président du conseil d'administration de Polytechnique (1971-1974) et du conseil de l'université technologique de Compiègne (1980-1983), de la Ligue nationale française contre le cancer. Comme tant d'autres, ils ont été au cours de l'aventure des « Trente Glorieuses », grands commis de l'État, médiateurs entre les politiques et la technocratie, conseillers des princes, responsables des plus beaux fleurons de notre modernisation économique, mendésistes ou gaullistes, animés par la mystique de l'État keynésien, interventionniste, entrepreneur mais aussi prophète par sa volonté de prévoir, donc de voir plus loin, pour mettre en œuvre ces grandes cathédrales dont le CEA (Commissariat à l'énergie atomique) reste aujourd'hui l'un des plus beaux fleurons. Cette tradition ne s'est pas perdue. Chaque génération a eu son grand statisticien — tel Jacques Méraud — à qui l'INSEE doit beaucoup mais aussi le Plan, dont il présida la Commission des inégalités lors des travaux préparatoires au VIIe Plan, le Centre d'Études des revenus et des coûts, le Conseil national des Impôts et nombreuses ont été ses publications relatives à l'économie française et à la prévision économique — son grand commis dans le domaine de l'énergie —, ainsi Gérard Renon, né en 1940, qui a fait jusqu'ici l'essentiel de sa carrière dans le pétrole, à la direction des carburants, comme directeur à la Direction générale du Gaz de France, l'atome en tant qu'administrateur général du CEA, poste qui lui a été retiré après mars 1986 pour cause de socialisme. (Il est depuis octobre 1986 directeur du Bureau des recherches géologiques et minières.)

Et puis, il y a ceux qui ont participé de très près à la vie politique, dans les cabinets ministériels avant de poursuivre leur carrière dans le privé. Ainsi en est-il de Bernard Esambert, l'un des hommes clés du pompidolisme, chargé de mission auprès de Georges Pompidou (1967-1968) et de Couve de Murville (1968-1969) à Matignon avant de rejoindre à l'Élysée le nouveau président comme chargé de mission puis conseiller technique (1969-1974). Ce chantre de « l'impératif industriel » devint ensuite directeur du Crédit Lyonnais, puis de la Compagnie financière et de SOFIREC, tout en exerçant depuis 1985 la responsabilité de président du conseil d'administration de Polytechnique auquel il apporte son regard critique et sa force de proposition. Polytechnique, c'est aussi la gestion des grandes sociétés nationales et l'intérêt porté à l'un des secteurs clés de nos grands équipements structurants que sont les transports. Toute la carrière de Philippe Essig leur a été consacrée. Ingénieur des Ponts et Chaussées, il a débuté en Afrique (Chemins de fer du Niger et du Cameroun) pour diriger ensuite la RATP

(1981-1985) et, depuis lors, la SNCF. Enfin, il ne faut pas oublier ceux qui, très vite, ont quitté le secteur public pour l'industrie privée et poursuivent de brillantes carrières à la tête de nos grands conglomérats industriels comme Jean-Louis Beffa. Aujourd'hui P.-D.G. de Saint-Gobain Pont-à-Mousson, chargé d'en assurer la privatisation après la nationalisation en 1981, ce quadragénaire, originaire de Nice, n'est resté que huit ans au service de l'État et a fait depuis lors (1975) toute sa carrière à Saint-Gobain comme directeur du Plan d'abord (1975-1977), puis P.-D.G. de la Société Pont-à-Mousson avant de devenir en 1981 directeur général de la Compagnie Saint-Gobain.

Héritiers des saint-simoniens dans la grande industrie publique ou privée, la banque, les grands corps de l'État ou à la tête de secteurs stratégiques de l'économie nationale (énergie-transports notamment), ces grandes figures de Polytechnique illustrent parfaitement le rôle tenu par cette école dans la reconstruction de notre appareil industriel, scientifique et technologique après 1945 et la modernisation de la France qui en est résultée après trente années de croissance ininterrompue. Au-dedans comme à l'étranger, ils ont toujours été les ardents défenseurs de toutes les aventures industrielles et technologiques. Très liés à l'appareil de l'État, qu'ils en fassent ou non partie, ils participent souvent aux premiers rangs à l'ensemble de ses mécanismes d'intervention, directs ou indirects, dans la marche de l'économie. A ce titre, ces polytechniciens de choc représentent peut-être une espèce en voie de disparition, à l'heure où les sirènes du libéralisme prônent le désengagement de l'État, à moins que le naturel chassé ne revienne au galop, une fois passés les engouements, inhérents à notre société, pour les modes éphémères.

La galaxie normalienne est, elle aussi, riche d'étoiles. N'observons que les plus brillantes, tant leur nombre est important et grande leur renommée. Seul un petit échantillon trouvera ici sa place et j'espère que l'on ne m'en voudra pas de l'arbitraire qui a présidé à ce choix. Le nombre des prix Nobel et des médailles Fields obtenus par les normaliens est évidemment impressionnant surtout dans le domaine scientifique, avec notamment Louis Neel et Gérard Debreu. Les philosophes ne sont pas en reste, Sartre et Nizan bien sûr, mais aussi Vladimir Jankélévitch, Michel Serres, Lucien Sève; les écrivains non plus, Henri Quéffélec, Régis Debray qui décline ses multiples talents, aux registres variés, dans le pamphlet politique comme dans la réflexion intimiste, l'analyse des relations internationales ou le roman, Jacques Talagrand, plus connu sous le nom de Thierry Maulnier. Normale Sup est aussi une pépinière d'hommes politiques et, depuis toujours, on a pu considérer le parlement, le gouvernement voire, avec Georges Pompidou, la présidence de la République, comme un débouché naturel des normaliens : Jacques Soustelle, André Soulié, Robert Poujade, Jean Sauvagnargues, Laurent Fabius, Alain Peyrefitte, bien d'autres encore se sont illustrés, s'illustrent dans cette République des professeurs qui n'en finit pas de recruter dans la république des lettres. Quelle diversité aussi dans les réussites de Laurent Schwartz ou Jean d'Ormesson, de Pierre Uri ou d'Emmanuel Le Roy Ladurie, de Jacques Julliard ou de l'ambassadeur Jacques Kosiuscko-Morizet!

Dans la génération montante, je retiendrai un ulmien et une sévrienne. Ils ont gardé de leurs années d'études, la finesse, la culture, le sens du contact, du dialogue, de l'ouverture aux autres qui caractérise les meilleurs produits de ces deux ENS. C'est dans les lettres, l'Éducation nationale qu'ils ont fait leurs preuves avant de s'engouffrer dans l'alternance de mai 1981 pour exercer ailleurs leurs talents. Il s'agit de Jean-Noël Jeannenay et de Michèle Gendreau-Massaloux. Élégance et distinction, BCBG avec un zeste de provocation et une bonne dose d'humour, Jean-Noël Jeannenay régnait il y a peu encore sur Radio-France dont il était P.-D.G. depuis 1981. Fils de Jean-Marcel Jeannenay, ancien ministre du général de Gaulle, ce protestant grenoblois, agrégé d'histoire, docteur ès lettres, a beaucoup enseigné (Nanterre 1969-1977, IEP de Paris où il fut responsable du cycle supérieur d'histoire du XXe siècle) et beaucoup écrit sur notre histoire contemporaine (sur François de Wendel et Léon Blum, le Cartel des Gauches et *Le Monde* de Beuve-Méry, Eamon de Valera et les milieux d'affaires dans la France du XIXe siècle). De Gutenberg, auquel il a beaucoup donné, il est passé à Mac-Luhan et peut être considéré aujourd'hui comme un praticien et un théoricien de l'audiovisuel : conseiller de programmes à l'Institut national de l'Audiovisuel de 1979 à 1981, membre du Haut Conseil de l'Audiovisuel de 1972 à 1982, des conseils d'administration de l'AFP, de TDF et de la Fondation Saint-Simon, auteur d'ouvrages sur la télévision, cet intellectuel P.-D.G. n'a pas fini de faire parler de lui, alors que déferle la révolution dans l'audiovisuel.

Poids plume, démarche assurée, détermination dans le regard, habits de toutes les couleurs, Michèle Gendreau-Massaloux porte aujourd'hui « la parole du président de la République », ainsi qu'elle se plaît à le dire, tout en assurant, au poste de secrétaire général adjoint, la coordination de l'équipe des conseillers techniques et chargés de mission à l'Élysée. Michèle de la Grange-aux-Loups, puisque telle est la signification de Massaloux, sur les plateaux granitiques du Limousin, est donc sévrienne, agrégée d'espagnol, diplômée de l'IEP de Paris et docteur d'État. Assistante à l'Institut d'études ibériques de la Sorbonne (1967-1970), puis maître assistante à Villetaneuse (1970-1972), elle a rejoint ses bases pour enseigner presque dix ans à Limoges, université dont elle était vice-présidente lorsque survint mai 1981. Il fallait une femme recteur, ce fut elle, dans l'Académie d'Orléans-Tours (1981-1984), à trente-sept ans. C'est alors que montait la colère de la rue sur la loi scolaire, dans laquelle s'était empêtrée la gauche, après que le remarquable travail d'Alain Savary, prêt à conclure un accord de pacification entre l'enseignement public et l'enseignement privé, ait été mis à mal par les amendements malheureux des orthodoxes de la foi laïque, que Michèle Gendreau-Massaloux est appelée par le président de la République, bien décidé alors à sortir de cet embrouillamini. Sa réussite, en ces moments difficiles, lui vaut de succéder à Christian Sautter au poste de secrétaire général adjoint et le départ de Michel Vauzelle, nouvel élu socialiste des Bouches-du-Rhône, de cumuler aujourd'hui ces fonctions avec celle de porte-parole du président de la République. A suivre...

Bien d'autres sévriennes mériteraient de figurer à ses côtés dans une galerie de portraits prestigieux mais, Josianne Serres, sévrienne elle-même et directrice brillante de l'École, me le pardonnera peut-être, les noms retenus ont valeur exemplaire et beaucoup se reconnaîtront, je l'espère, dans ces valeurs-symboles.

Les Hautes Études commerciales enfin, et là aussi, l'embarras du choix pour n'en retenir finalement que quatre, mais qui symbolisent assez bien la réussite des grands crus de Jouy-en-Josas dans l'industrie, la finance, la technocratie, la politique. Claude Marcilhacy, entré au groupe de la Compagnie générale d'électricité en 1951, puis chez Continental Édison, ensuite directeur administratif et financier chez CIT-Alcatel (1966-1974).

Il poursuit sa carrière à la Compagnie générale d'électronique et à la CGE avant de cumuler diverses présidences (Centre d'études et de services pour le développement industriel, Omnium parisien de gestion et de participation, Alphalec). Claude Marcilhacy apparaît ainsi comme l'un de ces grands cadres auxquels HEC a donné la carte de visite nécessaire pour grimper dans les hiérarchies complexes des groupes industriels français de dimension internationale.

Il peut en être de même dans la finance et Jacques Mayoux en est un excellent exemple puisqu'il a fait l'essentiel de sa carrière dans la banque, après un bref détour par l'administration à sa sortie de l'ENA et un passage par l'industrie sidérurgique à la tête de Sollac (1978-1982). De la Banque française pour le commerce extérieur au Crédit Agricole, du conseil général de la Banque de France à la Société Générale, dont il fut président de 1981 à 1986, avant d'être remercié par la nouvelle majorité issue des élections du 16 mars, Jacques Mayoux a ainsi effectué dans le secteur public l'essentiel d'une brillante carrière dont seulement douze ans ont été consacrés à un parcours administratif classique. Ce double profil HEC/ENA, qui tend à se répandre aujourd'hui et donne, en général, de brillants résultats, est illustré aussi par ce technocrate de choc, dont la fermeté de la poignée de main va de pair avec la rigueur des analyses, le ton sec avec l'aptitude à décider, Pascal Lamy, lequel possède en outre un diplôme de l'IEP de Paris et un diplôme d'études supérieures de droit. Ancien de « l'infirmerie des entreprises » mise en place auprès de la direction du Trésor pour colmater les brèches ouvertes par la crise dans un appareil industriel fragile (le CIASI, Comité Interministériel pour l'Aménagement des Structures industrielles), Pascal Lamy, membre du PS et de sa commission de contrôle financier, proche de Lionel Jospin, est entré en 1981 au cabinet de Jacques Delors, comme conseiller technique d'abord, directeur-adjoint ensuite, avant de seconder Michel Delebarre comme directeur-adjoint du cabinet de Pierre Mauroy. A ces postes où s'entremêlent les qualités technocratiques et les intuitions politiques, il a très vite acquis ses galons. Il est désormais considéré comme l'un de ces ténors qui ont profité du chaud soleil de l'alternance pour s'épanouir. En réserve de la République, comme son patron Jacques Delors, dont il dirige le cabinet de président de la commission des Communautés européennes, un œil sur Bruxelles, Strasbourg, Luxembourg, un autre sur Paris, il attend avec sérénité et non sans humour que les vents deviennent à nouveau favorables à la gauche pour réintégrer l'hexagone et y exercer des talents dont personne ne doute.

La politique enfin, car les anciens de HEC ne la dédaignent pas, à l'image de Bertrand de Maigret. Après une brève carrière dans la banque (Chase Manhattan) et l'industrie (constructions mécaniques Fillod), ce giscardien, marié à la princesse Isabelle Poniatowska, devient vice-président de la Fédération de Paris des Républicains indépendants, administrateur des clubs Perspectives et Réalités, responsable national des clubs de soutien à la candidature de Valéry Giscard d'Estaing en 1974, membre du bureau politique de la Fédération nationale des Républicains indépendants. Vice-Président du Conseil de Paris et conseiller régional d'Ile-de-France, il émigre, dès 1978, dans la Sarthe pour y devenir député UDF-PR (La Flèche), conseiller général et conseiller régional des pays de la Loire.

A l'issue de cette brève incursion dans les hautes sphères de la « nomenklatura française », chère à Wickham et Coignard, on peut imaginer combien les plus prestigieuses de nos grandes écoles peuvent faire rêver et ce que peuvent être les attentes de tous ceux qui réussissent à leur concours d'entrée. Leurs premiers grands crus classés sont le mythe incarné, les figures emblématiques du Panthéon des grandes écoles, le *nec plus ultra* de la réussite, la crème des élites de ce pays. Dans l'administration, le secteur public ou privé, la politique, ils occupent le haut du pavé et font oublier tous ceux qui, moins chanceux ou moins doués qu'eux, laissés pour compte ou cadres « ordinaires », ne connaissent pas un destin aussi enviable. Partie visible, connue, médiatisée de l'iceberg des anciens des grandes écoles, ces premiers grands crus classés font la renommée, dans et hors de nos frontières, de ces institutions bien françaises.

4. Les aventuriers aux carrières atypiques

Ils ne sont guère nombreux et pourtant ils existent, ces anciens qui, à un moment ou à un autre de leur carrière, ont bifurqué vers d'autres horizons, vers le grand large, hors des sentiers battus par leurs aînés et empruntés par leurs camarades de promotion. Ainsi, l'on s'aperçoit que les grandes écoles mènent à tout... à condition d'en sortir !

Play-boy, Lui, Salut les Copains, riment rarement avec ENA (ce qui ne veut pas dire que les élèves de la rue de l'Université répugnent forcément à ces lectures) et pourtant, parmi les énarques en fuite, Gérald de Roquemaurel, sorti en 1972, a préféré les joies du privé aux contraintes du public, l'attrait des magazines à l'austérité des notes administratives. Interrogé sur les raisons de ce choix, il met en avant le classement : « N'étant pas sorti dans la botte, je n'avais aucune envie de rester dans l'administration » (*Le Quotidien de Paris*, 14 novembre 1985). Pour lui, c'était donc le Conseil d'État ou *Play-Boy*. Et cela ne lui a pas trop mal réussi. Aujourd'hui quadragénaire, administrateur de *Paris Match*, P.-D.G. d'Edi 7, proche de Tenot et Filipacchi, il a sauté dans le privé sans parachute, remboursé les frais de scolarité et ne le regrette pas. Il fait partie de ceux qui entrent à l'ENA non pour gérer l'Administration mais pour trouver dans les grands corps la sécurité et la liberté nécessaires pour faire bien d'autres choses et notamment de la politique. Si la réussite est au bout du classement, comme ce fut le cas pour José Frèches qui dit « avoir choisi la Cour des comptes pour la marge de manœuvre » qu'elle lui laissait (*Ouest-France*, 26 juin 1986), alors on reste, sinon, comme Gérald de Roquemaurel, on s'évade pour tenter sa chance ailleurs. Cet exemple montre, s'il en était besoin, combien l'ENA peut servir de truchement pour réaliser des projets qui n'ont qu'un lointain rapport avec la finalité assignée à l'École. Projets initiaux ou choix postérieurs, dans tous les cas, il y a la décision, difficile à prendre, de quitter le statut de fonctionnaire. Ainsi en est-il de Guy Scanu (promotion 1965), évadé en 1969 dans une multinationale américaine et depuis 1982 à la tête d'une « affaire », un cabinet de « chasseurs de têtes » qui n'hésite pas à débaucher d'autres énarques de la fonction publique, ou encore Élisabeth Huppert (promotion 1973) dont on connaît la carrière dans le monde du cinéma. Jacques Decornoy et Jacques Renard au *Monde*, Jean Weber à l'Institut Pasteur, Serge Graussard, Jacques Fremontier,

Odon Vallet mais aussi Michel Cicurel ou Dominique Bazy, journalistes, écrivains, chercheurs, financiers, d'autres encore. Ils sont là pour confirmer que tous les énarques ne se ressemblent pas et savent faire preuve d'originalité en prenant, à leurs risques et périls, des virages imprévus.

Les normaliens n'échappent pas non plus à cette tentation. Et, à tout seigneur tout honneur, commençons par mon éditeur. Il est rare de pouvoir ainsi, dans un livre, parler-en-bien-de-son-éditeur. L'occasion m'en est donnée et je ne m'en priverai pas. On n'est pas obligé de résister toujours à la tentation. Paul Fournel, puisque c'est de lui dont il s'agit, P.-D.G. des Éditions Ramsay depuis deux ans, est en effet un ancien littéraire de Saint-Cloud (promotion 1968), qui, après avoir négligé l'agrégation, a connu une carrière hétéroclite. Spécialiste incontesté du Guignol... lyonnais, auquel il a consacré une thèse et ne négligeant pas, encore aujourd'hui, d'écrire des scénarios pour des spectacles de marionnettes, puis expatrié aux Etats-Unis, où il a exercé « divers petits boulots », pour reprendre un qualificatif hélas à la mode d'aujourd'hui. Revenu en France, il sillonne le monde de l'édition, tout en écrivant des histoires pour enfants, avant de diriger enfin une entreprise dont la prospérité retrouvée doit beaucoup à Paul Fournel et à ... Régine Deforges, dont *La Bicyclette bleue* a hissé aux sommets des hits parades la maison de la rue du Cherche-Midi. D'autres que lui se sont illustrés hors du champ de l'Éducation nationale : Yvan Audouard ; le scénariste Jean-Claude Carrière ; les cinéastes Jacques Bobet et René Gilson ; Bernard Cantournet, aujourd'hui P.-D.G. de Locair Histoire, Pierre Lepeltier, administrateur à Paribas ; Ali Mroudjal, qui fut le Premier ministre des Comores ; Martial Singher, artiste lyrique aux États-Unis ; Bernard Milleval, directeur littéraire au *Reader's Digest*.

Exemplaire aussi, à bien des égards, est la réussite de Jean-Émile Jeannesson, qui fonda, en 1955, au centre audiovisuel de Saint-Cloud, un groupe de recherche cinématographique.

Cette passion du cinéma lui fit quitter l'enseignement pour réaliser une dizaine de films puis se tourner vers la télévision où il devait produire et réaliser de nombreuses émissions. Il est, depuis 1983, responsable d'une unité de programmes documentaires à T.F. 1.

Par tradition, les normaliens de la rue d'Ulm sortent, plus volontiers que leurs condisciples de Saint-Cloud, des filières classiques de l'enseignement. D'illustres anciens leur ont montré les chemins des arts et des lettres, de la politique, de l'industrie ou de la finance. Cette tradition ne s'est pas perdue depuis la Libération et nombreux sont ceux qui réussissent aujourd'hui ailleurs que dans la galaxie « Éducation nationale ».

Contrairement à ce que l'on pourrait penser, les ulmiens ne dédaignent pas l'industrie ou la finance et certains d'entre eux y ont réussi. Ainsi en est-il de Pierre Aldebert, agrégé de mathématiques, responsable de l'informatique industrielle de la branche papier-bois de Saint-Gobain; Pierre Moussa, agrégé de lettres qui fut Secrétaire général de la RATP et P.-D.G. de la Sofretu (société française d'études et de réalisations de transports urbains); Antoine Bastin, agrégé de physique et docteur ès sciences, aujourd'hui chef de service à la direction des études et recherches d'EDF; Michel Bérard, responsable du laboratoire de physique de Schlumberger; François Genuys, agrégé de mathématiques, a, pour sa part, rejoint IBM France, tandis que Jean Mauduit dirige la communication du groupe Hachette et qu'Alain de Walf occupe les fonctions de directeur général adjoint de la Compagnie financière Paribas.

Paribas attire encore d'autres ulmiens, tels Robert Lattès, agrégé de mathématiques, directeur de cette banque et responsable des activités Venture Capital Hautes Technologies, tandis que Jean-Pierre Roth, agrégé d'histoire, titulaire d'un MBA d'Harvard, est, lui, membre de la direction générale d'Invest SA.

Le monde de l'édition et le journalisme exercent aussi leur

séduction sur les ulmiens en rupture d'enseignement : Christophe Babinet, Ulm-lettres de la promotion 1976, est journaliste indépendant ; Laurent Theïs, agrégé d'histoire de la promotion 1969, a collaboré au *Point* et travaille maintenant comme conseiller littéraire des éditions Denoël ; Jean-Pierre Bardos, agrégé de lettres, entré en 1963, est chef du service des Relations extérieures du Syndicat national de l'Édition ; Jean-Michel Ollé, entré en 1975, lui aussi journaliste, rédacteur en chef de la revue *Différences*, est en outre responsable technique du corpus des œuvres de philosophie en langue française.

Diverses sont donc les carrières de ces lettrés, de ces savants, qui ont choisi de tenter l'aventure hors des chemins balisés. Petite minorité, certes, mais qui montre que la reconversion est possible dès lors qu'elle s'appuie sur des diplômes antérieurs et une culture littéraire ou scientifique.

Les grandes écoles ne sont pas des écoles de cadres pour une économie administrée. Elles sont le produit d'une histoire bien particulière, la nôtre, celle d'une France qui s'est toujours méfiée de ses universités et où la place de l'État dans la régulation de la société n'a cessé de croître au fil des siècles. On peut le déplorer ou s'en réjouir, le fait est là, il est, comme on dit aujourd'hui, « incontournable », ce qui n'exclut pas de réfléchir sur l'efficacité de ce système et ses modes de fonctionnement. Ce faisant, on aboutit à un constat simple.

Grâce à une sélection rigoureuse, par l'intermédiaire des classes préparatoires, servies par des moyens matériels et financiers impressionnants au regard de la misère relative de notre enseignement supérieur, les grandes écoles, et notamment les plus prestigieuses d'entre elles, aspirent, par un *kidnapping* légal et permanent, les meilleurs éléments des lycées. Issus pour l'essentiel des classes moyennes et supérieures, ils ont survécu à l'incessante course d'obstacles entamée dès la maternelle. Les élèves de nos grandes écoles sont destinés à fournir au pays, dans le secteur public comme dans le secteur privé, les « hommes de l'art » dont il a besoin, pour animer le système éducatif, gérer l'administration et les entreprises. Or, bien qu'elles aient été créées à cette fin et affirment encore poursuivre un tel but, les grandes écoles, malgré de réels efforts pour s'adapter à l'évolution de leur environnement, ne sont plus aujourd'hui adéquates à leur objet. Ceux qui en sortent n'ont plus qu'un impact limité sur le niveau technique et l'efficacité des structures auxquelles ils appartiennent, ni le rayonnement qui leur permettrait de les tirer vers le haut, d'en améliorer le niveau, la rentabilité. Peu d'entre eux ont suffisamment la passion d'entreprendre et de gagner pour insuffler à notre système scolaire, à notre administration, à nos entreprises, le dynamisme et la capacité d'adaptation dont ils auraient besoin. En outre, les rigidités sociales de notre système scolaire font de ces écoles un élément de reproduction des élites, tandis que les rigidités pédagogiques ne favorisent guère le sens de l'innovation ou l'esprit d'initiative, l'attrait de la recherche ou le goût du risque.

La nature des études suivies, leur dispersion au sein de vastes ensembles hétéroclites où pèsent si lourd les structures, les hiérarchies, le nombre, réduisent beaucoup l'impact que devraient avoir les anciens des grandes écoles sur les performances de la nation. La disparité entre le niveau des élèves, la sévérité de leur recrutement, les moyens mis à leur disposition en cours de scolarité d'une part et leur rendement dans la société d'autre part, ne cessent de croître, faute pour les grandes écoles d'avoir su s'adapter aux mutations de leur environnement. Les produits qu'elles livrent correspondent de moins en moins aux besoins qu'elles sont censées satisfaire. Le degré de satisfaction de ceux qui les utilisent décroît au fil du temps. Quant à ceux qui en sortent, ils ne peuvent que constater l'extrême disparité de leurs destins individuels. Entre les déçus qui vivent à l'heure des illusions perdues, les techniciens qui ont trouvé leur voie, les heureux élus du « tout État » et les aventureux, plus que l'image d'une caste, d'une élite, d'une corporation, soudée par des intérêts et des aspirations communs, c'est aujourd'hui un paysage aux contours incertains et aux coloris bigarrés qui s'offre à nos yeux. Bien sûr, beaucoup de choses les rapprochent : un label, une rente de situation, acquise une fois pour toutes et jamais remise en cause, un statut sécurisant pour ceux qui ont choisi, sous ses diverses formes, le service de l'État. « Tout l'art des anciens de Polytechnique ou de l'ENA consiste à utiliser parfaitement les ressources de leur statut pour progresser dans le jeu de l'oie de leur carrière », disent Wickham et Coignard, et Yves Sabouret, inspecteur des finances et vice-président d'Hachette, de renchérir : « C'est un réseau de gens qui peuvent se dire, comme dans *Le Livre de la jungle* de Kipling, quand ils se rencontrent, "nous sommes du même sang, toi et moi". C'est la tradition latine, pas tellement démocratique. On se reconnaît plus dans ses pairs, ses anciens, que dans la compétition avec d'autres. »

Certes, mais il serait erroné de ne voir en eux qu'une caste de privilégiés. Ce fut vrai hier, ça ne l'est plus aujourd'hui. Comme la noblesse à la fin de l'Ancien Régime, ces « privilégiés » — qui ont acquis leurs privilèges par un concours et non par le sang, et la différence est grande — s'accrochent d'autant plus à leur titre d'ancien d'une grande école que leur statut social ou professionnel se banalise dans les grandes nébuleuses modernes. Si caste il y a, c'est uniquement pour le dessus du panier, où jouent à plein les connivences et les réseaux qui permettent les grandes réussites. Encore faudrait-il mesurer celles-ci à l'aune de la créativité, de l'invention, de l'innovation, du risque et de l'aventure. Aujourd'hui d'ailleurs, les plus en vue parmi les anciens des grandes écoles n'échappent plus aux critiques les plus virulentes : polytechniciens soupçonnés d'être responsables de la faillite de la sidérurgie ou du déficit des filiales du CEA que l'on maintiendrait en activité seulement pour leurs beaux yeux ; énarques coupables d'imposer aux ministres des décisions aberrantes et de gaspiller les fonds publics par le laxisme de leur gestion ou la mise sur orbite de grands projets coûteux et inefficaces ; normaliens cloués au pilori pour leur incapacité à s'adapter aux exigences de leur public, dans les lycées comme dans les universités. Les uns et les autres ne méritent pas davantage ces excès d'indignité que les excès d'honneur dont ils furent jadis couverts. La seule question qui vaille, dans la France d'aujourd'hui, qui a besoin de dynamisme, de souplesse, de compétitivité, est de savoir comment sortir d'un système qui, pour avoir fait ses preuves dans le passé, ressemble chaque jour davantage à un diplodocus. Inadapté à l'évolution du monde contemporain, affadi par la reproduction permanente, sur le même stencil, d'un modèle ancien qui ne cesse de perdre sa lisibilité, le système des grandes écoles risque de se survivre encore de longues années, en stérilisant des élites qui nous seraient pourtant particulièrement utiles. Le moment n'est-il pas venu de savoir comment produire des élites capables de dynamiser l'enseignement, de moderniser l'administration, de muscler les entreprises, comment produire plus de condottières et moins de pantouflards, comment privilégier l'investissement sur la rente et mieux adapter la sélection et la formation de nos cadres supérieurs aux exigences du présent ?

CHAPITRE TROISIÈME

Renouveler et dynamiser les élites de la France de l'an 2 000

Dans l'administration, les affaires, la politique, chacun s'accorde aujourd'hui pour considérer que des exigences s'imposent : anticiper, s'adapter, se reconvertir, être flexible. Tels sont les quatre points cardinaux qu'il est de bon ton de mentionner, dès lors qu'il s'agit de moderniser la France, de lui permettre de « faire face » aux défis du monde contemporain, défis « incontournables » qui « nous interpellent quelque part », nous obligent à agir vite, avant qu'il ne soit trop tard. Tout cela est vrai, même si les mots employés sont désormais suffisamment usés pour avoir perdu une partie de leur impact. Derrière ces mots, en effet, se profilent des réalités : un système scolaire qui souffre cruellement de l'éclatement des corps et du désarroi personnel ; une haute administration qui doute d'elle-même, prise entre l'humeur des usagers et la méfiance des ministres, entre la crise du service public et la vague antiétatique ; un encadrement des secteurs publics et privés qui constate l'érosion de notre compétitivité extérieure et l'absence de dynamique au sein des entreprises ; des chercheurs conscients de l'enjeu que représente pour l'avenir ce secteur vital pour l'État et les entreprises et s'inquiètent de l'érosion des crédits consacrés à la recherche et au développement. Pour anticiper, s'adapter, se reconvertir, être flexible, encore faut-il y avoir été préparé. J'ai dit combien les classes préparatoires, la scolarité tournent le dos à ces impératifs.

La tentation est grande de briser le système des castes et des corporations, dont les anciens du carré d'as sont une pièce maîtresse. Chacun sait combien ce système enserre la France dans un corset de fer, nourrit le conservatisme, cultive l'hérédité des tâches, des fonctions, des situations acquises. Mais, qui ne voit qu'au-delà des modes actuelles sur le « trop d'État », les grandes écoles, et parmi elles les plus anciennes et les plus prestigieuses d'entre elles, ont joué, jouent encore un rôle essentiel dans la vie de la nation. Ce rôle, elles ne le remplissent pas par hasard. Les classes dirigeantes, qui se disent libérales aujourd'hui sont, depuis plusieurs siècles, par nature et par éducation, dirigistes : colbertistes sous l'Ancien Régime, jacobines sous les Républiques comme les Empires, pompidoliennes encore maintenant, malgré leurs dénégations empressées. Le dirigisme est la marque de la France à travers les âges. Les grandes écoles en sont une des manifestations les plus évidentes. Qu'il y ait là danger d'étouffement, cela est plus qu'évident. Alors, dirigisme, corporatisme, élitisme d'un côté, libéralisme, ouverture, démocratisation de l'autre : que choisir ? La tradition, pour maintenir un corset sans lequel la colonne vertébrale de notre pays risquerait de souffrir, ou le chambardement pour former de nouvelles élites mieux adaptées aux besoins d'aujourd'hui ?

Il faut répondre à ces questions. Le recrutement et la formation des cadres supérieurs du pays, la façon dont on fabrique, dont on produit, aujourd'hui, une technocratie est au cœur du débat sur la modernisation de la France, sur sa capacité à prendre, sans retards excessifs, le train du troisième millénaire, déjà lancé à grande vitesse sur les rails du futur. Comment gagner la bataille de la formation — chacun la dit essentielle — sans enseignants de haut niveau ? Comment réussir l'adaptation de l'administration dans un pays où l'État jouera, quoiqu'on en ait, un rôle important (ce qui impose sa nécessaire modernisation puisqu'une partie du dynamisme et de la flexibilité de la nation dépendra de la qualité de son administration, ainsi que le soulignait, récemment encore, l'un des pères de l'ENA, Michel Debré : « Une société qui se veut libérale a autant besoin de bons fonctionnaires qu'une société socialisante. Tant que la France sera la France, il lui faudra un État et tant qu'il y aura un État, il est bon qu'il y ait une capacité exceptionnelle de ses fonctionnaires. »[1] Comment assurer notre envol vers le XXIe siècle sans donner la priorité à la recherche et orienter un nombre croissant de nos meilleurs étudiants vers ce secteur en les formant très tôt à ces disciplines fondamentales jusqu'ici trop négligées ? Comment fournir à nos entreprises publiques ou privées les cadres de conception, de fabrication, de gestion dont elles ont besoin pour faire face aux modifications incessantes de leur environnement et gagner la longue guerre économique dans laquelle nous avons d'ores et déjà laissé tant de plumes, perdu tant de positions ? Comment, pour satisfaire chacun de ces objectifs, transformer des savoirs souvent remarquables, testés par des concours de haut niveau, en qualités professionnelles précises et pratiques ?

Voilà beaucoup de questions en effet. L'ampleur de la tâche pourrait conduire au renoncement. Il est vrai cependant que les choses évoluent. Depuis dix ou vingt ans, nous formons de plus en plus de cadres, issus des universités et surtout de la galaxie des grandes écoles qui font preuve, outre leur grande ouverture d'esprit, de bonnes capacités professionnelles. Certes, on peut toujours améliorer les choses, mais nos écoles d'ingénieurs ou de gestion ne marchent pas si mal que cela. Pourtant, celles qui incarnent l'ensem-

1. *Le Quotidien de Paris*, 12 novembre 1985.

ble du système, qui forment les plus hauts cadres du pays, sont celles qui laissent le plus à désirer. Ainsi que le soulignait Alain Minc dans un récent colloque de la « French-American Foundation », ces écoles « ne sont pas des écoles de formation professionnelle. Leur fonction n'est pas de former mais de donner un statut social ». Nous avons vu que seule une minorité tire les bénéfices de ce statut alors que beaucoup subissent les difficultés inhérentes à cette absence de formation professionnelle, de savoir-faire pratique. C'est la raison principale pour laquelle les plus prestigieuses parmi ces institutions sont aujourd'hui en crise, doutent d'elles-mêmes et de leur avenir. Faut-il alors les supprimer ? Les réformer ? Les concurrencer ? Élargir ou réduire leur recrutement ? Transformer leurs critères de sélection, le contenu de leurs études ? Des questions, encore et toujours des questions. Voici venu le temps des réponses.

A — Demain le monde

Savoir comment recruter et former les cadres supérieurs suppose d'abord de tracer les contours du futur, d'accepter la « fin des habitudes » (Jacques Lesourne — Michel Godet), de repérer les qualités dont auront besoin les « managers » de demain pour réussir, individuellement et collectivement. Nous voyons bien ce futur se dessiner sous nos yeux, s'élaborer dès aujourd'hui les grandes caractéristiques du monde de demain. Nous avançons rapidement vers une société dominée par les révolutions technologiques, dans laquelle l'information et l'internationalisation diffusent et accélèrent le progrès, donc les changements. Roger Martin, président honoraire de Saint-Gobain, soulignait il y a peu, devant la « French-American Foundation », comment, en vingt ans, le nombre de bits stockés dans une plaquette de la taille d'un ongle avait été multiplié par 100000 et comment il était possible d'orienter désormais les recherches sur la création d'une plaquette d'un million de bits dont on ne pouvait encore imaginer les immenses possibilités d'utilisation. A cela, deux conséquences essentielles : d'une part, le changement rapide du contenu et de la structure des emplois, d'autre part, la mise à disposition des citoyens, par les ordinateurs et les télécommunications, de quantités d'informations inimaginables jusqu'alors, ainsi que le préfigure le succès du Minitel. Cette mutation incessante de l'environnement scientifique et technologique, de la nature des emplois, rend caduc le principe même sur lequel sont basées les plus prestigieuses de nos grandes écoles, à savoir le culte de l'excellence, l'utopie de « l'honnête homme » version XIXe siècle. Ainsi, outre une formation professionnelle bien précise pour commencer une carrière et être opérationnels le plus vite possible, les cadres supérieurs de demain devront briller par d'autres savoir-faire, ces *soft skills*, chères aux Anglo-Saxons, que sont la gestion des relations humaines, la flexibilité, l'imagination, la créativité, la mobilité, la maîtrise des medias et de la communication, l'ouverture sur le monde. On en conviendra, ni les lycées, ni les classes préparatoires, ni la scolarité de nos plus grandes écoles ne sont vraiment adaptées à ces exigences.

Roger Fauroux, dans une récente interview au journal *Le Monde* ne dit pas autre chose lorsqu'il propose de sélectionner différemment les énarques. Il s'agit, dit-il, « moins de connaître ce que savent les candidats que de savoir ce qu'ils sont pour découvrir leur personnalité. Ce sera (l'épreuve de conversation) une véritable conversation d'embauche, plus longue, en présence de quatre examinateurs au lieu de huit, dont un spécialiste du recrutement. » Alors, comment justifier le rôle prééminent de leurs anciens aux postes de direction si l'analyse de Gilbert Trigano est la bonne : « La génération avant moi avait assis son pouvoir sur la connaissance. Ceci est terminé. Aujourd'hui, tout le monde peut disposer de la connaissance. Alors, comment diriger, comment exercer le pouvoir si chacun dispose du même savoir que vous », si ce n'est en remportant chaque matin une « nouvelle victoire sur la base d'une communication permanente » qui exige une « immense curiosité » et « beaucoup d'agressivité », ainsi qu'une « grande capacité à apprendre, à comprendre, à faire son autocritique, à casser les structures établies ». Et Trigano de conclure : « Le prix qu'il aura à payer pour cela sera une grande et très inconfortable insécurité » (« French-American Foundation »). Si tel est bien le cas, la rigidité du système des grandes écoles, le label qu'il donne à ses diplômés, la rente de situation dont ils jouissent, notamment dans le secteur public, ne les prédisposent pas à s'adapter à de tels critères. Même si l'on ne partage pas entièrement l'avis de Gilbert Trigano, ou les théories volontairement provocantes d'un Alain Minc, surgissant tel un diable de sa boîte au cours du même colloque pour affirmer que « la seule véritable qualité d'un cadre supérieur est sa capacité à déstabiliser son environnement, qui commence par sa capacité à se déstabiliser lui-même, à légitimer l'utilisation du désordre » et déplorer bien sûr que le système français manque de « déstabilisateurs institutionnels », force est de reconnaître l'importance de ces *soft skills* dans le profil du cadre supérieur de demain. Il est vrai, en effet, et cela vaut dans l'entreprise comme dans les relations entre l'administration et les citoyens, les enseignants et les enseignés, que le pouvoir s'exerce aujourd'hui davantage par consensus que par diktat, par le dialogue plus que par l'autorité, par la capacité à découvrir et profiter des opportunités autant que par l'aptitude à résoudre les problèmes. Le manager de demain sera davantage jugé sur ses capacités à dialoguer avec les autres que sur son aptitude à résoudre une équation. Le temps des plaisirs solitaires est révolu. La société est déjà participative, elle le sera chaque jour davantage, aussi bien dans l'administration que dans les entreprises, dans ses relations internes comme dans ses relations externes : créativité, dynamisme de groupe, *brain storming* pour valoriser, comme aux États-Unis et au Japon, le creuset humain, par une approche humaniste, axée autour de l'individu. Art funambule sans doute, mais art nécessaire aux entreprises de demain. Que cela suppose des grandes qualités de relations humaines est une évidence et nos cadres supérieurs n'y sont guère entraînés : les qualités de caractère, d'écoute, d'ouverture aux autres, de sensibilité, d'intuition, de patience, de persévérance compteront bientôt tout autant que les qualités intellectuelles, certes nécessaires, mais insuffisantes pour devenir un bon pédagogue, réussir dans le domaine de la gestion des personnels auquel nos écoles ne préparent pas (ceci donne d'ailleurs une grande chance aux profils littéraires, jusqu'ici défavorisés par une sélection basée sur les mathématiques, dont la prééminence n'a cessé de s'accentuer au fil des ans).

Qui dit relations humaines dit maîtrise des moyens d'expression et de communication, voire des médias qu'il faudra savoir manier avec efficacité dans et hors de l'école, de l'entreprise ou de l'administration. Enfin, dans une France désormais ouverte aux quatre vents du monde, un cadre supérieur devra être apte à comprendre non seulement un client et un marché, mais aussi un environnement international, sous ses aspects culturels et socio-économiques, parler plusieurs langues, avoir l'expérience et la connaissance, non pas livresque mais pratique, de l'étranger. Si l'on ajoute à ce panorama la certitude qui est la nôtre d'avoir à changer quatre ou cinq fois de travail au cours d'une vie, l'obligation de mobilité professionnelle donc, mais aussi géographique, au-dedans comme au-dehors, on mesure alors à quel point il ne suffit pas de sortir de notre « carré d'as », tel qu'il recrute et « forme » aujourd'hui ses diplômés, pour être un bon « manager », public ou privé, un chercheur efficace ou un enseignant performant. La montée en première ligne, via leur réussite individuelle et l'écho que leur donne les médias, des Gilbert Trigano, Antoine Riboud, Bernard Tapie, Michel Baroin, tout à la fois entrepreneurs, meneurs d'hommes, pédagogues et communicateurs n'est d'ailleurs pas le fruit du hasard : leurs qualités humaines les ont porté sur le devant de la scène autant que leurs compétences professionnelles qu'ils ont acquis les uns et les autres hors des cercles d'élite que sont nos plus prestigieuses grandes écoles. Et cela vaut pour la gestion publique comme pour la gestion privée, en France comme dans le reste du monde. Partout, les développements technologiques requièrent des hommes de qualité supérieure dont Arthur Squire dessine le profil dans son dernier ouvrage, *La Gestion publique des mutations technologiques*, en analysant les raisons des succès et des échecs des grands programmes gouvernementaux : les projets marchent quand ils sont animés par des hommes alliant la maîtrise technique, le sens de l'entreprise et la perspicacité politique à une inébranlable détermination. Le choix essentiel porte donc sur la sélection des animateurs, des chefs de projet et de leur équipe, selon des critères qui ne soient ni nécessairement ni uniquement politiques et administratifs. Les animateurs devraient avoir aussi une bonne connaissance de l'histoire des technologies, découverte intéressante, après le règne sans partage des mathématiques, que cette attention portée à la culture, à l'Histoire si négligées depuis vingt ans. Enfin, dans l'orientation des fonds publics, Arthur Squire conseille de financer davantage les découvreurs confirmés que les mandarins académiques et comment ne pas l'approuver quand on connaît la rareté des ressources financières disponibles pour la recherche et le gaspillage d'une partie de celles-ci dans l'entretien de laboratoires stériles et de « chercheurs » bien en chaire pour évoquer les découvertes des autres mais incapables quant à eux de découvrir quoi que ce soit.

Ces débats sur les gestionnaires de l'an 2 000, nous les connaissons aussi et les grandes écoles elles-mêmes s'en préoccupent. En décembre 1985, la Conférence des grandes écoles avait organisé à HEC une rencontre sur le thème « Ingénieurs et cadres du XXIe siècle. Conséquences pour la formation ? » Frédéric Gaussen, qui en a rendu compte dans

Le Monde, traçait ainsi le portrait de ceux qu'il convient de préparer à un avenir tumultueux et fort peu prévisible : « Le cadre de demain est invité à devenir une sorte de surhomme polymorphe, imbattable dans sa spécialité (à qui il doit sa compétence), mais ouvert aux autres (pour travailler en équipe), doué pour l'abstraction (vu l'importance croissante de la modélisation), mais ayant le sens des réalités, sachant éclairer ses supérieurs et entraîner ses collaborateurs, sûr de lui mais capable d'innover et de se remettre en cause. » Technicien, financier, organisateur, psychologue, économiste, moraliste, voire philosophe « c'est la base du métier de l'ingénieur de demain », écrivent les rapporteurs de la conférence. Aux jeux olympiques de la modernisation, il nous faudra des athlètes complets. L'éthique et les qualités humaines compteront autant que la technicité. « L'ouverture intellectuelle, la curiosité, le jugement, la sensibilité aux hommes et aux comportements » (F. Gaussen), c'est-à-dire la personnalité d'individus ayant la passion d'entreprendre et de gagner sera désormais déterminante dans les aventures individuelles et les réussites collectives.

Alors, comment sélectionner, recruter, former ces cadres de demain, tester leurs qualités de caractère aussi bien que leurs qualités intellectuelles, leur donner une formation générale pour faciliter les nécessaires reconversions en cours de carrière et spécialisée pour qu'ils soient immédiatement utilisables par leurs employeurs ? Est-ce possible ? S'il s'agit d'atteindre la perfection en la matière, non, mais d'améliorer les choses dans ce sens, oui, sans aucun doute.

B — Charybde et Scylla

La nécessaire réforme du recrutement et de la formation des cadres de demain, dont chacun reconnaît la nécessité, doit, comme jadis Jean le Bon, se garder à droite et se garder à gauche. A droite, car il est facile, en constatant l'érosion des positions acquises par les anciens du carré d'as, la contestation de leur pouvoir et de leur place dans le « tout État » après tant d'années de règne sans partage, de renforcer les bastilles, de se replier sur les positions acquises, de chercher dans le retour aux privilèges anciens la sauvegarde de l'avenir. A gauche car, devant l'inadéquation entre les besoins de renouvellement et d'efficacité des élites, d'une part, et les critères de sélection et de formation des grandes écoles dont les coûts sont exhorbitants au regard des services rendus d'autre part, il est tentant de prôner la suppression d'un système qui favorise les héritiers, prive l'université des meilleurs étudiants, entretient un corporatisme qui, pour n'être pas isolé hélas dans la société française, n'en présente pas moins tous les défauts inhérents aux systèmes clos basés sur la rente et le privilège.

Fermer les portes, réduire les accès est désormais à la mode. La raison invoquée est toujours la même : *Small is beautiful.* C'est le nombre excessif des promotions qui dévalorise le titre, banalise les fonctions, érode le pouvoir et l'intérêt des tâches, compromet les carrières. Sur le marché des anciens du carré d'as, créons la rareté pour faire monter les prix. Tel est bien l'esprit qui inspire l'actuelle réforme de l'ENA et nourrit les débats autour des ENS et de Polytechnique.

S'agissant de l'ENA, je partage en partie le constat d'Hervé de Charette qui justifiait ainsi, le 25 avril 1986, la réduction à 132 d'abord (1986) puis 80 (1987) contre 160 en 1985, des postes offerts au concours d'entrée : « L'existence de promotions trop importantes provoque des disparités trop flagrantes entre des agents de qualité équivalente, tant en ce qui concerne l'intérêt des tâches qui leur sont confiées que le développement de leur carrière. » De même, Roger Fauroux, nommé à la direction de l'ENA avant mars 1986, me disait combien il avait été sensible à « la douche froide reçue par les élèves à cause de la forte déception résultant du décalage entre les ambitions nourries et les réalités ministérielles : les désillusions se multiplient dans les administrations. » Tout cela est vrai, comme est nécessaire la revalorisation des « attachés d'administration qui se sentent floués par ces brouettées d'énarques quelquefois moins compétents qu'eux et dont la carrière est très vite beaucoup plus rapide ». Oui, ce constat, je l'ai fait moi-même et il me paraît incontestable, sauf sur un point essentiel, la cause de ces disfonctionnements. C'est par le nombre que le malheur arrive, la rareté serait la condition du bonheur retrouvé. « Moins d'État, moins d'énarques », l'équation est simple, fait mouche, semble ciselée au coin du bon sens et je reconnais bien volontiers que le slogan est performant et rallie nombre de mes camarades issus de l'ENA. L'Association des anciens élèves applaudit à grands cris ; elle fait part de sa « satisfaction » et se réjouit « de la réduction des promotions » comme de la « suppression de la troisième voie d'accès » qu'elle réclamait depuis sa création en 1983. Invité de Philippe Caloni, sur France Inter, Hervé de Charette exposait ainsi la finalité de sa réforme : « Si on veut réduire le poids de l'État en France, il va de soi qu'il faut porter notre action dans tous les secteurs, y compris l'ENA. Cela concerne peu de monde. Il y a 170 élèves dans une promotion, il y en aura moitié moins car on avait dépassé les limites du raisonnable. C'est un changement important. Nous avons trop de cadres supérieurs dans l'Administration et l'inconvénient, c'est que l'encadrement de base voyait sa responsabilité diminuer. Le rôle de l'ENA, c'est de recruter des gens de qualité pour le service de l'État. Et l'État doit le faire en fonction de ses besoins. Et nous supprimons la troisième voie. C'était une mauvaise réponse à une bonne question. Au départ, j'étais favorable à cette troisième voie, à l'ouverture de l'Administration sur l'extérieur. Mais cette expérience a échoué. Il y a un tour extérieur et je veillerai à ce qu'il y ait dans ce tour extérieur des personnalités locales, ou issues du mouvement syndical ou associatif. »

L'accueil fut à la mesure de ses espérances : « Contrairement à son prédécesseur, Hervé de Charette prendra peu de textes, mais son ambition n'est pas moins grande : il veut faire évoluer les esprits », dit Michèle Lecluse dans *Les Échos* du 29 juillet et Jérôme Collet renchérit dans *Le Midi Libre* contre l'ENA, « symbole de la haute fonction publique, proliférante, sûre d'elle-même » qui « en prend un nouveau coup » et « n'est plus super star quand l'État ne se veut plus omniprésent », tandis que Jean-Marc Sylvestre voit dans cette réforme « un coup d'arrêt à l'impérialisme des grands corps administratifs » dont se réjouit aussi Bernard Eluy dans *L'Est Éclair* : « Le poids de l'ENA dans le pays est devenu excessif et les énarques ont pris en main la direction des affaires de la France. » Au-delà des modes ou des slogans, pour reprendre la formule d'Hervé de Charette, la réforme en cours de l'ENA est « une mauvaise réponse à une bonne question ».

2,5 millions de fonctionnaires, 15000 suppressions de postes prévues en 1987, soit 0,6 % d'allégements d'effectifs pour l'ensemble de la fonction publique, mais 50 % d'énarques en moins. Même si l'on tient compte de la pyramide des hiérarchies, cela fait beaucoup. Réduire le nombre d'énarques, c'est porter remède au surencadrement de la haute fonction publique. Mais que fait-on alors des 15000 fonctionnaires de catégorie A dits « contractuels de haut niveau », non issus de l'ENA ? Comment va se concrétiser l'objectif louable d'ouverture de la fonction publique sur l'extérieur afin d'y accueillir temporairement dans ses rangs des cadres d'entreprises privées ? Il faudrait alors réduire aussi, et dans des fortes proportions, le nombre des contractuels pour leur en substituer d'autres et les payer au taux du marché alors que les contraintes budgétaires sont de plus en plus prégnantes. C'est pourtant ce que souhaitait Michel Crozier dans *Le Figaro* du 31 décembre 1985 : « Alors, mais alors seulement, il deviendra beaucoup plus facile de changer la carrière, en particulier en ouvrant celle-ci à la concurrence de l'extérieur. La première chose à faire à cet égard sera, selon moi, de développer le système des contractuels pour tous les emplois de haut niveau. L'ENA dans ces conditions n'aura plus le monopole de ces postes ; elle sera, pour y pourvoir, une école parmi d'autre — et ses élèves auront en contrepartie la possibilité d'atteindre d'autres débouchés, notamment dans le secteur privé. »

Mais où est le monopole de l'ENA dans les emplois de haut niveau quand il y a déjà 15000 contractuels de catégorie A. La réduction de nombre des énarques va davantage encore les noyer dans la masse et je ne vois pas comment les contraintes budgétaires permettront de recruter en nombre suffisant des cadres du privé à très hauts salaires, sauf à dégager un nombre très substantiel de contractuels. De plus, l'ouverture de la fonction publique sur l'extérieur, excellent objectif en soi, ne sera pas réalisée par la suppression de la troisième voie d'accès ouverte aux élus locaux, syndicalistes, responsables des mouvements associatifs, à laquelle s'ajoutent les restrictions apportées au recrutement par le tour extérieur dans quinze corps d'administration générale institué par la loi du 13 septembre 1984 (1 sur 5 au lieu de 1 sur 3). Enfin, le louable souci d'assurer la promotion des attachés d'administration centrale n'est guère servi par la réduction du nombre des places au concours qui a pour conséquence mécanique, en raison de l'équilibre entre concours externe et concours interne, de faire passer de 80 à 40 le nombre des places à l'ENA pour les fonctionnaires et donc de diminuer les possibilités de promotion par cette voie. Alors, que reste-t-il des raisons qui ont motivé cette réforme et des ambitions qui l'ont inspiré, si ce n'est la satisfaction donnée à un lobby, l'association des anciens élèves de l'ENA. Elle espère que les élèves de l'École retrouveront ainsi, parce que moins nombreux, les prestiges de leur titre, l'attrait de leur métier, l'intérêt de leur carrière. Le tiercé miracle, réduction du nombre des postes, suppression de l'accès direct à deux polytechniciens et à deux normaliens — j'applaudis — et de la troisième voie, doit assurer à l'élite restreinte des énarques les places qu'elle mérite, au terme d'une scolarité abrégée (24 mois au lieu de 29) et davantage axée sur les stages et les matières fondamentales (droit public-finances, économie). J'ai la conviction que Roger Fauroux trouvera dans cette réforme de quoi atteindre les objectifs qu'il s'est fixés depuis qu'il a pris la direction de l'École : « L'ouvrir sur le monde, la société, l'étranger, l'économie, les entreprises, pour en faire une école d'excellence et non une annexe de l'INSEAD ; réduire ses effectifs car la pédagogie affectée par l'inflation des élèves depuis une décennie et la compétition trop aiguë pour la sortie et les meilleurs postes qui en résulte aussi a des effets néfastes sur la psychologie des élèves ; faciliter la gestion quotidienne d'une PME qui n'a plus les moyens d'assurer la qualité de ses produits à cause du nombre excessif des élèves et des personnels. » S'il s'agit de faire de l'ENA un pôle d'excellence pour un tout petit nombre d'étudiants très doués et triés sur le volet et leur assurer ensuite un rang digne du label qu'ils ont obtenu afin qu'ils redeviennent les brahmanes d'antan, alors oui, voilà une bonne réforme. Si le but recherché est d'ouvrir et de moderniser l'administration, de faire en sorte que la haute fonction publique reflète davantage les réalités sociales, rende un meilleur service aux « usagers », et que soit assurée la promotion interne des meilleurs des attachés d'administration, je crains que l'on soit loin du compte. Élitisme et malthusianisme sont les deux mamelles du corporatisme : faut-il corseter encore davantage une société aussi rigide que la nôtre ?

La question se pose pour Polytechnique et les ENS et, là aussi, la même réponse s'esquisse : *Small is beautiful*. Chacun rappelle à quel point la qualité de la formation donnée par les écoles dépend avant tout de la petite taille des promotions et de leur homogénéité et s'inquiète de l'augmentation récente des effectifs due à la fusion, pour les ENS (« Comment faire tenir dans un même établissement deux écoles dont chacune étouffe déjà dans ses propres locaux ? » Jean Barthou, Président du Conseil d'Administration d'Ulm, le 20 octobre 1985), à une augmentation rampante pour l'X (+ 12 % en sept ans). La rue d'Ulm considère ainsi la fusion comme une menace pour la qualité de ses enseignements puisque c'est la petite taille qui garantit le rendement de l'enseignement conçu pour des groupes d'agrégatifs d'une dizaine et non de vingt ou vingt-cinq. (On comprend alors, s'il en est ainsi, pourquoi les étudiants ont tant de mal à obtenir l'agrégation.) Elle voit poindre aussi le risque d'une bureaucratisation dès lors que, sous le poids du nombre, se distendrait le lien personnel entre les élèves, d'une part, et les directeurs de l'école, des laboratoires, le secrétaire général, le secrétaire des études, d'autre part. Comment un « caïman » pourra-t-il monter des formations à la carte pour les élèves ? Comment ouvrir à tous les laboratoires de recherche où ils sont en contact direct avec les directeurs et maîtres de recherche qui assurent ainsi un tutorat rapproché ? Et, comme toute occasion de dire du mal du voisin doit être saisie, on murmure rue d'Ulm à quel point les élèves de l'X souffrent de l'ampleur de leurs promotions dans l'accès aux laboratoires pourtant gratifiés d'une « qualité équivalente » à ceux de l'École normale supérieure. Sous le vernis du nombre se profile alors l'écaille de la non-homogénéité, donc du fractionnement inévitable des promotions, établi sur des épreuves de classement identique à celui en vigueur à l'X. Or, comme les ENS souffrent d'un problème de débouchés (les scientifiques n'ont pas la même gamme de poste à la sortie que leurs concurrents de l'X et l'on a vu ce qu'il en est pour les littéraires), la fusion engendre une forte pression en faveur de la réduction des promotions. Comme par ailleurs le coût des normaliens en scolarité est élevé, et que les contraintes budgétaires ne cessent de s'alourdir et qu'enfin, là aussi, les carrières sont bien loin de satisfaire les espérances, l'on mesure à quel point toutes les conditions sont requises pour que l'idée d'une réduction des postes offerts aux concours des différentes ENS fasse son chemin dans les années à venir.

Le débat sur la taille des promotions est aussi largement ouvert à Polytechnique, de façon différente d'ailleurs puisqu'il s'agit ici de se demander s'il n'est pas souhaitable d'augmenter les effectifs de l'école pour atteindre des promotions de 400 élèves français dans l'esprit de la décision gouvernementale du 12 juin 1985, qui a décidé d'agrandir l'école pour qu'elle puisse accueillir un plus grand nombre d'élèves, sans toutefois préciser un effectif à atteindre. Dans le rapport déjà cité, Bernard Esambert pose excellemment le problème en termes de besoins : « A l'approche du troisième millénaire, et compte tenu de la rapide évolution des techniques, il est tentant de faire fi du malthusianisme et d'envisager, en fonction de la complexité croissante des techniques, un accroissement sensible du nombre des ingénieurs en France. Il est clair que l'X pourrait jouer un rôle dans le franchissement de cette nouvelle étape bénéfique pour la nation... On sent donc confusément, même s'il en coûte, que tout protectionnisme est à proscrire. » Mais, lorsqu'il s'agit de voir comment mettre en pratique une telle décision et d'en mesurer les conséquences, Bernard Esambert souligne à juste titre tous les obstacles accumulés sur la route de l'inflation des promotions : qu'elle bénéficie aux entreprises et à la recherche et non à l'administration ; que les autres écoles d'ingénieurs fassent de même ; que l'accroissement soit progressif et accompagné d'un mouvement similaire pour les élèves étrangers ; que l'enseignement et la scolarité soient adaptés pour éviter une baisse sensible du niveau moyen des élèves ; que les locaux s'y prêtent, etc. Daniel Brefort, ancien vice-président du Conseil des anciens de l'X, s'il reconnaît « une croissance des besoins en bons chercheurs et en bons ingénieurs » et ne s'oppose pas à l'augmentation des effectifs, considère qu'elle passe par une concertation des pouvoirs publics, de l'École et des anciens de l'X « pour garder à notre École sa valeur ».

L'air du temps ne va pas dans le sens d'un accroissement des effectifs des promotions du carré d'as de nos grandes écoles. La disparité des destins qui entame leur statut, leur prestige et l'intérêt de leurs fonctions, la vague libérale qui porte à réduire le rôle de l'État dans le recrutement et la formation des cadres supérieurs de la nation, le dégraissage des effectifs dans la fonction publique, et, *last but not least*, les contraintes budgétaires, tout cela va au contraire dans le sens d'une réduction, subite ou progressive, des effectifs du carré d'as pour concilier deux objectifs simples : redonner à leurs anciens leur prestige d'antan et réduire l'investissement de l'État dans la formation des élites de la nation. Pourtant, conserver ces grandes écoles telles qu'elles sont et réduire leurs effectifs, ne répond en rien aux questions essentielles. Si les besoins en cadres supérieurs de très grande qualité, enseignants, administrateurs, ingénieurs, etc., augmentent et que notre carré d'as ne peut y parvenir, alors ne doit-on pas chercher ailleurs une solution plus radicale et plus performante ?

Que veut-on ? Moderniser et dynamiser l'administration, améliorer les performances du système scolaire, former les cadres et les chefs d'entreprise, promouvoir la recherche et ses applications industrielles et, pour atteindre ces objectifs, renouveler profondément l'origine, la formation, la destination des élites de demain. Faut-il pour cela considérer comme intangible le système des grandes écoles, du moins des plus prestigieuses d'entre elles ? Qu'est-ce qui justifie ce *kidnapping* légal des meilleurs au détriment de l'université qui est unique au monde ? Pourquoi préparer les futurs cadres supérieurs de la nation dans un milieu rigide, immuable, aux règles du jeu si bien définies, largement coupé de la vie réelle du pays, basé sur la reproduction plus que sur l'innovation, sur des savoirs théoriques plus que sur des savoir-faire ? Comment faire pour que l'essentiel ne soit plus l'attrait du label, de la carte de visite, de la rente de situation ? Comment apporter du sang neuf, des horizons et des expériences nouvelles, introduire des modes de sélection prenant davantage en compte les qualités humaines, la capacité d'entraînement, la volonté d'entreprendre et de gagner à l'école et à l'université, dans l'administration et les entreprises ? Comment faire, sinon en supprimant nos grandes écoles et en confiant à l'Université, dans un système d'autonomie et de concurrence, de sélection et d'encadrement, de formation initiale et permanente, la formation des lettrés, des savants et des managers de demain ? J'avoue mon penchant pour une telle solution, dont je mesure bien les inconvénients. Personnels d'abord : ancien de normale sup Saint-Cloud et de l'ENA, comment puis-je oser, après m'en être servi, proposer de supprimer ces institutions qui m'ont nourri et m'ont permis d'exercer les professions de mon choix. J'entends d'ici les protestations des normaliens et des énarques, ulcérés de voir ainsi l'un des leurs « cracher dans la soupe » après y avoir goûté et en avoir récolté tous les fruits. J'entends aussi les sceptiques : quelle utopie que de proposer une telle solution alors que les décideurs politiques et les grands corps de l'État qui seraient chargés de prendre, puis d'exécuter une telle mesure, sont issus de ces écoles. L'on ne peut une seconde imaginer qu'ils puissent scier la branche sur laquelle ils sont assis. Enfin, argument décisif, pourquoi casser ce qui existe et confier à des universités qui vont mal la formation des élites assurée jusqu'ici par des grandes écoles qui vont bien. On ne change pas une équipe qui gagne, surtout pour lui substituer une équipe qui perd. Laurent Schwartz lui-même, pourtant hardi dans sa critique des grandes écoles et peu avare de propositions, n'écrivait-il pas dans son rapport de 1981 :

« La question s'est souvent posée : faut-il supprimer les grandes écoles, et verser leurs étudiants dans l'Université ? Sous cette forme, la question est assez absurde, car l'université ne forme presque pas d'ingénieurs, et telle qu'elle est, n'est pas prête à en former ! Faut-il tout au moins faire des écoles des départements d'universités, avec ou sans statut dérogatoire par rapport à la loi d'orientation ? Cette question est normale, il est raisonnable de la poser de temps à autre, sous diverses formes, puisque la France est seule à avoir des écoles en dehors des universités et complètement différentes. Mais le problème est bien compliqué, puisque, pour former des diplômés en deux ans d'IUT ou des ingénieurs, il a fallu avoir recours à un statut dérogatoire dans la loi d'orientation ! Nous avons vu que le système d'enseignement supérieur dans l'université était malade ; malgré leurs déficiences les écoles sont aujourd'hui en plein dynamisme ; le problème (très grave) du laxisme des jurys de fin d'année ne touche qu'une minorité des élèves ; le problème des insuffisances en recherche est en train de se résoudre progressivement ; il serait plus qu'imprudent de verser un système de petites écoles (petites par les effectifs), fonctionnant bien, dans un système plus grand qui ne fonctionne pas bien. »

Beaucoup de ceux à qui j'en ai parlé ont trouvé l'idée séduisante pour l'esprit mais impraticable et sans doute dangereuse pour la qualité des hauts cadres de la nation. A l'évidence l'utopie universitaire n'est pas de mise et mieux vaut un énarque formé approximativement qu'un diplômé d'Administration générale habillé des « guenilles universitaires ». Pourtant, l'Université est-elle aussi délabrée que cela ? N'est-elle pas en train de redresser la tête et par des modes de sélection occultes, clandestins et inadaptés, n'est-elle pas, tant bien que mal, de plus en plus en mesure de livrer des produits de qualité ? Mérite-t-elle l'excès d'indignité dont elle est couverte depuis 1968 alors qu'elle accomplit depuis quelques années un effort méritoire pour sortir de l'ornière et n'oublie-t-on pas trop facilement que son aptitude à former des gens de qualité résulte tout autant des défauts qui lui sont propres que du manque de moyens à elle affectés et du détournement vers les grandes écoles des meilleurs de nos bacheliers ? Peut-on lui reprocher de faire moyen, sans moyens, avec des élèves moyens et est-elle aussi incapable qu'on le dit de se révéler à la hauteur d'une telle tâche ? L'Université a mauvaise presse auprès des pouvoirs, depuis toujours, pour cause de turbulence ; auprès des conservateurs pour cause de déviance idéologique; auprès des parents pour cause d'incapacité à offrir aux étudiants des débouchés attrayants. Faut-il alors se résigner, accepter cela comme une donnée immuable, instruire éternellement les mêmes procès — et il faut reconnaître que les pièces à conviction ne manquent pas —, tirer les rideaux, fermer le ban et rendre encore une fois le même verdict. L'ancien assistant d'Université que je suis ne s'y résout pas mais suis-je bien placé pour en parler, moi qui ai décidé de fuir ce milieu trop « traîne-savates » à mon goût ? Pourtant, comment donner tout son sens à l'objectif de doublement des classes d'âge arrivant au baccalauréat pour l'an 2 000 sinon en confiant à l'Université la formation, à partir de ce vaste vivier, des élites de demain. Bien sûr, il faudrait muscler nos universités, y accepter une sélection plus rigoureuse et démocratiquement organisée, modifier la formation des professionnels de l'enseignement (stages en entreprise, à l'étranger, connaissance des langues, des réglementations et des cultures étrangères, formation pédagogique initiale et permanente, etc.), ouvrir l'enseignement aux forces vives du pays, (syndicalistes, chefs d'entreprises, responsables d'associations, élus, etc.), multiplier les jumelages universités/entreprises pour la recherche et la formation permanente sur le modèle des *FIRTECH* (pôles de formation d'ingénieurs pour la recherche en technologie qui associent des écoles, des universités et des entreprises pour des projets de recherche sur des technologies adaptées au tissu industriel, tels que les a conçus Hubert Curien, en 1985, lorsqu'il était ministre de la Recherche et dont huit ont été mis en place en mécanique et matériaux, biotechnologie, intelligence artificielle et communication, robotique, génie chimique et contrôle des systèmes industriels avec pour objectif final une quarantaine dans toutes les régions de France). Enfin, dans un domaine, l'enseignement supérieur, l'Université forme bien des cadres supérieurs puisque les agrégés sont recrutés par un concours où sont en concurrence les élèves des ENS et les étudiants des facultés et, même s'ils ne sont pas souvent reçus « dans la botte », des étudiants obtiennent l'agrégation et ne déparent pas le paysage, ni dans le secondaire ni dans le supérieur. Pourquoi n'en serait-il pas ainsi dans d'autres domaines, à l'instar de ce qui se passe chez nos voisins où l'Université joue son rôle essentiel dans la fabrication des élites. Mais, j'ai beau poursuivre mon raisonnement, je sens bien que je ne convains pas. Faut-il que le mythe des grandes écoles soit fort dans notre inconscient collectif, fasse à ce point partie de notre patrimoine génétique, comme en fait partie la piètre estime dans laquelle est tenue l'Université, pour qu'un tel saut, dont je reconnais les périls, soit considéré comme impossible, y compris par les esprits les plus ouverts au changement. Alors, moi aussi, je renonce à pousser plus avant, à proposer comme solution d'avenir le retour dans le giron universitaire de la formation des technocrates de demain. Mais j'y renonce non sans une certaine amertume de n'avoir pas osé et, si je pars, ce n'est pas sans me retourner. Je reste convaincu, quoiqu'on dise, qu'au prix des réformes profondes des universités, l'enseignement supérieur pourrait assurer cette tâche si les décideurs politiques osaient prendre le risque de braver les poids des corps, la résistance — que je comprends très bien — des anciens des grandes écoles les plus prestigieuses qui pèsent de tout leur poids dans le sens du statu quo. Je rejoins ici Michel Debré dans ce que la mystique de l'État peut avoir à mon sens de positif lorsqu'il affirme : « Quand le pouvoir politique ne fait pas son métier, on s'aperçoit que les fonctionnaires prennent une place décisive. L'ENA prépare des serviteurs. Quand il n'y a pas de maîtres, ces derniers les remplacent. L'énarque a comme caractéristique fondamentale d'être un bon serviteur. Mais, il n'y a de bon serviteur que s'il y a un bon maître. J'ai toujours été hostile à ce sentiment que le fonctionnaire est politiquement responsable. Ce n'est pas vrai, c'est le gouvernement[1]. » Belle réponse à la philosophie qui inspirait Alain Peyrefitte dans *Le Mal français*, car entre deux maux, il avait choisi le moindre : la puissance de l'administration vient davantage de la faiblesse des politiques que leur difficulté à réformer ne résulte de la résistance des bureaucrates. A cela faut-il encore ajouter que les classes dirigeantes de ce pays tiennent au carré d'as des grandes écoles car elles y trouvent d'heureux débouchés pour leurs enfants, ce qui ne contribue pas à ébranler le piédestal sur lequel elles sont confortablement installées. Donc, puisqu'il faut se rendre à l'évidence, ne supprimons pas nos grandes écoles, à condition de ne pas chercher à sauver le prestige de notre carré d'as en organisant la rareté, le malthusianisme, comme on semble vouloir le faire aujourd'hui, alors que les besoins en managers publics ou privés et enseignants de grande qualité sont encore plus évidents aujourd'hui qu'hier.

C — Les leçons du passé

Valéry Giscard d'Estaing et François Mitterrand ont, chacun à leur manière, inspirés par des objectifs différents, essayé d'oxygéner nos élites en leur insufflant un peu de sang neuf pour réduire le poids des corps, écorner les avantages acquis, ouvrir et diversifier la composition des élites administratives et économiques du pays, modifier un rapport de forces très avantageux pour les anciens du carré d'as qui avait été poussé jusqu'à ses plus extrêmes conséquences par le gaullo-pompidolisme. Alors que Valéry Giscard d'Estaing a essayé de fusionner les élites des grandes écoles avec celles de la grande industrie sans guère toucher au système,

1. *Le Quotidien de Paris*, 12 novembre 1986.

aux avantages acquis par leurs anciens, François Mitterrand a choisi, lui, de modifier la composition du « tout État » en cherchant à diversifier davantage le recrutement de notre technocratie.

Valéry Giscard d'Estaing, par le biais des Clubs Perspectives et Réalités a en effet cherché à promouvoir, pour soutenir sa politique, des élites socio-professionnelles susceptibles de s'insérer dans les chasses gardées des grands corps de l'État, au nom d'une compétence supposée non partisane. Ainsi, Pierre Birnbaum [1], en étudiant la composition du Comité directeur du club, met en lumière la percée des patrons et P.-D.G. de l'industrie et du commerce (10) aux côtés des cadres supérieurs de l'État (9) et des membres des professions libérales (7). En outre, ces hauts fonctionnaires sont très liés au monde industriel dans lequel ils ont « pantouflé ». Apparaît donc un processus de fusion entre la haute fonction publique et le monde des affaires afin d'entamer la prééminence des fonctionnaires des grands corps de l'État et la volonté de puiser hors des viviers habituels de nouvelles « capacités » susceptibles de supporter sa politique économique et d'influer sur les classes moyennes et les cadres supérieurs. Il a par ailleurs entrepris de rectifier à la marge le recrutement de l'ENA par la mise en place, avant la lettre et pour un public différent, d'une nouvelle filière d'accès à cette grande école. C'est en 1979 que naquit la « prépa Stoléru ». Il s'agissait de permettre à des élèves sortis des IUT et titulaires du diplôme universitaire de technologie, ou du BTS (Bac + 2), de présenter le concours externe (étudiants) d'entrée à l'ENA, après une préparation intensive de deux ans dispensée au CNAM (Conservatoire national des arts et métiers). Lionel Stoléru fut à la source de cette initiative. Il y voyait un moyen de modifier à terme le recrutement de l'École en donnant leurs chances à des étudiants de condi-

1. *Les sommets de l'État*, Éd. du Seuil, Paris 1976.

tion plus modeste que ceux, le plus souvent, issus de Sciences Po, qui présentent généralement ce concours. Dès lors qu'un certain nombre d'entre eux réussiraient, il espérait insuffler dans la haute fonction publique un peu de sang neuf et de culture différente. L'idée était intéressante et les moyens mis en œuvre ne furent pas négligeables. Une équipe pédagogique fut alors constituée, dont je faisais partie. Nous avons entrepris, avec la première promotion recrutée en septembre 1979, de faire de nos diplômés d'IUT, venus pour la plupart de la France profonde, de futurs énarques en conjuguant le bachotage inhérent à toute préparation digne de ce nom — d'autant plus nécessaire qu'il fallait rattraper les lacunes de culture générale — et l'utilisation de méthodes pédagogiques modernes. Il y avait là Patricia Lemoyne Desforges, épouse du directeur des études de l'ENA, Jean-Marie Delarue (normalien, énarque, auditeur au Conseil d'État), Martine Aubry (énarque et fille de Jacques Delors), Élie Faroult (psychosociologue à l'ENA), Patrick Gérard (futur responsable des jeunes giscardiens), et moi-même, sous la houlette de Patrick Janicot qui avait la responsabilité de cette « prépa Stoléru ». L'aventure était passionnante, nous y avons cru, mis beaucoup d'énergie et nos étudiants aussi, même si rien n'était facile, ni pour eux ni pour nous. Il n'est pas possible d'apprécier la portée d'une telle entreprise aujourd'hui interrompue. Je persiste à penser que l'idée était bonne, rendre compétitives de nouvelles catégories d'étudiants pour influer sur le recrutement social et les savoir-faire des futurs hauts fonctionnaires, même si les moyens étaient insuffisants pour peser, autrement qu'à la marge, au bout d'une décennie au moins, sur la composition de la haute fonction publique. Il est dommage que cette initiative ait été abandonnée car il y avait là un filon à exploiter en élargissant sa portée.

C'est une autre approche qui fut choisie par la gauche vis-à-vis de l'ENA mais l'objectif était assurément le même : ouvrir à d'autres l'accès à la haute fonction publique, envers et contre la résistance des énarques, y compris de ceux qui, tout en étant socialistes, ne négligeaient pas les sirènes du corporatisme le plus traditionnel. Le Conseil constitutionnel, saisi par l'opposition d'alors de la loi instituant la troisième voie, ne s'y était d'ailleurs pas trompé lorsque, se référant à la Déclaration des droits de l'homme de 1789, il avait admis que rien ne s'opposait à ce que les règles de recrutement soient différenciées pour tenir compte « de la variété des talents et des nécessités du service public ». Ainsi fut instituée la « troisième voie », aujourd'hui supprimée, qui permettait à des élus, des membres d'associations ou de syndicats, d'entrer rue de l'Université par un concours spécial au jury composé, comme il se devait, de Conseillers d'État, de hauts fonctionnaires, d'universitaires et de professeurs dont personne ne peut mettre en doute l'impartialité. Il s'agissait de faire en sorte que la haute fonction publique reflète davantage la diversité sociale et professionnelle de la nation en ouvrant son accès à des personnes ayant fait la preuve, hors de l'Administration, de leur compétence et de leur dévouement au service de l'intérêt public. Ce ne fut pourtant pas un succès à cause du tir de barrage organisé par les anciens élèves de l'ENA, et l'opposition d'alors, contre cette loi, mais aussi parce que ce fut un ministre communiste, Anicet Le Pors, qui y attacha son nom et enfin parce que ses conditions d'accès étaient trop restrictives. L'évolution des candidatures en apporte témoignage : 47 en 1983, 42 en 1984, 44 en 1985 pour un nombre d'admis de 10 en 1983, 7 en 1984 et 7 en 1985. La baisse du nombre des candidatures recevables, le fait que le jury n'ait pas admis un nombre de candidats égal aux places offertes (12 en1984 et 10 en 1985) constituaient des indices inquiétants. Il est vrai que jamais cette loi ne parut suffisamment assurée dans ses fondements pour drainer vers ce concours une vaste clientèle : recours devant le Conseil constitutionnel, puis recours en annulation devant le Conseil d'État du décret organisant le concours d'entrée puis des décrets de nomination des élèves issus de la première promotion, mention dans l'annuaire des anciens élèves de ceux issus de la troisième voie sous la rubrique : « Élèves rattachés », comme s'il fallait montrer du doigt pour la postérité ces « métèques » qui usurpaient leur titre. On a échappé de peu à l'étoile jaune. Cette guérilla, menée par l'Association des anciens élèves, a créée autour de cette initiative un climat délétère qui n'a guère aidé à sa réussite, pas plus d'ailleurs que le choix d'une scolarité à part, avec épreuves distinctes pour le classement de sortie. C'était accréditer l'idée qu'ils n'étaient pas comme les autres, ces élèves de la troisième voie, que l'on n'osait pas mettre en concurrence avec leurs camarades — si l'on peut dire — de promotion et laisser croire qu'ils n'avaient pas le niveau requis pour de futurs hauts fonctionnaires. 60 % des candidats admis à concourir étaient d'anciens syndicalistes CGT et CFDT, d'autres appartenaient à des associations de gauche comme la MNEF, mais rien n'empêchait la CGC, FO, dont un certain nombre de candidats ont été admis, le CNPF, des élus locaux de droite de faire acte de candidature et l'argument de politisation de cette troisième voie ne vaut rien. Ce qui est en cause, outre le climat d'incertitude créée sur l'avenir de ce recrutement par l'opposition, l'Association des anciens élèves et le refus délibéré de syndicalistes, d'élus ou de membres d'associations hostiles au gouvernement d'alors de légitimer cette réforme en faisant acte de candidature, c'est la timidité de la réforme elle-même. L'enjeu en a été mal expliqué : adapter l'ENA, donc la haute fonction publique, en l'ouvrant à toutes les catégories sociales, à toutes les forces vives du pays, ce qui était d'ailleurs l'esprit qui prévalait à la Libération lors de la création de l'École.

Les critères de la candidature ont été conçus en dépit du bon sens, de façon beaucoup trop restrictive : pourquoi avoir fixé le seuil de 10000 habitants pour les maires adjoints, ce qui limitait à 801 le nombre des communes concernées, n'avoir retenu que les associations reconnues d'utilité publique (1900) et non celles bénéficiant d'un agrément ministériel (23 000), avoir exclu du calcul de l'ancienneté les périodes pendant lesquelles le candidat était agent public, etc. Enfin, et surtout, pourquoi ne pas avoir inclu dans le champ des candidatures possibles les membres élus des chambres de commerce, de métiers, d'agriculture, des tribunaux consulaires, les chefs d'entreprises, les cadres du privé, les professions libérales ? Cette étroitesse de vue condamnait une réforme qui procédait d'une bonne intention, apportait une réponse — certes partielle — à un vrai problème, mais pouvait paraître partisane, faute d'avoir été vraiment assumée par ceux-là mêmes qui en étaient les promoteurs les plus convaincus.

La volonté de modifier la composition des élites ne s'est pas arrêtée à cette troisième voie qui ne fut même pas une demi mesure. Le tour extérieur (1 candidat sur 3) fut en effet instauré pour 15 corps d'inspection générale des ministères et le tour extérieur classique pour les grands corps de l'État fut utilisé pour faire entrer au Conseil d'État, à la Cour des Comptes, à l'Inspection des finances des personnalités qui n'étaient pas issues des grandes écoles ou de la fonction publique. Tout cela a suscité des hauts cris dans l'établissement de ces corps et dans l'opposition qui dénonçaient tout à la fois le manque de compétence de ces nouveaux hauts fonctionnaires et la politisation de la haute fonction publique, comme furent dénoncées les nominations de responsables des groupes industriels et bancaires nationalisés après 1981. Je n'ouvrirai pas ici ce débat qui dépasse largement l'objet de ce livre, si ce n'est pour dire qu'on ne peut tout à la fois insister sur la nécessité d'ouverture de la haute fonction publique et s'insurger contre toute mesure qui va dans ce sens au prétexte que c'est un gouvernement de gauche qui la met en œuvre. Je n'ai pas le sentiment que M. Erik Arnoult déshonore le Conseil d'État, pas plus que M. Christian Pallau la Cour des comptes, pour ne citer que ces deux exemples. L'alternance politique, il ne faut pas l'oublier, c'est aussi la possibilité offerte à des hommes nouveaux de bénéficier de ces possibilités légales dont ne se sont pas privés — et ils auraient eu bien tort de le faire — ceux qui ont été portés au pouvoir par des élections libres et démocratiques depuis 1958 et je n'ai pas l'impression — sauf à ce que l'on me démontre le contraire — que les élections de 1981 furent moins libres et démocratiques que les précédentes et le gouvernement moins légitime que ceux qui l'ont précédé. J'avais cru comprendre aussi que le tour extérieur était bien un moyen de distinguer des hommes et des femmes qui avaient fait leurs preuves hors des chemins balisés du *cursus honorum* classique et de diversifier ainsi le recrutement de la haute fonction publique. Je pensais que le *melting pot* pouvait être une bonne chose pour insuffler un dynamisme supplémentaire dans les sphères supérieures de l'État. Tout cela ne serait donc vrai que si les conservateurs sont aux affaires et deviendrait faux dès lors que jouerait l'alternance ? Que je sache, en démocratie, personne n'est propriétaire de l'État, si ce n'est le peuple souverain lorsqu'il se rend librement aux urnes pour désigner ceux à qui il souhaite confier la direction des affaires du pays. Il est quelquefois d'élémentaires principes qu'il n'est pas inutile de rappeler.

Au total, cependant, aucune de ces réformes n'a joué autrement qu'à la marge et le poids des anciens des grandes écoles dans le système administratif et économique n'a guère été entamé, pas davantage que n'a été véritablement réformé le mode de sélection et de formation des cadres supérieurs de la nation. Ce n'est pourtant pas les projets qui manquent.

D — La nécropole des réformes avortées

Le 10 juin 1981, par lettre du Premier ministre à celui qui venait d'en être nommé président, François Bloch Laîné, fut créée la Commission du bilan. Elle avait pour but d'évaluer de façon objective l'état de la France en 1981 et de porter un jugement sur la gestion de Valéry Giscard d'Estaing entre 1974 et 1981. Ses travaux, terminés en décembre 1981, ont donné lieu à de volumineux rapports publiés comme il se doit par la Documentation française. Le tome IV, consacré à l'enseignement et au développement scientifique regroupe, sous l'autorité de Laurent Schwartz, un long et remarquable chapitre sur « les grandes écoles ». Cinq ans après, il demeure pour l'essentiel valable et constitue un précieux outil d'analyse de ce système spécifiquement français. Favorable à ce système, Laurent Schwartz en a fait une critique serrée, sévère parfois, mais au total peu contestable. Ayant mis en exergue les principaux défauts des grandes écoles, il proposait un certain nombre de mesures restées lettre morte : les doter d'un corps d'enseignants permanents « intégrés et s'intégrant à la stratégie de l'école, participant à part entière au fonctionnement et à l'évolution de l'école » ; créer un lien plus direct entre les écoles et la recherche dans la scolarité car « même dans les meilleures de ces écoles, on n'atteint pas la dimension des campus technologiques américains et allemands » afin d'assurer la liaison études-recherche, recherche-universités, recherche-industrie ; revenir sur l'omnidisciplinarité et porter remède à un certain laxisme du travail des élèves car « dans toutes les écoles, il y a des élèves qui travaillent peu ou trop peu ou pas du tout ». Afin de traiter ces problèmes, Laurent Schwartz proposait d'instituer une « instance nationale d'évaluation des grandes écoles », comme il le suggérait d'ailleurs pour les universités et le CNRS afin que puissent être mis en valeur, tous les cinq ans, les problèmes des grandes écoles et, grâce à un contrôle de qualité, attirer l'attention des pouvoirs publics, des utilisateurs et des citoyens sur la pertinence et le niveau des enseignements dispensés, donc des diplômes délivrés. Il présentait en ces termes — qui méritent d'être intégralement cités — cette instance nationale d'évaluation :

« Les personnes responsables de l'évaluation devraient toujours être extérieures à l'école, et être souvent des experts étrangers (par exemple du MIT, du Polytechnicum de Zurich, d'Allemagne, etc.), mais aussi de grands ingénieurs et techniciens. Cette évaluation, comme nous l'avons dit, doit être aussi un dialogue. Des directeurs d'école seraient souhaitables dans les instances d'évaluation des universités, des universitaires dans celles des écoles, et le dialogue serait fructueux (qu'on ne prenne pas cette proposition pour du sadisme ! On exagère énormément les conflits entre universités et écoles ; nous croyons profondément à l'intérêt de leur collaboration, déjà très fréquente aujourd'hui, et toujours féconde). Il est arrivé que des écoles aient de très longues périodes de déclin (comme d'ailleurs les universités !) ; un redressement spectaculaire a été opéré partout, mais il faudrait éviter les rechutes et accélérer les améliorations ; une évaluation extérieure ne peut qu'y concourir. Une des raisons de certains déclins ou de certaines faiblesses a été la situation de monopole des écoles. Chaque école ou groupe d'école, de même nom a le monopole de la formation de certains ingénieurs. Un monopole non contrôlé mène bien souvent à la sclérose. Si les élèves n'ont pas à la sortie un niveau suffisant, si une école s'endort plus ou moins longtemps, la branche d'industrie desservie s'endormira aussi, et parfois, si elle est purement nationale, cela peut rester invisible longtemps, ou ne pas apparaître comme lié à des formes d'enseignement ou de recherche dans l'université ou les écoles ; on cherche des causes économiques, ou de gestion ou de marketing, alors que souvent la cause est dans la structure des écoles qui ont formé les ingénieurs. Les universités ont le mérite d'être ouvertes, leur vie est publique, l'opinion publique les connaît, des articles paraissent sur elles constamment. Les écoles, au contraire, restent assez secrètes et fermées, elles ont une peur un peu panique de toute discussion sur leur fonctionnement ; même dans leurs conseils, certains sujets sont tabous, ne doivent jamais être abordés ; un certain pouvoir occulte y existe beaucoup, celui de leurs traditions, et de leurs associations d'anciens élèves, gardiennes des traditions. *Il faut ouvrir la discussion sur les écoles, c'est un sujet fondamental pour le pays. Les écoles appartiennent au pays et pas à leurs élèves ou anciens élèves.* Il y a une raison qui fait très justement comprendre pourquoi elles n'aiment pas la publicité ; c'est bien parfois parce qu'elles sont trop conservatrices, qu'elles ont des "vices cachés" ; mais c'est aussi parce que la discussion sur la place publique au sujet des universités, loin de les aider, a plutôt terriblement contribué à leur déclin ; il y a eu de telles exagérations, par exemple en 1968, tellement de bêtises ont été dites à côté de peu de choses intelligentes, que les écoles ont eu des raisons légitimes de se protéger ! Mais la protection par le secret reste à la longue une mauvaise méthode, nous sommes en démocratie, il faut vivre la démocratie comme elle est, et se défendre de ses excès par les moyens appropriés ; des évaluations objectives par des instances régulièrement désignées pourraient être la meilleure méthode. »

Pas un mot n'est aujourd'hui à retrancher à cette analyse et l'on ne peut que déplorer qu'une telle proposition n'ait été suivie d'effet. Il en est hélas de même d'autres propositions qui n'avaient d'autre but que d'améliorer — et cela est nécessaire — les performances d'un système de recrutement et de formation des élites qui conditionne à bien des égards l'efficacité de notre outil de formation, de notre administration et de nos entreprises.

Laurent Schwartz insistait dans son rapport sur le problème crucial de la recherche. Mais ce n'est pas le seul. J'ai eu l'occasion de souligner combien les transformations technologiques bouleversaient les données de base en matière de formation des ingénieurs et cadres supérieurs des entreprises de demain. Ainsi, la rencontre organisée par la conférence des grandes écoles (décembre 1985), sur le thème « Ingénieurs et cadres du XXIe siècle. Conséquences sur la formation », avait permis, au terme d'un riche débat, de dégager des pistes particulièrement intéressantes dont Frédéric Gaussen se faisait l'écho dans *Le Monde* (12 décembre 1985). Les coûts d'abord. Ils ne cessent de croître, plus vite que les ressources, à cause des outils pédagogiques nécessaires à la formation et de l'augmentation du nombre des élèves. Cela pose le problème de la productivité des écoles, de la qualité et du rendement de la formation, d'où l'idée de « favoriser la mise en place de pôles d'excellence communs à plusieurs établissements ». Il est certain, par exemple, que dans les domaines scientifiques, de tels pôles pourraient être créés entre l'ENS et Polytechnique. La conférence suggérait par ailleurs d'encourager les étudiants à financer eux-mêmes une part plus importante de leur formation (documentation, usage des ordinateurs, matériel de travaux pratiques) « par le développement des formules de prêts, de capitaux formation ou de pré-contrats ». Les rapporteurs, s'agissant de recrutement, n'hésitaient pas à faire une proposition iconoclaste, en remettant en cause la sacro-sainte formule des classes préparatoires, aux motifs que celles-ci sont trop théoriques et que leur durée (2 ans, mais souvent 3 ans) obligeait les écoles à une scolarité courte (3 ans) : « Le recrutement directement après le baccalauréat — comme cela se fait en Allemagne et dans les pays anglo-saxons — permettrait d'étaler sur cinq ans une formation où la théorie et la pratique seraient mieux articulées et où les séjours à l'étranger et les stages en entreprises pourraient prendre une plus grande place. » Le succès de l'université de Compiègne montre d'ailleurs les avantages d'une telle formule, sans que le niveau scientifique des diplômés en pâtisse. Enfin, les rapporteurs du colloque ont insisté sur l'accélération des mutations technologiques et les exigences relatives à l'acquisition des *soft skills* (relations humaines notamment) pour suggérer l'alternance entre l'étude et le travail, donc le recyclage et la formation permanente comme moyens d'acquérir, au fil du temps, cette capacité d'adaptation aux technologies et d'attention aux questions relationnelles qui font si souvent défaut à nos élites : « Si les élèves doivent acquérir à l'école une formation de base leur permettant de maîtriser leur spécialité et une culture les sensibilisant aux données économiques et sociales de leur future activité, ce n'est que sur le terrain et par des retours périodiques dans les laboratoires et les amphithéâtres qu'ils pourront approfondir les différents domaines qu'ils auront découverts. » Ce qui vaut pour les ingénieurs et cadres de l'industrie peut d'ailleurs s'appliquer sans difficulté aux enseignants et aux gestionnaires de l'administration. Il s'agirait ici de créer une véritable liaison entre scolarité et activité future par un va-et-vient permanent entre l'école et le futur domaine de travail. Cela éviterait bien des déboires. Combien de futurs agrégés découvriraient qu'ils ne sont pas faits pour le métier auquel ils se destinent, métier qui exige des qualités que ni le concours d'entrée à l'ENS, ni la scolarité, ni l'agrégation ne permettent de tester et que le cursus suivi ne permet pas d'acquérir. Que de désillusions, de difficultés seraient ainsi évitées lorsque, bardés des diplômes requis, les jeunes normaliens agrégés entrent dans l'arène, sans savoir vraiment comment manier la muleta, pour recevoir de plein fouet la charge fougueuse d'une trentaine d'élèves qui ne font pas de quartiers. Quant à la nécessité de recyclage et de la formation permanente, elle est tellement évidente que l'on se demande encore ce qui s'oppose à sa prise en compte comme impératif catégorique de notre temps. Jacques Delors, qui fut pour beaucoup dans cette prise de conscience de l'importance de la formation permanente, lorsqu'il conseillait Jacques Chaban-Delmas, ne peut que constater, vingt-cinq ans après, la force de l'idée mais la faiblesse du mouvement et le formidable gaspillage de ressources qui en résulte pour le pays. La rente de situation qu'offre, à vie pour certains, notamment dans la fonction publique, le diplôme de nos prestigieuses grandes écoles serait un peu plus justifiée si l'obligation/évaluation du recyclage entrait enfin dans les mœurs.

Dans le domaine de la recherche, j'ai parlé de l'initiative d'Hubert Curien avec la création en 1985 des FIRTECH. Cet effort, destiné à remédier à la carence dénoncée si justement en 1981 par Laurent Schwartz, comme par Bernard Esambert dans son rapport sur Polytechnique, s'était accompagné d'une augmentation des dotations budgétaires pour la recherche, du nombre de postes de chercheurs, de l'implantation de laboratoires et d'équipes du CNRS dans les grandes écoles. Sait-on que seulement 5 % des 12000 ingénieurs diplômés chaque année ont reçu une formation sanctionnée par un doctorat ? Laurent Schwartz voulait porter ce chiffre à 15 ou 20 %. Il n'a pas été entendu. Les coupes sombres opérées dans le budget de la recherche pour 1987, comme les projets actuels visant à revenir sur la thèse unique instituée en 1983 par la loi Savary sur l'enseignement supérieur, augurent mal de l'avenir en ce domaine alors que se joue sur la recherche une partie de l'avenir de la nation.

Enfin, parmi les propositions intelligentes de réformes non suivies d'effet, il faut retenir celles contenues dans l'excellent rapport remis en mars 1986 par Josiane Serres, directrice de l'ENS de Sèvres, à Jean-Pierre Chevènement, sur le thème suivant : « Comment accroître les effectifs des grandes écoles, qu'elles dépendent de l'Éducation nationale ou d'autres départements, de manière à viser un doublement en dix ans ? Comment diversifier les concours d'entrée aux grandes écoles de manière à permettre aux bacheliers de différentes séries d'y avoir accès ? » L'objectif d'augmenter les effectifs des grandes écoles ne semble guère être à la mode aujourd'hui, mais la question vaut d'être posée, comme celle du vivier dans lequel on puise les candidats afin, en l'élargissant, d'atteindre à une meilleure transparence sociale et culturelle de nos institutions. Notons d'abord que, jusqu'ici, les effectifs des grandes écoles, on l'a vu, ont augmenté d'eux-mêmes, ce qui pose le problème des capacités d'accueil et de la masse critique à ne pas dépasser faute de perdre la taille humaine qui fait, entre autres choses, la différence entre ces écoles et les universités. Aussi, le rapport de Josiane Serres préconise-t-il la création de nouvelles écoles, surtout dans les technologies nouvelles, informatique, matériaux, transports, énergie, automatique, télécommunication, biotechnologie, ainsi que, pour les littéraires, dans le journalisme, le patrimoine et dans les régions dans le domaine de la gestion. Frédéric Gaussen, dans *Le Monde* du 14 mars 1986, souligne ainsi l'un des axes fondamentaux du rapport : enrichir de quelques nouveaux fleurons la galaxie impressionnante des grandes écoles, tout en élargissant leur recrutement aux « viviers des filles et des bacheliers du technique ». Elle prône, en effet, « la féminisation des classes préparatoires », (18 % de filles seulement dans les prépas scientifiques des lycées, car, outre le poids des traditions dans l'orientation, qui exclut beaucoup de jeunes filles des filières C, le peu de prépas mixtes et l'absence de possibilités d'accueil, constituent des handicaps propres à décourager les jeunes filles de tenter leurs chances à la grande loterie des prépas); « L'ouverture aux techniques », en particulier pour les écoles de chimie, par l'ouverture de prépas spécifiques, ou pour les bacheliers G1, vers les écoles de gestion, permettrait en outre de diversifier le recrutement des grandes écoles comme l'abandon de modes de sélection trop exclusivement basés sur les mathématiques. La physique, la biologie, donc les bacs D, constituent eux aussi des viviers dans lesquels il conviendrait de puiser, pour Polytechnique, pour les écoles agronomiques et vétérinaires et l'ensemble des grandes écoles scientifiques, dont les ENS, pour les encourager à s'orienter vers la biotechnologie par exemple. Quant aux écoles de gestion, dont HEC, leur recrutement pourrait s'étendre non seulement aux bacheliers bac D (avec cours de soutien en mathématiques) mais aussi aux bacheliers littéraires en aménageant les concours pour ces candidats en diminuant la place des mathématiques au profit de la formation générale (histoire, langues). L'évolution des techniques, donc l'obsolescence rapide des connaissances, l'importance nouvelle des *soft skills*, vont tout à fait dans ce sens et devraient conduire à terme à revaloriser les formations autres que les mathématiques, donner des chances nouvelles à des bacheliers jusqu'ici exclus de ces concours, y compris les littéraires dont on redécouvre les capacités d'adaptation et l'aptitude aux relations humaines. Les littéraires, le rapport de Josiane Serres ne les néglige d'ailleurs pas, en prônant là aussi d'élargir les recrutements parallèles aux prépas à bac + 2 pour les titulaires d'un DEUG, d'un BTS ou d'un DUT, ce qui permettrait de diversifier l'origine des candidats et de donner une chance aux meilleurs étudiants des universités. Polytechnique et les ENS refusent cette possibilité et Josiane Serres voulait les y astreindre. De même suggère-t-elle aux universités de créer leurs prépas — comme Dauphine ou HEC — afin de diversifier et de féminiser le recrutement des écoles. Enfin, encore une fois, le problème de la recherche est évoqué : « Mis à part quelques cas prestigieux, la recherche n'est guère présente dans les grandes écoles. Cela manque dans la formation des futurs cadres, mais c'est aussi une source de déception pour de nombreux élèves qui trouvent l'enseignement trop scolaire et insuffisamment stimulant sur le plan intellectuel. Le développement de la recherche permettant d'attirer dans les écoles d'autres types d'étudiants et de recruter des étudiants après la maîtrise, au niveau du doctorat, ce qui commence à se faire, mais de façon limitée » (Frédéric Gaussen).

Tous les auteurs de ces propositions de réforme partent d'un principe, la légitimité du système des grandes écoles qu'ils ne contestent pas ; dénoncent un danger, celui de l'asphyxie progressive par manque d'ouverture sur la recherche, sur la diversité sociale et culturelle du pays, sur la vie professionnelle et l'étranger ; proposent des remèdes centrés sur la diversification des recrutements, des formations, des débouchés. Il y a là un vivier d'idées dont la mise en œuvre n'est pas inaccessible et qui pourtant est resté jusqu'ici inexploité, si ce n'est à la marge. Alors, que manque-t-il pour adapter le recrutement et la formation des élites aux exigences de demain ? Rien sinon l'essentiel, la volonté de secouer le poids des habitudes, de desserrer l'étau des corporatismes, de remettre en cause les positions acquises et rentes de situation, de bousculer les routines, de préférer la déstabilisation institutionnelle au conservatisme sécurisant. Méfions-nous cependant. Le temps presse et rien ne dit que, comme les plus belles espèces, le système des grandes écoles et, en son sein, les plus prestigieuses d'entre elles, ne finisse pas par disparaître, tel un diplodocus inadapté, faute d'avoir su à temps prendre les virages nécessaires. Ceux qui aujourd'hui freinent les réformes en seraient les premières victimes mais — et c'est cela le plus important — la nation, qui y consacre pourtant beaucoup d'argent et de matière grise, risquerait de manquer demain le train de la modernisation, au risque d'hypothéquer son avenir.

E — Diversifier, élargir, décentraliser, démultiplier

Voici venu le moment du passage à l'acte. Si tout n'est pas pour le mieux dans le monde des grandes écoles, comment faire en sorte que ce système trouve le second souffle dont il a besoin pour faire face aux exigences de recrutement et de formation des cadres supérieurs ?

Il y a d'abord une action psychologique de démystification de nos plus grandes écoles à mener et l'un des objectifs de ce livre est d'y contribuer. En effet, on attend trop d'elles et on laisse trop espérer à leurs élèves. A elles revient la formation de l'élite, aux « grandes écoles ordinaires » et, dans une certaine mesure, aux universités, la formation des cadres professionnels supérieurs et moyens. Il convient de ne plus les sacraliser et de faire en sorte qu'elles soient d'abord considérées comme des institutions propres à assurer à leurs anciens élèves un emploi, une profession et non une rente de situation. Il faut aussi organiser les choses, à la sortie, de manière à ce que soit privilégié, au cours des premières années de carrière, l'exercice d'un métier et non la prise en charge prématurée de responsabilités qui, faut-il le rappeler, demandent du temps, exigent que l'on ait fait ses preuves. Pour le public surtout, mais aussi pour le privé, ces deux notions, exercer un métier et faire ses preuves, me paraissent essentielles pour mettre un terme aux deux privilèges majeurs des brahmanes issus du carré d'as : bénéficier dès la sortie d'une rente de situation et accéder tout de suite à des postes de responsabilité. Le système français repose beaucoup trop sur la notion d'élite et sur la présomption selon laquelle un individu qui a passé, au bon moment, le bon examen, est capable dès son plus jeune âge de réussir en toutes circonstances. Rompre avec cette loi bien française est nécessaire si l'on veut remotiver un encadrement qui laisse de plus en plus à désirer.

Cela vaut d'abord pour la fonction publique. Il n'est que temps de remotiver enfin une haute administration et un corps enseignant qui baissent les bras chaque jour davantage, dont la qualité et les performances laissent à désirer. Depuis le début des années 60, on a recruté à tout va pour satisfaire à l'emporte-pièce les besoins croissants du secteur public et de l'éducation nationale sans trop se préoccuper de la façon dont on fabriquait ces produits, de quels produits on avait besoin, quel était le coût admissible de ce recrutement, sans réfléchir à la nature du marché ni au service après-vente que constitue le recyclage et la formation permanente. De là résulte la dérive actuelle que chacun constate, la démotivation des cadres supérieurs de l'État, la défiance des usagers, consommateurs d'administration et d'enseignement, qui n'a pas été pour rien dans le succès de la mobilisation en faveur de l'école privée.

Cela vaut aussi pour le secteur privé. Notre encadrement n'est pas à la hauteur du défi majeur que constitue la musculation de notre appareil productif pour enrayer enfin la lente érosion de nos parts de marché qui mine l'ensemble de notre économie et interdit toute relance susceptible de favoriser l'emploi. Plus que le coût du travail, si souvent invoqué pour expliquer notre régression commerciale, au-dedans comme au-dehors, c'est notre difficulté à produire des cadres innovants, capables de donner du tonus à nos entreprises pour qu'elles inventent, vendent, fabriquent, exportent et s'implantent à l'étranger avec efficacité, qui est en cause.

Au total, ce qui nous manque, c'est la quantité et la qualité, dans l'Administration, l'enseignement et l'industrie. C'est pourquoi, contrairement à ceux qui pensent que la rareté serait la condition de la qualité et la rançon de la performance, je plaide pour que l'on élargisse les recrutements, diversifie les creusets, décentralise les formations, démultiplie les centres de décision car ce n'est pas dans un malthusianisme conservateur qu'il faut chercher la solution à nos problèmes. Seule une approche conciliant l'appel au plus grand nombre, la concurrence et la récompense du mérite permettra de répondre utilement aux questions qui nous sont posées.

1. Élargir les bases du recrutement

Il me semble, en effet, impératif de commencer par élargir le vivier à partir duquel sont recrutés les élèves de nos grandes écoles. La sélection qui s'opère pour l'accès aux classes préparatoires, sélection sévère qui vise à recueillir la « crème de lycée » dans les taupes et les khâgnes, me paraît tout à fait prématurée et réductrice. Elle est prématurée car chacun sait aujourd'hui que le niveau bac + 2 est désormais le vrai point d'achèvement d'une formation de « second cycle » permettant, soit une entrée réelle dans la vie active, soit la poursuite d'études plus approfondies à un niveau supérieur. Le diplôme universitaire d'études générales

(DEUG) est le véritable baccalauréat de notre temps. Combien de nos bacheliers qui souhaitaient préparer une grande école en sont écartés par la sélection très rigoureuse qui prévaut pour les taupes, les khâgnes, les préparations HEC ou Sciences Po et par la dictature des mathématiques qui règne sans partage sur l'orientation des scientifiques et des commerciaux. La conjugaison du nombre restreint de places, du manque d'internats, notamment pour les jeunes filles, du coût des études, loin des familles et des difficultés psychologiques résultant de l'éloignement, prive nombre de postulants éventuels de la chance d'entrer un jour dans ces prestigieuses institutions.

C'est pourquoi la première mesure salutaire serait de supprimer les classes préparatoires et d'instituer un recrutement général de nos grandes écoles, donc des meilleures d'entre elles, au niveau bac + 2 des universités, y compris pour l'ENA (ce qui enlèverait à Sciences Po cette prédominance dans la formation des futurs énarques dont on connaît les inconvénients quant à la géographie sociale de l'École, prédominance que les récentes réformes vont encore renforcer en diminuant le nombre de postes offerts au concours, ce qui accentuera encore davantage l'uniformisation des élèves, issus d'un même creuset, écrivant et parlant de la même façon, alors que la tendance à la diversification des profils, très nette depuis une décennie, avait été bénéfique pour l'École comme pour l'Administration).

Le principe à adopter est simple : il faut que l'Université aille à la rencontre des étudiants et non l'inverse. Cela suppose la multiplication des petits centres universitaires de premier cycle afin qu'il y en ait au moins un par département, surtout dans les régions traditionnellement défavorisées comme la Bretagne, les Alpes ou le Massif Central. L'on pourrait ainsi permettre à nombre de jeunes bacheliers de poursuivre des études supérieures dans des conditions acceptables de confort matériel et psychologique, au plus près de leurs réseaux familiaux, sans sélection préalable.

Ceci élèverait le niveau de formation de notre pays et favoriserait l'éclosion de nouveaux talents. Le vivier où puiser nos futurs cadres supérieurs en serait élargi d'autant. Nous savons bien que les pays qui ont le moins de chômeurs sont ceux où le degré d'éducation est le plus élevé. C'est de l'éducation, des investissements intellectuels que dépendent l'avenir de la nation et de ses entreprises. Dès ce stade de l'enseignement supérieur devrait s'opérer l'ouverture des universités sur la recherche et les entreprises afin d'éviter que l'enseignement ne soit trop distancié de la réalité et des besoins des futurs utilisateurs. Ainsi pourrait être mis un terme à l'hypersélection que constitue le système des classes préparatoires, qui restreint par trop les modalités d'accès aux grandes écoles et contribue à sacraliser, dès le baccalauréat obtenu, une élite restreinte, surdouée peut-être mais superprotégée, coupée du monde, des entreprises et de la recherche. Si la sélection est nécessaire à l'Université, c'est au niveau bac + 2 qu'elle doit se produire.

Évidemment, je connais l'objection majeure qui peut être faite à la suppression des classes préparatoires et au transfert dans les universités du recrutement des futurs élèves des grandes écoles. Cela va entraîner une baisse du niveau et, les meilleurs éléments de nos lycées, noyés dans la masse des étudiants « ordinaires », vont perdre ce goût étrange venu d'ailleurs qui fait de nos prépas des écuries performantes et de nos grandes écoles des pôles d'excellence. Pourtant, malgré cela, je persiste et signe, et ce pour trois raisons.

La première relève d'un pari, celui de l'intelligence. Frustrées de se voir privées depuis des siècles des plus brillants de nos lycéens, j'ai la conviction que cette arrivée de sang neuf et motivé ne pourrait pas rester sans effet sur les universités, et ce d'autant plus que nombre d'exclus des prépas, pour cause d'hypersélection, se verraient offrir une chance qui leur est jusqu'ici refusée et l'émulation n'en serait que plus grande. Combien de présidents d'université, de jeunes enseignants du supérieur attendent qu'on leur donne enfin à pétrir une pâte de meilleure qualité ! Quel meilleur moyen de leur redonner la motivation qui leur manque en leur confiant la formation des futurs élites du pays. Ceux qui connaissent et aiment l'Université malgré tous ses défauts savent l'ardeur que mettent nombre d'enseignants à préparer au CAPES et à l'agrégation le « tout-venant » de leurs étudiants. Il en serait de même s'ils étaient chargés de la préparation aux grandes écoles et l'effet sur l'ensemble de la population étudiante ne pourrait être que bénéfique.

La deuxième s'inscrit dans une logique de marché. Entre les universités existantes, celles qui devraient être créées au niveau du premier cycle de l'enseignement supérieur, peut être organisée une concurrence, donc une émulation. Il suffit pour cela de publier chaque année, très officiellement, le palmarès de chacun des premiers cycles de nos universités afin de rendre accessible à chacun les taux de réussite aux concours, école par école. Ce palmarès, on le sait, existe pour les classes préparatoires, de façon occulte le plus souvent, mais il est connu des parents les mieux informés qui l'utilisent pour orienter leurs enfants après le baccalauréat. Il faut faire de même, avec la plus grande transparence, pour nos universités afin que les enseignants se sentent responsables de la cote de leur établissement et de l'avenir de leurs étudiants. Une prime de résultats viendrait sanctionner ceux-ci car il faut enfin introduire une part de rémunération au mérite si l'on veut motiver le milieu et rompre enfin ce cercle vicieux de la médiocrité qui interdit et de sanctionner l'inefficacité et de distinguer la réussite.

Cette nécessaire « publicité comparative » entre les universités et, notamment, entre les premiers cycles préparant aux grandes écoles ne ferait qu'accentuer un mouvement déjà entamé. En 1985, en effet, le président de la République avait décidé qu'il était temps de juger nos universités. D'où la création du Comité national d'évaluation dans le cadre de la loi Savary sur l'enseignement supérieur.

Composé de 15 personnes, disposant d'un budget de 5 millions de francs mis à la disposition de ses membres universitaires mais aussi représentants de la Cour des Comptes et du Conseil économique et social, présidé par Laurent Schwartz, ce comité a vocation de détecter les forces et les faiblesses des universités évaluées et de faire des recommandations. Avec sa création, nous sommes enfin entrés dans les temps modernes puisque depuis longtemps déjà, chez nos voisins, les universités sont cotées, globalement et par zone géographique. D'ici 1990, le Comité devrait avoir fait le tour de toutes les universités françaises et l'on aura alors la première vue panoramique du système universitaire français et une idée de son efficacité. Laurent Schwartz a raison de dire que « toutes ces données font partie de la bonne santé d'un pays » et qu'il faut en finir avec cette « coutume française qui consiste à confondre toutes les universités, à refuser de reconnaître les universités et les pôles d'excellence ». Étendu sur six à huit mois, ces audits comportent la remise d'un dossier, la visite sur place de l'université par des membres du CNE et l'envoi d'une quinzaine d'experts, enseignants chercheurs, qui rédigera le rapport. Plus de transparence pour écouter les différences, féliciter les meilleurs, conseiller les moins bons, grâce à ces rapports, remis au président de la République, aux ministres concernés, et rendus publics, si le CNE le décide. La route de l'émulation est ouverte et beaucoup d'universités semblent prêtes à jouer le jeu.

Elles y ont d'ailleurs intérêt, si l'on en croit le premier rapport du CNE, publié en octobre 1986. Il décerne à l'université Louis-Pasteur de Strasbourg un prix d'excellence : établissement à dominante scientifique, elle est tout simplement « merveilleuse », dit Laurent Schwartz qui ajoute que « si elle était évaluée à l'anglaise, la majorité de ses départements bénéficieraient du classement excellent. Nous pouvons dire aujourd'hui qu'il s'agit d'une des plus grandes universités scientifiques à rayonnement international ». Avec

14 000 étudiants, 23 hectares de laboratoires, des écoles d'ingénieurs, une faculté de médecine et de pharmacie, un IUT, des formations en physique, chimie, biologie, mathématiques, sciences économiques, géographie psychologie, etc., l'université Louis-Pasteur est un modèle pour la qualité de l'enseignement comme pour l'efficacité de la recherche (10 % de l'ensemble des activités de recherche résultent de contrats passés avec l'industrie, chiffre supérieur à la moyenne nationale des États-Unis). Voilà de quoi nous rassurer sur l'évolution de l'enseignement supérieur en France. Ne serait-il donc pas si mauvais qu'on veut bien le dire ? Peut-être, mais n'est-ce pas là une exception ? Ce n'est pas si sûr puisque le second rapport du CNE, consacré à l'« Université de Pau et des pays de l'Adour » est, lui aussi, très élogieux pour cet établissement : « Cette héritière d'anciens collèges littéraires universitaires est parvenue à se hisser au rang d'université de plein exercice », concluent Jean-Louis Quermonne (professeur à Sciences Po Paris) et Michel Combarnous (professeur à Bordeaux I). Le rapport, comme pour Louis-Pasteur, note que les nouveaux premiers cycles, mis en place sur la loi Savary à la rentrée 1984, donnent déjà des résultats : le nombre d'étudiants qui disparaissent en cours d'année diminue et leur motivation s'améliore. Pau s'est lancée avec efficacité dans ces nouveaux premiers cycles et a en outre développé deux points forts : la recherche et la formation permanente. La première se révèle très féconde, avec en particulier une importante participation régionale ; la seconde met l'accent sur l'enseignement pour adultes par des vacataires extérieurs recrutés dans les milieux économiques et sociaux de la région. Si l'on ajoute qu'à Louis-Pasteur, depuis septembre 1986, l'informatique est devenue obligatoire dans le premier cycle avec 100 heures annuelles quel que soit le DEUG choisi, on voit que la situation de nos universités n'est peut être plus si noire qu'on le croit généralement. La suite des travaux du CNE nous donnera une réponse plus globale et l'on attend avec intérêt les

rapports à venir sur Aix-Marseille I, Limoges, Lyon I, Paris VII, Angers puis Rennes II, Montpellier II, Paris VIII et Chambéry.

Alors, ringardes, nos universités ? Rien n'est moins sûr. Raison de plus, dès lors que « la dynamique de l'évaluation est lancée », selon les mots d'André Mandouze, membre du CNE, pour profiter de ces bonnes dispositions et faire enfin confiance aux universités et aux universitaires en leur attribuant, au niveau du premier cycle, la préparation aux concours d'entrée dans les grandes écoles. Cela permettrait aussi de porter le fer dans l'une des plaies dénoncées par le troisième rapport du CNE consacré à la recherche : sur 45 000 enseignants chercheurs des universités, la moitié ne font aucune recherche digne de ce nom, ce qui n'est d'ailleurs pas exceptionnel puisque 40 % des universitaires américains ou britanniques sont des chercheurs fantômes. Le rapport souligne d'ailleurs les méfaits d'une politique de recrutement aveugle pour faire face aux besoins entre 1960 et 1975 qui a eu pour résultats de fermer les vannes alors qu'arrivaient sur le marché de brillants chercheurs qui, depuis dix ans, ne trouvent pas de postes dans le supérieur. Encore un méfait des rentes de situation : que les « enseignants-chercheurs » qui ne cherchent rien retournent dans le secondaire et laissent la place — ils ne demandent que cela — à ceux qu'anime la passion de la recherche !

La troisième tient à la bonne utilisation de l'argent public. Lorsque l'État investit sur des normaliens et qu'après l'agrégation il ne sait plus quoi en faire sinon, pour les plus chanceux, des tucistes (« normaliens doctorants »), et les moins chanceux des professeurs de CES, il y a indéniablement un gaspillage dans l'utilisation des ressources financières et des ressources humaines. Donner aux universités la préparation aux grandes écoles, élargir le nombre de ceux qui peuvent y postuler, permettra à nombre de normaliens agrégés de trouver là, pour un temps, les débouchés qu'ils sont en droit d'attendre et qui leur font largement défaut aujourd'hui, surtout chez les littéraires. Nul doute que cette perspective leur redonne du cœur à l'ouvrage. Titulaires de ces postes pour une durée de six ans, ils pourraient donner là le meilleur d'eux-mêmes, tout en s'ouvrant sur la recherche (pour espérer rester ensuite dans le supérieur) et l'entreprise (car ce premier cycle comprendrait ce lien désormais indispensable).

2. *Déspécialiser les écoles, décentraliser les formations*

Simon Nora, dans un récent numéro de la revue *Le Débat* (mai-septembre 1986), parlait de l'ENA en ces termes : elle « forme en fait trois catégories de fonctionnaires, très inégales numériquement mais qui méritent d'être distinguées. Il y a la fonction gestionnaire. Pour celle-là, sauf le supplément de complexité qu'introduit la notion de service public, le management d'un très grand service administratif et celui d'une très grande entreprise obéissent à des règles qui ne sont pas d'une nature fondamentalement différente. Il faut donc que la formation de ces gestionnaires soit très proche de celle des *business schools*. Mais l'ENA prépare à bien d'autres compétences. Elle forme, et à mon avis ce devrait être sa fonction principale, des hommes de "commandos". La pente naturelle de l'Administration c'est l'entropie, la répétition, la tradition et le perfectionnisme. Un organisme ne se réforme qu'à partir de lui-même, il y faut des hommes portés à considérer que ce qui existe n'est pas forcément ce qu'il y a de meilleur. La haute fonction publique doit assumer aussi un rôle d'imagination, de remise en cause des pesanteurs. Et puis il y a un troisième type d'hommes à préparer, en vue d'assurer l'interface entre la politique et la technique administrative. Le vrai politique ne doit pas être un technocrate, mais un homme qui traduit les souhaits populaires. » Comme Monsieur Jourdain faisait de la prose sans le savoir, Simon Nora traçait ainsi le profil des grandes écoles de demain. C'est, en effet, une évidence que les différences entre management public et management privé ne cessent de s'estomper. De même, quelle entreprise, quelle administration pourra se passer de ces « hommes de commando », de ces « déstabilisateurs institutionnels », sans lesquels s'installent la routine et la sclérose et comment une entreprise, une administration peuvent aujourd'hui atteindre leurs objectifs sans recourir aux services de « médiateurs » entre elles et le monde politique ? Si l'on ajoute à cela la nécessaire ouverture sur la recherche et l'acquisition d'une vraie spécialisation pour entrer dans la vie active, on voit se dessiner le portrait robot d'une grande école de cadres supérieurs publics et privés.

Placé à bac + 2, le concours porterait sur un nombre important de matières donnant une large place aux « humanités », à la culture générale, à la connaissance du monde extérieur (langues bien sûr, mais aussi géopolitique, civilisation, relations économiques et financières internationales). Il devrait comprendre un « grand oral » dans l'esprit de celui que va instaurer Roger Fauroux à l'entrée à l'ENA pour remplacer l'épreuve bien connue de conversation qui provoque chez les candidats tant de stress, d'angoisses, d'émotions, de sueurs et de fièvres : « Il s'agit moins de connaître ce que savent les candidats que de savoir ce qu'ils sont pour découvrir leur personnalité. Ce sera une véritable conversation d'embauche, plus longue et en présence de quatre examinateurs au lieu de huit, dont un spécialiste du recrutement[1]. » L'école s'organisait autour d'une scolarité de quatre ans. Afin d'assurer le *melting pot* des futurs managers, le souhaitable mélange des talents au bénéfice de tous, dans cette *business school* ouvrant sur le secteur public comme sur le secteur privé, la première partie, c'est-à-dire les deux premières années, serait commune et ce n'est qu'au terme de celle-ci que s'opérerait le choix entre des filières

1. *Le Monde*, 16 octobre 1986.

correspondant aujourd'hui à l'ENA, HEC ou Polytechnique, pour déboucher ensuite sur une insertion professionnelle dans l'administration ou les entreprises. Une telle école ouvrirait la voie à cette exigence, reconnue par tous mais dont la mise en pratique n'en est qu'aux balbutiements, qu'est le passage, du public au privé et vice versa, des cadres supérieurs de la nation. Cela suppose bien sûr, outre cette formation largement commune, une modification du statut du cadre A de la fonction publique de façon à permettre ce va-et-vient. Les hauts fonctionnaires doivent pouvoir quitter l'administration, six ans après leur sortie de l'École et ce pour une durée comparable, à prendre en une ou plusieurs fois, s'ils désirent entrer dans le privé, avec la possibilité d'y revenir ensuite, sans pénalisation (avancement à l'ancienneté comme dans les grands corps de l'État) car leur expérience ne peut être que bénéfique pour l'Administration et constituer une valeur ajoutée dont l'État doit profiter, alors qu'il s'ingénie aujourd'hui à rendre un tel choix presque impossible, sauf à sacrifier sa carrière ou à abandonner définitivement son service. L'Administration pourra ainsi confier des postes de responsabilité, libérés par ceux des siens qui iront tenter l'aventure ailleurs, à des cadres issus du privé ou du mouvement syndical et associatif. Pourquoi un banquier ne serait-il pas directeur du Trésor, un syndicaliste, directeur des Affaires sociales, un chef d'entreprise ambassadeur ? Ce qui est aujourd'hui l'exception devrait se banaliser, et pas seulement pour les plus hauts postes mais à des niveaux de responsabilité intermédiaires (sous-directeurs, chefs de service). Certes, des obstacles existent et il convient de les traiter.

La différence de rémunération entre le public et le privé en est un. Elle peut être atténuée par l'octroi de primes spéciales, la possibilité offerte aux cadres du privé d'intégrer le corps des administrateurs civils après six ans de services sur avis d'une commission prenant en compte leur profil antérieur, les postes occupés dans la fonction publique et les notes obtenues, les besoins des services. Il n'y a pas de changements sans risques mais encore ne faut-il pas pénaliser ceux qui les prennent. Sinon, on en revient à la logique actuelle, personne ne bouge. La gestion du personnel en est un autre, puisqu'il faudrait organiser cette noria, ces transits réguliers de l'Administration aux entreprises, du privé au public. Plus généralement d'ailleurs, c'est la formation à la bonne gestion des ressources humaines qui est en cause et là aussi, on est en droit d'attendre de ces *business schools* d'un type nouveau qu'elles mettent l'accent sur cette spécialité essentielle, trop négligée par nos écoles actuelles.

Afin de ne pas atteindre des masses d'étudiants incompatibles avec une bonne formation, de désacraliser ces grandes écoles parisiennes qui occupent le dessus du pavé et surtout de prendre en compte les réalités de la décentralisation, la vitalité des métropoles de province et des régions, la création de ces *business schools* doit s'accompagner d'une décentralisation des formations. Ce qui a été réussi pour les écoles de commerce (Sup de Co) montre la voie à suivre. Le but à atteindre est donc d'avoir une *business school* par région, en mobilisant l'ensemble des acteurs nécessaires à une telle entreprise. L'État, bien sûr, car la décentralisation n'implique pas la démission de l'État mais une redéfinition de son rôle. Il devra assurer le financement des enseignants et partager avec la région mais aussi les entreprises, via les chambres de commerce notamment, les investissements nécessaires et les coûts de fonctionnement autres que ceux de personnel. Chacun y trouvera son compte : les échelons déconcentrés de l'État recruteront là une partie des cadres dont ils ont besoin, comme les collectivités décentralisées (région — département — grandes villes) et les entreprises, impliquées par leurs financements mais aussi par les stages offerts à leurs élèves. Ainsi se créeront les synergies régionales que permet la décentralisation et auxquelles il est temps de donner les moyens de se développer. Là aussi, le passage incessant du public au privé décloisonnera les corps, ébranlera les bastilles qui sclérosent encore le pays et entravent sa modernisation. S'agissant des lettrés et des savants, destinés à l'enseignement et à la recherche, que forment les ENS, c'est vers un système identique qu'il faut tendre. Comme Jules Ferry institua jadis une école normale par département, c'est d'une ENS par région dont a besoin la France d'aujourd'hui, établissement mixte. Couvrant l'ensemble du champ des agrégations (sciences humaines et sociales, sciences physiques et mathématiques, science économique, langues, arts), ces ENS régionales recruteront aussi à bac + 2 pour une scolarité de quatre ans conduisant à l'agrégation. Pour retrouver l'esprit des écoles normales départementales qui firent la qualité de l'enseignement primaire d'alors, il faut mettre en œuvre un certain nombre de principes simples, tenant compte du contexte actuel et de l'importance des enjeux. Le contexte actuel, lié à la stagnation démographique, inverse les contraintes qui furent les nôtres depuis vingt-cinq ans : la vague démographique et le choix de la démocratisation ont fait déferler dans le secondaire un raz de marée. Il a été contenu par un vaste effort d'équipement, de recrutement d'enseignants aux statuts hétéroclites, aux formations disparates, aux qualités inégales, de gonflement des dépenses budgétaires. On a donc fait du chiffre d'affaires : plus d'élèves, donc plus de bâtiments, plus de professeurs, plus d'agents et sans doute ne pouvait-on guère faire mieux. Or, cet énorme effort quantitatif, s'il a permis d'accueillir, n'a guère eu d'impact sur la formation et le brassage social.

Du cours préparatoire à la classe terminale des lycées, 66 % des élèves sont éliminés, ce qui est beaucoup, et les disparités entre catégories de Français accentuent davantage encore les effets de cette hécatombe : 5 % des enfants de salariés agricoles atteignent le bac, 24,8 % des enfants d'ouvriers qualifiés, 35 % pour ceux d'artisans et commerçants mais 72,6 % pour les enfants de cadres supérieurs et

79,4 % pour les enfants d'enseignants. Ces chiffres sont accablants et montrent que sévit encore dans notre système scolaire, donc dans notre société, un formidable déterminisme qui freine le brassage social, le renouvellement des élites, donc le dynamisme et l'innovation. Ces grandes écoles de région seraient les mieux à même d'entreprendre enfin, par un maillage serré de conventions passées avec les régions et les universités des pays de la Communauté européenne, l'ébauche de ce grand marché intérieur de la culture qu'il nous faut créer si l'on veut avancer dans la voie d'une identité européenne. Culture au sens littéral et littéraire du terme, culture technologique ou administrative. C'est avec nos voisins anglais, allemands, italiens, d'autres encore qu'il faut les promouvoir et l'on contribuera en outre ainsi à éviter la fuite des cerveaux vers les États-Unis qui vide en partie de sa substance notre vieux continent. Les lacunes graves du système éducatif français viennent d'ailleurs d'être encore dénoncées récemment par l'avant-projet de rapport du Groupe de réflexion économique mis en place en juin 1986 par Edouard Balladur et que préside Renaud de la Genière, ancien gouverneur de la Banque de France. Peu suspectes de gauchisme échevelé, les personnalités du groupe s'inquiètent de la logique d'un système éducatif qui rejette prématurément beaucoup de jeunes et n'obtient que des rendements modestes après le baccalauréat : « sélection par l'échec, mauvaises conditions de travail des étudiants, fonctionnement élitiste, insuffisante généralisation des stages en entreprise et de l'enseignement des langues ». Encore une fois, les jugements concordent sur la mauvaise valorisation des ressources humaines et les défauts du système éducatif « dont la part des responsabilités est grande dans ce qu'il faut bien appeler un gâchis auquel il n'est que temps de porter remède » (F. Simon, *Le Monde*).

Au-delà des raisons morales et politiques qui plaident en faveur non d'une démocratisation de l'accès mais d'une démocratisation du succès, qui reste à atteindre, comment espérer mobiliser ce pays, en faire une terre d'innovations, changer nos habitudes, nous adapter à un monde en évolution rapide, si les héritiers seuls ou presque arrivent au sommet de l'échelle, si l'on se prive ainsi d'un vaste vivier de talents nouveaux à découvrir, d'individus pour qui la réussite serait un bien à conquérir, à arracher et non un patrimoine à gérer. La France est un vieux pays, une démocratie pantouflarde ; ses élites ne sont chaussées le plus souvent que de charentaises et la conservation des positions acquises l'emporte sur l'esprit de conquête. C'est cela qu'il faut changer en priorité et pour ce faire y mettre le prix, un prix à la mesure de l'enjeu que constitue la formation.

L'heure est donc à la qualité et l'assouplissement démographique nous permet de l'atteindre plus facilement. C'est pourquoi les ENS de régions devraient fournir l'essentiel des enseignants du secondaire, de la sixième à la terminale, ainsi que ceux des premiers cycles des universités, avec un corps d'agrégés, tandis que s'éteindrait progressivement cette multitude de corps disparates qui nuisent à l'homogénéité comme à la qualité de notre corps enseignant. Ceux qui échoueraient au concours d'entrée à bac + 2 auraient encore une chance d'entrer dans l'enseignement : au niveau de la maîtrise, c'est-à-dire à bac + 4, serait organisé un recrutement sur dossier des meilleurs éléments des universités. Les reçus pourraient alors acquérir le titre de normalien et préparer l'agrégation.

Ainsi se trouvera réorganisé, sur une base régionale, le recrutement à bac + 2, sur des concours nationaux mixtes, des futurs cadres supérieurs de la nation qui bénéficieraient ensuite d'une formation de quatre ans, car l'impératif de recyclage et de formation permanente rend inutile une prolongation excessive des études et illusoire la prétention à l'excellence à la sortie des écoles.

3. *Rénover les formations*

Ce nouvel outil de formation n'aura de sens que s'il corrige les défauts de l'ancien et donne aux élèves les qualités qui leur seront nécessaires dans l'exercice de leurs métiers. Il convient ici encore de distinguer *business schools* et ENS. Pour les premières, comment ne pas emboîter encore le pas allègre de Bernard Esambert (*Le Monde*, 8 octobre 1986) pour tracer les grandes lignes de ce que devrait être la formation des managers de demain. On connaît les exigences : imagination, non-conformisme, créativité, ouverture sur le monde, professionnalisme, sens des responsabilités, capacité à apprendre sur le tas, à écouter les autres. Comment y faire face, pour nos futurs ingénieurs : « L'imagination : par l'encouragement à la démarche inductive dans l'apprentissage des sciences et par l'utilisation de l'intuition : d'où l'intérêt des enseignements qui font dialoguer plusieurs sciences sur des thèmes communs. L'ouverture sur le monde : par "les voyages qui forment la jeunesse", le contact avec les élèves étrangers (en nombre insuffisant), formés dans les écoles et universités françaises, et surtout les compléments de formation dans des systèmes universitaires étrangers qui devraient ouvrir l'esprit des futurs managers et leur montrer la place exacte de la France dans le monde; ce qui ne veut pas dire que nous ne devons pas être ambitieux, bien au contraire, pour notre pays :

« *Le professionnalisme* : par l'apprentissage d'une technique (pas forcément une technologie : ce peut être la finance, par exemple) qui permettra aux ingénieurs de rendre service à l'entreprise et de s'affirmer jusqu'au jour où le professionnel deviendra, selon l'expression de Louis Armand, un spécialiste des idées générales. Cette technicité passe par l'apprentissage rigoureux des disciplines scientifiques;

« *Le sens des responsabilités* : les travaux de groupe et de nombreuses activités extra-scolaires devraient permettre aux étudiants qui en ont le goût de commencer à s'affirmer.

Sans doute faudra-t-il aussi attirer l'attention de nos jeunes ingénieurs sur la disparition des voies royales qui permettaient, jusqu'à une époque récente, des cursus de haut niveau sans grands risques. »

Cela vaut bien sûr aussi pour les cadres commerciaux et les administrateurs généraux. L'intérêt des enseignements faisant dialoguer plusieurs sciences, qu'elles soient humaines, sociales ou économiques ; l'ouverture sur le monde par un accent prioritaire mis sur les langues, car la plupart de nos cadres supérieurs ont leurs langues étrangères dans leur poche, mais aussi sur les cultures et les civilisations étrangères, va de pair avec les séjours à l'étranger ; le renoncement à une omnidisciplinarité pour centrer une partie de l'enseignement sur l'apprentissage vrai d'une technique, administrative (par exemple gestion du personnel) ou commerciale (planification budgétaire dans l'entreprise par exemple) ; la multiplication des travaux de groupe au détriment des classiques épreuves individuelles de classement sur dossier qui jouent sur l'aptitude à supporter la solitude du coureur de fond, alors que les réalités professionnelles exigent au contraire une permanente ouverture aux autres, une capacité à dialoguer, à négocier avant toute décision puis, une fois celle-ci prise, à la faire passer dans les faits avec fermeté mais sans renoncer au dialogue.

Ainsi pourra-t-on porter remède à l'un des maux qui handicapent beaucoup notre industrie : l'insuffisante qualité de notre management, encore aggravée par la gigantesque mutation technologique que nous vivons. Notre enseignement doit en effet former des cadres rompus à l'électronique et à l'informatique, des cadres immédiatement utilisables dans ces disciplines dont on a un besoin urgent. Nos futurs cadres devront aussi rompre avec la tendance de leurs aînés à se bureaucratiser, à prendre des habitudes de fonctionnaires dans la gestion des entreprises : « L'entreprise est fondée sur un salariat d'exécution caractérisé par un travail parcellisé et peu qualifié, sur lequel pèse un contrôle tatillon et bureaucratique de l'encadrement[1] ». Or, cette situation doit évoluer, si l'on veut moderniser nos entreprises et améliorer leur compétitivité. Cela suppose certes une évolution du système vers moins de taylorisme, plus de qualification, d'autonomie et de responsabilité pour les ouvriers mais aussi une aptitude de l'encadrement à animer, dialoguer, écouter, comprendre, à posséder ces *soft skills* que j'évoquais précédemment. Ce mouvement est d'ailleurs en route avec la multiplication des « projets d'entreprise » qui sonnent le glas du modèle taylorien et veulent regrouper l'ensemble du personnel autour d'un but commun. Dérivés de la culture d'entreprise américaine, ces projets ont pour objectif de donner une dynamique nouvelle aux entreprises en motivant individuellement et collectivement tous les salariés, ouvriers, cadres ou dirigeants. Récemment interrogé par *Le Matin* (16 octobre 1986), Jacques Pautra, vice-président « d'entreprise et progrès », directeur de la COFREMCA, membre de l'Association française des cercles de qualité et père des projets d'entreprise en France déclarait : « Nous, Français, avons découvert le réservoir exceptionnel que représentent les ressources humaines. Toutes les enquêtes que nous avons faites le prouvent : les jeunes générations ne comprennent plus les rapports autoritaires. Même au sein de la famille, le rôle du père a évolué. Alors ne demandons pas au concept du chef d'être ce qu'il était encore il y a trente ans. Un projet d'entreprise doit plus définir des règles du jeu qu'un réglement. Les entreprises françaises souffrent d'un excès de formalisme. Quoi de plus gênant dans la gestion des affaires ? L'avenir, c'est évident, veut que les relations au sein d'une entreprise soient gérées par la compétence et la souplesse, plutôt que par l'autoritarisme et le formalisme. » Vaste programme et vaste champ ouvert, que les grandes

1. Gérard Noiriel, *Les Ouvriers dans la société française*, Éd. du Seuil.

écoles devront explorer pour le recrutement et la formation des futurs managers.

Deux éléments essentiels pour compléter ce dispositif : les stages et la recherche. La place des premiers doit être accrue pour les ingénieurs, mais aussi pour les cadres commerciaux et administratifs. C'est ce qu'a compris Roger Fauroux dans la réforme de l'ENA qu'il entreprend. Ainsi confiait-il à André Passeron (*Le Monde*, 16 octobre 1986) sa volonté de modifier le système des stages qu'effectuent les élèves dès leur entrée à l'École. L'année sera partagée à égalité entre un stage de préfecture et un stage d'entreprise, alors que dans l'actuelle scolarité, ce dernier ne dure que deux mois. Ces stages pourront se dérouler en France comme à l'étranger. Roger Fauroux justifie ainsi ce choix : « Aujourd'hui, un préfet est confronté aux problèmes de l'emploi ou des conversions industrielles et un ambassadeur doit chercher des marchés, aider le commerce extérieur. Comment feront-ils s'ils ne connaissent pas la vie, les besoins, les servitudes des entreprises ? » Cela suppose aussi de valoriser le poids des stages dans la scolarité (de 16 à 20 points de coefficient, ce qui est encore bien timide sur un total de 100). Cette réforme est bonne, il faudrait en conserver l'esprit dans les nouvelles grandes écoles.

Quant à la recherche, personne ne conteste que, malgré les progrès enregistrés ces dernières années, elle n'ait pas encore la place qui lui revient, ni dans la scolarité des écoles ni dans les choix de carrière, une fois obtenu le diplôme. Aussi est-il bon, surtout en cette période où l'on s'interroge sur l'avenir de la recherche française, que s'élèvent des voix comme celle de Bernard Esambert pour souligner la nécessité d'un effort significatif en ce domaine : « J'ai pris la responsabilité, en tant que président du conseil d'administration de l'École polytechnique, de conseiller aux élèves de s'orienter davantage vers la recherche que par le passé et d'envisager à leur sortie de l'école une formation par la recherche. Encore faudrait-il que le sort qui leur sera fait dans les entreprises où ils se formeront ne les amène pas à regretter d'avoir choisi une voie qu'ils sentiraient trop à l'écart des préoccupations des équipes dirigeantes. Je lance donc un solennel appel à tous les managers pour qu'ils prennent conscience de la nécessité de redonner ses titres de noblesse à la recherche en améliorant la rémunération et le statut social de leurs chercheurs » (*Le Monde*, 8 octobre 1986). Il faut aussi faire entrer la recherche dans le cursus des futurs hauts cadres du commerce et de l'administration, notamment dans les domaines qui les concernent en premier chef, sciences économiques pour les uns, sciences sociales pour les autres.

S'agissant des ENS, les améliorations à apporter dans la formation de ces futurs enseignants du secondaire et du premier cycle des universités est évidente. Il faut impérativement leur apprendre enfin à enseigner, principe élémentaire jusqu'ici pourtant oublié, vérité de la Palice systématiquement méconnue. Cela suppose que les stages d'enseignement soient introduits de façon massive dans la scolarité, aux divers niveaux concernés, c'est-à-dire les CES, les lycées, les universités. Placés auprès d'enseignants en activité, comme c'est aujourd'hui le cas seulement après le CAPES et l'agrégation, une fois le concours obtenu, les normaliens pourront ainsi se familiariser à leur futur métier. Afin de prendre en considération cette qualification professionnelle dans le concours d'agrégation donnant accès à l'enseignement, trois épreuves viendront sanctionner les aptitudes des candidats, une dans chaque cycle. Il s'agira, comme cela se pratique pour les épreuves orales du CAPES, de placer le candidat devant une classe et de juger ses qualités humaines et pédagogiques. Ainsi en finira-t-on avec l'une des aberrations les plus criantes de notre système de formation des professeurs qui ne découvrent une classe qu'après avoir obtenu le concours qui leur ouvre les portes de nos établissements scolaires. Enfin, si le contact avec la recherche peut être encore assuré, comme cela est le cas aujourd'hui, par la préparation d'une maîtrise ou d'un DEA, la recherche pédagogique devra être introduite dans la scolarité afin d'habituer nos futurs enseignants à réfléchir sur leur métier, les comportements des élèves, l'évolution des méthodes de transmission des connaissances. De la sorte, il est enfin permis d'espérer que les ENS, dont la vocation sera toujours, d'après le directeur de l'École normale, Georges Poitou, « de former des lettrés et des savants » (*Le Monde*, 15 mai 1986), formeront aussi des pédagogues, ce qui est la moindre des choses. Il conviendra aussi d'ouvrir ces ENS sur l'étranger, et sur les entreprises, afin d'amplifier le mouvement salutaire qui s'est engagé depuis une décennie afin que l'École vive enfin dans le siècle et achève sa mutation pour devenir un monde ouvert sur l'extérieur.

4. Assurer l'émulation

Chacun s'accorde à reconnaître combien laisse à désirer la motivation, donc le travail, des élèves des grandes écoles, pendant la scolarité. La raison en est simple : pour l'ENA, Polytechnique ou HEC, quel que soit l'effort fourni, le diplôme est au bout du chemin et ceux qui renoncent à sortir dans la botte peuvent couler des jours paisibles en attendant l'heure de la sortie. A cela, un seul remède, ne plus donner systématiquement le diplôme et annoncer, en début de scolarité, que sur une promotion de 50 par exemple, 40 seulement, les quarante premiers du classement, seront titulaires du diplôme. Les grandes écoles ne doivent plus garantir à tous cette rente de situation que constitue la réussite au concours. Ceux qui ne réussiraient pas se verront délivrer un certificat de fin de scolarité, monayable certes sur le marché du travail, mais à un niveau inférieur à celui des élèves ayant mené leurs études à bonne fin. Ainsi, le classement de sortie n'aura plus pour vocation de sélectionner des brahmanes destinés aux grands corps de l'État mais de sanctionner un niveau de connaissances et d'aptitudes professionnelles à bac + 6, ce qui assurera l'émulation de tous, sans donner aux meilleurs des avantages exhorbitants, tout en laissant les plus dilettantes s'approprier un titre qu'ils n'ont pas forcément mérité. Pour les ENS, tel est déjà le cas, puisqu'il revient à l'agrégation de sanctionner le niveau des normaliens en fin d'études.

5. Abolir les rentes de situation

Pour s'aligner sur un état d'esprit fréquent chez nos voisins européens et aux États-Unis, il convient désormais de ne plus considérer le diplôme, fût-il prestigieux, comme une rente de situation, mais comme une présomption de savoir. Comme en RFA où l'on passe alternativement des bureaux aux ateliers des entreprises aux bancs de l'Université, aux États-Unis où l'obtention du MBA (Master of Business Administration) est subordonnée à plusieurs années de travail sur le tas pour se fabriquer une expérience, nous devons maintenant nous engager dans une voie semblable, surtout pour les serviteurs de l'État qui bénéficient des avantages du statut de la fonction publique.

Ainsi, l'entrée dans les corps (Conseil d'État, Cour des comptes, Inspection des finances et grands corps de l'État) ne doit plus se faire à la sortie des écoles. Elle est, en effet, conçue aujourd'hui comme la conséquence d'un classement et constitue la carotte d'une scolarité-compétition dont j'ai souligné tous les effets pervers. L'entrée dans de tels corps doit au contraire venir sanctionner une réussite professionnelle et s'effectuer entre cinq et dix ans après le terme de la scolarité et l'obtention du diplôme de sortie. Pour les corps de contrôle, cela paraît évident : comment contrôler quelque chose que l'on ne connaît pas, donner des leçons, lorsque l'on a pas exercé soi-même dans l'Administration ou le secteur public. Contrôler est un art difficile et il me semble nécessaire de ne confier cette tâche qu'à des cadres ayant déjà fait leurs preuves dans la vie active. Certes, je ne méconnais pas les efforts qui sont consacrés, dans les différents corps concernés, à la formation des nouveaux arrivants, mais cela ne suffit pas. Un tel recrutement, au mérite, aurait en outre l'avantage de motiver les cadres supérieurs de l'administration pendant les premières années de leur carrière. Quand on sait que l'une des conditions de la nécessaire modernisation de l'État passe par la remotivation de ses personnels, et notamment de son encadrement, il y a là un gisement de performances, de productivité, à mettre en valeur. Crédibilité et efficacité accrue du contrôle, par l'expérience acquise, et émulation bénéfique pour l'État et les administrés, telles seraient les deux conséquences majeures d'une réforme qui est sans doute l'une des plus faciles à mettre en œuvre. Quant aux grands corps techniques de l'État, qui confèrent à ceux qui y accèdent de nombreux avantages, ils gagneraient aussi à recruter des cadres ayant déjà fait leurs preuves dans la vie professionnelle. Le prestige attaché à ces corps doit résulter des performances accomplies, sur le terrain et non en chambre. Ces « officiers de la guerre économique » (Bernard Esambert) doivent avoir gagné des batailles à l'épreuve du feu et non sur le tapis vert avec quelques bonnes copies. Nos belles cervelles, souvent encore immatures et peu expérimentées, auraient ainsi eu le temps de se frotter aux épines du réel, d'y acquérir le poids psychologique et professionnel nécessaire aux grandes carrières et chacun y trouverait son compte.

Abolir les rentes de situation, c'est aussi réformer le statut de la fonction publique. Cette idée, fréquemment évoquée, y compris par les pouvoirs politiques se succédant au gouvernement, bute en permanence sur des obtacles infranchissables, et notamment sur l'opposition farouche des syndicats, au nom des avantages acquis. On brocarde alors le conservatisme de ces organisations et des personnels de la fonction publique, on fustige et dénonce le « toujours plus » par des philippiques enflammées, des propos d'estrade ou des tirades télévisées mais on ne fait rien, mais il ne se passe rien. Et pour cause puisque, comme souvent, on pose mal le problème. La fonction publique est une vaste pyramide de fonctionnaires de diverses catégories, A, B, C, et D et l'immobilisme résulte d'une approche globale, en fonction de laquelle on prétend modifier le statut de 2,5 millions de personnes. On oublie alors que beaucoup d'entre elles, qui bénéficient certes de la garantie de l'emploi, dont chacun mesure aujourd'hui l'avantage considérable qu'elle constitue, ont des conditions de travail et de rémunération qui n'en font pas, loin de là, des aristocrates des temps modernes, des nantis de la « privilégiature », des protégés de la « nomenklatura ». Dans une récente enquête, Gérard Petitjean, du *Nouvel Observateur* (10-16 octobre 1986) montrait combien sont grandes les disparités de salaires (primes et indemnités non comprises, or celles-ci s'élèvent avec le grade et accentuent encore les différences) entre fonctionnaires, en début comme en fin de carrière. Le gardien d'archives (4 691 francs lors de l'entrée en fonction et 5 858 francs en fin de carrière), l'agent de service hospitalier (4 691 et 5 858 francs), le gardien de la paix (5 884 et 7 224 francs), l'infirmière (4 470 et 8 875 francs), la sténodactylo (5 109 et 6 696 francs), bien d'autres encore ne roulent pas sur l'or et l'on ne voit guère au nom de quoi on leur demanderait, en plus, d'accepter une précarisation de leur statut et une modulation de leurs rémunérations en fonction de leur rendement. (Il serait difficile de les réduire, sauf à tomber en dessous du SMIC, et tout autant de les augmenter pour des raisons budgétaires.)

Retenons donc un principe simple : l'État doit être exigeant pour les plus gradés de ses serviteurs et conciliant pour les moins titrés d'entre eux. Ce n'est donc pas le statut de la fonction publique qu'il convient de modifier, mais seulement celui de la partie supérieure, du cadre A. C'est socialement possible, professionnellement souhaitable et financièrement faisable. Socialement possible car les rémunérations sont suffisantes pour pouvoir être modulées, y compris à la baisse ; professionnellement souhaitable car la carotte financière est un indéniable élément de mobilisation, d'incitation à plus de performances et de productivité pour le cadre concerné et pour ses subordonnés, vis-à-vis desquels il sera d'autant plus exigeant qu'une partie importante de sa rémunération dépendra des résultats de son équipe, financièrement possible car la modulation porterait sur un nombre réduit de fonctionnaires, et non sur les 2,5 millions d'employés de la fonction publique. Alors oui, flexibilité, performance, productivité, mérite, possibilité de distinguer le succès et de sanctionner l'échec, cela est impératif, au plus vite, pour les échelons supérieurs de la hiérarchie administrative. Pour atteindre ce but, deux moyens simples : le salaire, l'avancement. Le salaire doit, en effet, dépendre de plus en plus du mérite, au fur et à mesure que les grades sont élevés ; l'avancement se faire de moins en moins à l'ancienneté au fur et à mesure que se déroule la carrière. Va-t-on enfin en finir avec cette vieille pratique militaire qu'est le « je ne veux voir qu'une tête », qui décourage les meilleurs, les plus motivés et dédouane de leurs faiblesses les pantouflards, qui fait au fil du temps d'une méritocratie ambitieuse une médiocratie assoupie, faute de distinguer le talent et de sanctionner l'inefficacité.

La politique enfin car parler des grandes écoles, et notamment de l'ENA, sans aborder ce sujet serait surprenant. Certes, 2 % seulement des énarques font de la politique. Là encore, fantasmes obligent, on ne peut résoudre ce problème de la fonctionnarisation de la classe politique, car toucher aux avantages du statut de la fonction publique en ce domaine se heurte aux tabous habituels concernant les anciens des grandes écoles, et pas seulement de l'ENA d'ailleurs. Il faut pourtant les transgresser ces tabous, si l'on veut enfin avancer, assainir une situation qui biaise la représentation parlementaire et n'en fait qu'un reflet très éloigné des réalités sociologiques du pays. Pour y remédier, il faut, d'un côté, un statut de l'élu, mais ce n'est pas mon sujet, de l'autre une obligation de choix afin de ne plus permettre le retour assuré et systématique, avec reconstitution de carrière, pour ceux qui ont fait, librement, le détour par la politique. Pour le cadre A de la fonction publique, et cela concerne les énarques, les polytechniciens, les agrégés ou capétiens, il faut placer ce choix, au terme d'un premier mandat de cinq ans pour les députés, six ans pour les élus locaux, neuf ans pour les sénateurs. Ainsi, dès le second mandat acquis, le fonctionnaire de catégorie A devrait obligatoirement démissionner de la fonction publique. Il en serait de même, dès le troisième mandat acquis pour ceux de catégorie B et suivantes. Il s'agit ici encore d'en finir avec des rentes de situation dont chacun ressent qu'elles sont injustifiées mais auxquelles on s'interdit de toucher faute de courage politique, peut être parce que beaucoup de décideurs scieraient ainsi la branche sur laquelle ils sont douilletement assis.

Deux mots sont à l'ordre du jour dans la France d'aujourd'hui : *modernisation* et *flexibilité*. Nombreux sont ceux qui nous demandent de *changer nos habitudes* pour nous adapter à un monde en évolution rapide, faire face aux choix du futur, préparer dès maintenant la France du XXIe siècle. L'une des conditions de cette adaptation est sans nul doute la rupture avec le modèle étato-corporatiste, qui caractérise la France depuis Colbert, et dont les deux Empires du XIXe siècle et la Ve République gaullo-pompidolienne ont été les plus beaux fleurons. Par-delà les transformations et modernisations réussies, ils nous ont légué aussi une France engluée dans ses rigidités, corsetée dans ses corporatismes, une société bloquée, une économie largement administrée. Le paradoxe a voulu que la gauche au pouvoir ait entamé ce nécessaire aggiornamento et ouvert les voies de la modernisation et de la flexibilité. Il faut continuer, et très vite, cette entreprise et la conduire tous azimuts. Sinon, tel un diplodocus inadapté à l'évolution rapide des espèces, la France déclinera doucement pour devenir, à l'horizon du XXIe siècle, un pays mûr pour la seconde division dans la compétition internationale.

L'un des domaines où la modernisation doit être menée à bien est celui du recrutement, de la formation et de la destination des cadres supérieurs de la nation. Telle qu'elle est la sélection des élites tourne le dos aux nécessités de l'heure. Le but de cet essai était de le montrer et de proposer des solutions alternatives. Aux dirigeants politiques de s'en inspirer si l'on veut, au-delà des mots, des vœux pieux et des bonnes intentions, faire vraiment bouger la société française.

Cet ouvrage a été réalisé sur
Système Cameron
par la SOCIÉTÉ NOUVELLE FIRMIN-DIDOT
Mesnil-sur-l'Estrée
pour le compte des Éditions Ramsay
le 17 février 1987

Imprimé en France
Dépôt légal : février 1987
N° d'édition : 1066 – N° d'impression : 6337